国家社科基金一般项目：外语能力标准的国际比较研究（编号：15BYY078）

张蔚磊◎著

外语能力标准的国别研究：

加拿大 与 英国

上海交通大学出版社
SHANGHAI JIAO TONG UNIVERSITY PRESS

内容提要

本书主要研究了英国和加拿大的语言能力标准。加拿大篇从语言能力标准的概述、结构框架、相关理论、编排表达模式、素养模型和效度方面展开论述，然后分析了标准及其衍生品的应用，最后将标准与《中国英语能力等级量表》进行了比较研究。英国篇从宏观和微观两个视角详述了英国语言教育政策的历时发展，分别剖析了英格兰、苏格兰、北爱尔兰、威尔士的语言教育政策以及《国家课程》中的外语能力标准，并对中英外语能力标准和外语教育政策展开了比较研究。该书可以为我国现有的外语政策研究提供借鉴，有助于完善我国的外语测评体系。

图书在版编目(CIP)数据

外语能力标准的国别研究：加拿大与英国 / 张蔚磊
著 . —上海：上海交通大学出版社，2022.3
ISBN 978 - 7 - 313 - 25647 - 8

Ⅰ.①外⋯ Ⅱ.①张⋯ Ⅲ.①外语—语言能力—研究
—加拿大、英国 Ⅳ.①H3

中国版本图书馆 CIP 数据核字(2021)第 211821 号

外语能力标准的国别研究：加拿大与英国
WAIYU NENGLI BIAOZHUN DE GUOBIE YANJIU：JIANADA YU YINGGUO

著　　者：张蔚磊			
出版发行：上海交通大学出版社		地　　址：上海市番禺路 951 号
邮政编码：200030		电　　话：021 - 64071208
印　　制：江苏凤凰数码印务有限公司		经　　销：全国新华书店
开　　本：710 mm×1000 mm　1/16		印　　张：19.5
字　　数：382 千字		
版　　次：2022 年 3 月第 1 版		印　　次：2022 年 3 月第 1 次印刷
书　　号：ISBN 978 - 7 - 313 - 25647 - 8		
定　　价：98.00 元		

前　言

外语能力标准贯穿于外语教学的各个环节之中,是外语教学目标和评价体系设计的参照和依据。外语能力标准是对外语学习者的语言能力从低到高的一系列描述,是测量外语能力的标准、参考点和依据。2010 年《国家中长期教育改革和发展规划纲要(2010—2020 年)》明确提出要"树立以提高质量为核心的教育发展观……制定教育质量国家标准"。2014 年,国务院颁布的《关于深化考试招生制度改革的实施意见》明确提出要加强"外语能力测评体系建设"。为此,教育部定下目标: 到 2020 年,基本建成标准统一、功能多元的现代化外语测评体系,同时推动考试内容和形式的改革。2018 年,我国出台了《中国英语能力等级量表》(中华人民共和国教育部、国家语言文字工作委员会,2018)。该量表自颁布实施以来,在语言考试的设计、课程标准和教学指南的制定、测评标准的制定等诸多方面发挥着重要作用。2019 年,雅思和普思考试与《中国英语能力等级量表》的对接结果正式公布。目前我国的《中国英语能力等级量表》已出台几年时间,正处于修订完善的关键时期,因此对国际上重要的语言能力标准的应用实践进行深入比较研究,对完善我国外语能力测评体系意义深远。

本丛书聚焦外语能力标准的国别研究,从多个维度对不同国家的语言能力标准进行了比较研究,分为加拿大篇、英国篇、美国篇、澳大利亚篇和中国篇。本书主要为加拿大篇和英国篇。

加拿大篇共 8 章。该篇首先概述了《加拿大语言能力标准》及其组织架构,详述了目前该标准在语言学习测试和职业能力测试中的应用。其次,该篇从《加拿大语言能力标准》的研制背景、发展历程、目标人群(学习者、教育工作者、社区)、指导原则、结构框架理论基础、编排表达模式、素养模型、总体能力构架、具体能力构架、听说读写任务的呈现方式、信度与效度等方面进行了详尽的论述。之后,该篇重点分析了《加拿大语言能力标准》的应用。在学习应用方面,该篇详细描述了基于《加拿大语言能力标准》的等级测试、实施指南、"能做"描述表等,例如加拿大语言能力标准等级测试、《加拿大语言能力标准 2000："能做"描述表》和《加拿大语言能力标准 2000：实施指南》。在工作应用方面，本书阐释了《加拿大语言能力标准》在职业测试工具上的应用，如加拿大护士英语语言能力标准评估和基本技能等。再次，该篇比较了此标准和其他外语能力量表，重点比较了《加拿大语言能力标准》和《中国英语能力等级量表》。在简述《中国英语能力等级量表》的研制背景、目标人群、指导原则、结构框架、理论基础、不同能力的编排表达模式、自我评价量表以及信度和效度后，该篇从内容和应用两大方面对中国和加拿大的语言能力标准进行了比较，着重分析了《加拿大语言能力标准》对我国外语测评体系的启示，尤其是标准在实践（学习和工作）应用中的启示。

英国篇共 7 章。该篇首先概述了英国语言教育政策和语言能力标准，分析了国内外关于英国语言教育政策和语言能力标准的相关研究，并论述了英国语言教育政策的基本理念和理论依据。其次，该篇从宏观视角研究了英国语言教育政策，按照时间对英国语言教育政策进行了历时研究，按照地域分别详述了英格兰、苏格兰、北爱尔兰、威尔士的语言教育政策。再次，该篇从微观视角研究了《国家课程》中的语言能力标准，如结构框架、能力设定、描述语，分别从听、说、读、写四方面对中英语言能力标准进行了比较分析。最后，该篇剖析了宏观和微观视角下英国语言教育政策对我国的启示。

本书可以为我国现有的外语教育政策研究提供借鉴，有助于完善我国的外语能力测评体系，有助于我国的外语能力测评体系和国际上最新的语言能力测评体系接轨，借鉴他国经验，为完善我国外语能力测评体系提供参考。输出驱动型外语能力标准的研究符合当前的国际发展趋势，可解决当前外语课程标准重点关注学科内容的问题，转变育人模式，改善国家和地方测评过分依赖考纲的现状，有助于对我国的外语教育目标进行准确定位，为协调各阶段的外语教学，开发和应用外语测评体系，明确课程实施程度，评价学生学业等提供理论框架和水平依据。

在本书出版之际，要特别感谢国家社会科学基金［本书系国家社科基金一般项目：外语能力标准的国际比较研究（编号：15BYY078)的成果］对本研究给予的支持和肯定。另外，刘建达教授，蒋以刘、程佳蒙、冯婷婷、魏冬亮、宋秋逸等研究生，以及本书编辑均为本书的出版贡献了心力，在此一并致谢！

著　者

序

　　中国特色社会主义建设进入新时代之际，我国正快速走近世界舞台的中央。党的十八大以来，习近平总书记多次强调，参与全球治理需要一大批熟悉党和国家方针政策、了解我国国情、具有全球视野、熟练运用外语、通晓国际规则、精通国际谈判的专业人才。党中央国务院十分重视外语教育的改革与发展。2020 年 10 月，中共中央、国务院印发《深化新时代教育评价改革总体方案》，其意义重大而深远。以教育评价改革作为建设高质量教育体系的"龙头之战"，统筹推进育人方式改革、办学模式改革、管理体制改革、保障机制改革，将是我国在新时代建设教育强国、办好人民满意教育的关键一步。外语是我国国民适应 21 世纪社会发展所需的关键能力之一，也是国家参与国际合作与国际竞争的重要工具。

　　2014 年国务院下发《国务院关于深化考试招生制度改革的实施意见》（国发〔2014〕35 号），提出要加强外语能力测评体系建设，从国家层面对外语测评综合改革提出明确要求。目前，我国各级各类外语考试繁多，考试本身的效度和各种外语考试之间的对等性等须从国家层面制定标准来加以规范，教育部和国家语言文字工作委员会于 2018 年 4 月发布的《中国英语能力等级量表》（以下简称《量表》）就是一种很好的尝试。《量表》可以起到促进我国的英语学习、教学及评测"车同轨、量同衡"的作用。迄今为止，《量表》在外语教学中的应用研究涉及我国各级各类英语教学，从小学、初中到高中、高职、大学（涵盖普通大学、应用型本科大学、独立学院、中外合办大学等多种性质的大学）。

　　外语能力等级量表能为外语课程计划的制订、外语教学的设计和实施、外语学习的测评提供帮助，能促进外语学习者、教师、课程设计者、考试机构和教育行政管理部门相互之间更好地合作，能为各类外语考试提供科学的能力指标体系和准确的能力标尺，使考试设计更加全面、系统，使考试成绩具有可比性，为不同学习成果的沟通互认提供依据，实现"量同衡"；也能为外语教学的过程性、终结性等评价方式提供共同参照标准，促进多元评价的发展，推动各级各类外语教学、学习、测试的协调发展，实现"车同轨"。

随着《量表》的应用越来越广泛，我们发现《量表》也需要不断地根据广大英语教师及其他量表使用者的反馈，参考国际上其他语言能力等级量表的发展规律进行不断的完善。有些国际语言能力量表的使用时间长达几十年，积累了丰富的经验，它们在应用过程中表现出的优缺点可以为我国《量表》的修订和完善提供宝贵的经验。例如《量表》如何通过具体的描述语来指导外语的教学还需要进一步细化，我国外语教师可在《量表》的基础上，尝试开发适合各种专门用途外语的能力量表，并且对学习和教学全过程进行较为精细的描述。当然，《量表》还须在今后的外语学习、教学、测评中得到验证，在实践中不断地完善，量表的验证和修订可以说是个持续不断的工作（刘建达，2019）。

张蔚磊教授的力作"外语能力标准的国别研究"系列丛书系统地比较了国际上几种典型的外语能力标准。丛书以美国、澳大利亚、英国、加拿大、中国等国家制定的外语能力标准为实例，着眼于新时期我国外语能力标准的开发和完善，阐述了外语能力标准和外语课程标准的关系，横向比较了美国、澳大利亚、英国、加拿大、中国等国家制定的外语能力标准。本书研究的外语能力标准可分为三个模式：能力水平的案例例证模式（美国）、分年级的成就图模式（加拿大、澳大利亚）、跨年级的连续性尺度模式（英国、欧盟），涵盖当前国际上较为流行的几种外语能力标准，值得推荐。

刘建达
2022 年 1 月于广州白云山麓

目 录

加拿大篇

第 5 章　微观视角下英国语言教育政策的研究　　147

第 6 章　中英语言能力标准比较分析　　153

第 7 章　宏观和微观视角下英国语言教育政策对我国的启示　　158

插图目录

英 国 篇

表格目录

加拿大篇

英国篇

绪 论

外语能力标准是一个国家核心竞争力和软实力的真实体现,它贯穿于外语教学的各个环节之中,是外语教学目标或评价目标的参照或依据(Davies et al.,1999:23)。外语能力标准是对外语学习者的语言能力从低到高的一系列等级描述,是测量语言能力的一种标准、一个参考点、一个依据(王勃然等,2015:40)。外语能力的界定和教学目标的评价均要以能力标准作为衡量手段,因此构建能力标准的研究成了重要的突破口和研究对象(杨惠中、桂诗春,2007:35)。2010 年《国家中长期教育改革和发展规划纲要(2010—2020 年)》明确提出要"树立以提高质量为核心的教育发展观……制定教育质量国家标准"。比较研究现有的发达国家的语言能力标准或量表①,并研制输出驱动的外语能力国家标准是推进我国外语教育改革的关键,具有至关重要的战略意义和价值。

0.1 发达国家语言能力标准比较

在 20 世纪 80 年代之前,国际上基于学业素养的语言能力标准的研究主要参照输入驱动的内容标准,80 年代之后逐步转变成输出驱动的规范性标准。国际上语言能力标准的编排和设计模式大体可以分为三类:分年级的成就图模式(澳大利亚、加拿大),即成就标准和表现水平模式;跨年级的连续性尺度模式(英国、欧盟);能力水平的案例例证模式(美国、德国)。

1. 分年级的成就图模式(加拿大、澳大利亚)

加拿大在 2000 年颁布了《加拿大语言能力标准》(Canadian Language Benchmarks,简称 CLB),后成为加拿大全国统一的语言能力标准。《加拿大语言能力标准》对描

---

① "语言能力标准"中的"语言"泛指所有语言;本书中的"外语"指除该国母语以外的语言。

述参数进行了细致的整理和说明,但没有通过实证研究证明其有效性(CCLB,
2005:216)。加拿大安大略省 2004 年发布的《语言学科学业成就表》属于典型的
分年级的成就图模式,它非常关注概念之间的联系和前后内容的系统性,明确阐述
了语言的基本概念、内涵外延、内容主题和核心能力。

澳大利亚的语言能力标准《国际第二语言能力标准》(International Second
Language Proficiency Ratings,简称 ISLPR),不仅用于评估第二语言学习者的语言
能力,亦供语言教育科研者或语言政策制定者使用,同时为语言课程的开发提供了
参考框架(Wylie,1999)。2009 年澳大利亚颁布《国家课程框架》和《课程设计报
告》,对外语学科的语言能力标准做了详尽的描述(夏雪梅,2012:49)。该标准突
出了学科核心能力的类型(知识和理解、思考、交流和应用),并针对每个年级进行
了水平界定,是典型的成就图模式。

2. 跨年级的连续性尺度模式(英国、欧盟)

英国的语言能力标准渗透在《国家课程》中,突出了学科核心概念和过程的重
要性,强调引导学生积极参与和实践课程活动,在学习课程内容范围的过程中形成
该学科的核心能力。英国曾先后颁布了英语和其他外语学科的《国家课程(1999)》
和《国家课程(2007)》。《国家课程》表现了英国对学生能力素养的高度关注(张晓
蕾,2012:42)。2011 年英国又进行了新一轮《国家课程》审议修订。语言能力标准
水平被刻画为一个跨越不同年级的连续性发展尺度,以及一个按照核心能力和内
容领域确定语言的成就目标。

1996 年欧洲成立了"欧洲语言测试者协会"(Association of Language Testers in
Europe,简称 ALTE),制定并颁布了《欧洲语言测试者协会语言能力标准》。该标准虽
建立在问卷调查、报告、修订、级别划分等实证研究的基础之上,但资料的收集实行自
我报告模式,使标准的客观性和信度有所降低(Council of Europe,2001:245 - 246)。
2001 年《欧洲语言共同参考框架:学习、教学与评测》(The Common European
Framework of Reference for Languages: Learning, Teaching, Assessment,简称
CEFR;以下简称《欧框》)颁布,成为整个欧洲语言教学和评测的共同参照标准。
《欧框》的研制采用了经验、定性、量化三种方法,经历了四个阶段,即搜集资料,分
类整理,形成原始描述库;进行质的分析,划分能力级别;量化研究,评估学生,给出
描述;形成标准(Council of Europe,2001:218 - 219)。它也是跨年级的连续性尺
度模式的代表。

3. 能力水平的案例例证模式(美国、德国)

美国语言能力标准的雏形是《口语能力等级量表》以及由此演变而来的《跨部
门语言圆桌量表》(Interagency Language Roundtable Scale,简称 ILR)。20 世纪 80

年代,美国制定了《美国外语教学委员会外语能力指导方针》(American Council on the Teaching of Foreign Language Proficiency Guideline,以下简称《ACTFL 外语能力指导方针》)(韩宝成、常海潮,2011：40)。这些能力测评体系大都基于制定者的经验,效度不强。此后,美国颁布了《21 世纪外语学习标准》(Standards for Foreign Language Learning in the 21st Century,简称 SFLL；1996/1999),它对各阶段语言学习者的学习目标进行了具体描述。该标准前后历时 6 年,代表了美国 21 世纪初语言教育的发展方向。

2010 年美国颁布了《共同核心州立标准》(Common Core State Standards Initiative,简称 CCSS),旨在统一美国 K‑12(学前教育至高中教育)各年级课程标准,《共同核心州立标准》对英语和其他外语学科做了细致的描述,强调学生掌握的知识和技能要和就业期望相一致,其精彩之处在于把学生的语言学业表现水平渗透于内容标准之中。《共同核心州立标准》不仅关注学生学到了哪种认知水平的知识与技能,还涉及学生学习后的表现或成果,包括作业、表演、论文等表现学生水平的任务类型和表现证据,属于典型的能力水平的案例例证模式,有很强的借鉴意义。

此外,德国(2003)、瑞士(2007)也都出台了自己的语言学科能力标准,标准按照"整体素养模型—核心领域—具体描述"的框架进行编排。成就标准渗透在其内容标准的表述之中,也是案例例证模式的代表。

0.2　我国现有的外语能力标准

我国台湾地区于 2005 年参考欧洲的《欧框》、加拿大的《加拿大语言能力标准》及美国的《21 世纪外语学习标准》,研究并制定了台湾地区的《通用英语能力标准》(Common English Yardstick for English Education in Taiwan,简称 CEYEE)(韩宝成、常海潮,2011：41)。

我国大陆地区在《中国英语能力等级量表》(China Standard of English,简称 CSE)发布之前,对外语能力标准的描述与要求主要体现在不同教育阶段的教学大纲和课程标准之中(韩宝成 & 常海潮,2011：42),用于指导不同时期的英语教学。大学英语类要求主要有 1962 年的《英语教学大纲(试行草案)》(高等工业学校本科五年制各类专业适用)、1980 年的《英语教学大纲(草案)》(高等学校理工科本科四年制适用)、1985 年的《大学英语教学大纲》(高等学校理工科本科用)和 1986 年的《大学英语教学大纲》(高等学校文理科本科用)、1999 年的《大学英语教学大纲(修订本)》(高等学校本科用)、2004 年的《大学英语课程教学要求(试行)》和 2007 年的《大学英语课程教学要求》(张蔚磊,2011：149)。专业英语类要求主要有《高等学校英语专业英语教学大纲》(2000)。基础英语类的能力标准主要体现在一系列课程标准中，如2001年的《全日制义务教育英语课程标准（实验稿）》和2011年的《义务教育英语课程标准（2011年版）》。以上文件中所表述的能力标准大都只描述了笼统的内容标准，但对于如何将这些内容标准细化到具体的学年、学期、单元，并转化为学生的能力标准未作表述。

我国大陆地区的全国英语等级考试(Public English Test System，简称PETS)是建立在1999年的《大学英语教学大纲（修订本）》之上的标准化考试，但是其考纲对该能力标准的描述尚不完善——只涉及听、说、读、写四个维度，似乎并不能全面干预学习者语言能力的可持续发展。

目前我国已经有不少大规模标准化英语考试项目，在多年的实践中积累了丰富的考生资料，为全面准确地描述考生英语语言能力水平提供了翔实的数据和基础（杨惠中、桂诗春，2007：34）。现在已经有一些学者投入到我国外语能力标准的研制与完善工作之中。代表性的研究主要分为以下几个方面：① 采用定量和定性相结合的方法建立描述语库，如杨惠中、朱正才和方绪军的《中国语言能力等级共同量表研究——理论方法与实证研究》(2012：23—29)；② 着手研究更为具体的基于实证数据的语言参照水平描述，如王勃然等人的《基于〈大学英语课程教学要求〉的中国大学英语语言能力标准研究》(2015：40)；③ 关注能力标准的可靠性和有效性，对编制的量表进行质量检验，如王佶旻的《汉语能力标准的描述语任务难度研究——以中级口语能力量表为例》(2013：413)。目前的研究趋势已经开始转向基于大规模实证数据的语言特征参数研究，更加关注学习者在使用语言时所呈现出的标准特征(Davies，2007：89)。2018年《中国英语能力等级量表》出台，这是我国外语能力标准研究领域的一座里程碑，它标志着我国外语能力标准开始和国际上顶尖的语言能力标准接轨，近几年和该量表相关的应用研究也逐步增多。

总体来说，我国的外语能力标准经历了结构主义能力标准（基于"本族语者"特征)(Fulcher，2003：91)和功能主义能力标准（基于"能做表述"特征)(North，2000：482)阶段，正在向交际语言能力标准（基于"情景表现"特征)(Fulcher & Davidson，2007：56)阶段迈进。

0.3 完善新时期我国外语能力标准的必要性

和国外的语言能力标准相比，我国原有的标准（2018年以前）在层次性、精细性、可操作性上均有一定的差距。首先，这些标准是输入驱动而非输出驱动的，在本质上属于内容标准，编排体例主要遵循了学科体系的逻辑。其次，这些外语能力标准虽然在总目标中提及学科能力,但没有将外语学科能力作为明确的编排原则,没有明确规定不同年级和学段要培养的外语能力及其应达到的表现水平。这种学科内容取向的编排模式产生的影响如下:① 课程实施程度和外语能力标准模糊不清,使教学管理和改进、学生学业评价缺乏明确的参考依据;② 课程过分强调学科内容和知识点的传授,学科能力或素养培养不突出、不系统。

我国原有的《大学英语课程教学要求(2007)》(以下简称《要求》)也不是严格意义上的外语能力标准(韩宝成、常海潮,2011:43),原因在于:①《要求》缺乏明晰的语言能力理论基础,只有对语言能力的分项描述,缺乏系统性的总体描述;②《要求》的能力描述参数过于简单,有的是早期传统语言能力描述方式的继续和延伸,虽体现了结构主义语言学理论在语言教学中的应用,但缺乏对学习者语言表现行为的实证研究的支持(岑海兵、邹为诚,2011:36);③《要求》量表对语言教育内部目标的描述较为单一简略,不够清晰翔实,在"确定性""独立性""一致性"和"语境游离性"等方面存在缺陷,缺乏应有的解释力,不能与国际权威性的能力标准相匹配(王笃勤,2008:18;韩宝成、常海潮,2011:44);④《要求》主要还是基于研制者的经验和定性调查,研制方法不够科学,其级别的划分和各个级别的描述项目尚有待实证检验,仍然需要不断发展和完善(杨惠中、桂诗春,2007:36;工勃然,2015:41)。

此外,和国外标准相比,国内原有标准学习目标较为单一,主要体现为对语言运用能力的重视,强调通过各种语言技能完成交际任务的能力。国外语言能力标准更强调对学习者学习能力、认知能力和学习态度、性格、情感、动机等方面的培养与发展,追求综合素质的提升,而不仅仅是语言知识、语言技能的提高。尽管新的标准——《中国英语能力等级量表》(2018)已经颁布,但是这只是我国量表向着科学化、国际化迈进的第一步,后面依然有很长的路要走。

因此,笔者选取经济较为发达、教育质量较高的加拿大、英国、美国、澳大利亚等国家的语言能力标准为研究对象,对上述标准及其研制完善工作进行系统梳理和研究,从能力标准的设计编排原则、指标的选取、指标的描述、权重的设定、研制过程、修订过程质量保障机制等方面进行分析、比较。最后,在此基础上提出对我国外语能力标准进行完善的建议。

笔者认为:① 研究国际先进的语言能力标准体系,有助于我国的外语能力标准完善并与国际上最新的能力标准接轨,借鉴他国研制和修订的过程和经验,为我国外语能力标准的完善和修订提供参考。② 输出驱动型外语能力标准的研究符合当前的国际发展趋势,可解决当前外语课程标准主要关注学科内容的问题,转变育人模式,改变国家和地方测评过分依赖考纲的现状。③ 完善现有的外语能力标准有助于对新时代我国的外语教育目标进行准确定位。对协调各学段的外语教学、外语测评体系的开发和应用、明确课程实施程度、学生学业评价等提供理论框架和水平依据。

0.4　新时期外语能力标准研究的总体框架

新时期我国外语能力标准的总体框架建设主要涉及以下方面：界定基于学业质量的外语能力标准的概念；厘清外语能力标准与外语课程标准的关系；比较加、英、美、澳等发达国家的语言能力标准；以及完善我国的外语能力标准。

1. 界定基于学业质量的外语能力标准的概念

以输出驱动的外语能力标准是指学生在完成各学段时应该具备的基本外语素养及其应该达到的具体水平的明确界定和描述。

根据当前国际上的共同做法，界定者要站在总体教育目标和公民素养的角度思考和设计外语学科核心能力，要确保设计出的外语能力标准和不同学科的能力标准之间是一种融合和统整的关系。基于学业质量的外语能力标准不是指根据学生在学业水平测试中的实际表现水平而制定的成就标准，而是以各学段的总体教育目标为导向，以跨越不同学科领域的公民素养模型和外语学科的核心能力模型为基础的规范性成就标准。

2. 厘清外语能力标准和外语课程标准的关系

外语能力标准是对现有外语课程标准的有益补充和完善，两者联合构成一个有机的整体。我国现有外语课程标准主要强调学科内容和知识点的传授，有时会忽视学科能力或素养培养。外语能力标准要突出外语学科能力或跨学科能力模型的核心地位，在能力模型基础上形成各学段学生学习结果的规范性成就标准或表现水平。

3. 比较研究加、英、美、澳等发达国家的语言能力标准

通过比较各国语言能力标准的整体架构设计、素养模型建构、编排表达模式、研制修订经验和具体做法，可将研究分为以下五类：

（1）各国需求分析的比较研究。尽管语言能力标准的研制背景各不相同，但它们都具有相似的结构。在比较几国背景基础上，充分分析未来一定时期内国内外社会的变化，及其对教育和人才素养提出的挑战和要求（需求分析），为我国外语能力标准的修订和完善提供参考。

（2）知识基础研究。语言能力标准都基于一定的语言学理论和相关学科理论。基于这些知识理论可以更科学地对外语能力进行定性描述。

（3）语言能力基本框架研究。比较几种语言能力标准模式（加拿大—表现水平模式；英国—连续性尺度模式；美国—案例例证模式；澳大利亚—成就标准模

式），探索适合我国的模式。不同的设计模式是以学科能力模型为核心的规范性表现标准和实际表现标准相结合的产物。

（4）编排表达模式研究。语言能力是一种心理特质，具有无法观察性，因此，语言能力指标要通过一定的形式表述出来，如何准确表达和描述语言能力是我国外语能力标准修订和完善的关键环节。

（5）研制和修订方法与评价体系研究。外语能力标准的可操作性、信度和效度，主要取决于该标准的研制方法。标准的研制和修订过程应该包括对经验、定性、定量等各种方法的综合运用。国外语言能力标准的研制和修订都会经过"框架—标准—评估"的系统过程，其科学的研制和修订方法和评估系统值得我国借鉴。

4. 完善我国的外语能力标准

外语能力标准作为一个系统至少包括四个部分：① 各种能力或构成的界定；② 不同能力之间的相关关系或结构，或者不同维度能力的理解和整合；③ 对各种能力的表现水平的界定和描述；④ 对能力在不同表现水平的发展机制的阐述。标准所规定的能力应该和就业期望相一致（杨惠中，2012：25）。标准应当包括高水平的认知要求（推理、判断、分析总结和问题解决），应当具备精准性、可测量性和有效性，并反映学习进程，应当符合国际基准。

0.5　外语能力标准研究的实践策略

笔者建议可以按照如下思路进行外语能力测评体系的研究和完善。参见图0-1。

（1）开展外语能力标准的相关理论研究。运用二语习得理论、学习科学理论、认知科学理论、外语教学理论和教育学理论等进行外语能力标准的概念界定，厘清外语能力标准的基本概念、内涵、关键要素，揭示本领域研究的逻辑起点。核心概念包括能力标准、核心素养、输出驱动等，深入分析语言能力标准、能力评估等不同理论所涉及的相关内容。比较国内外已有的各种技术手段的结构与效用，厘清外语能力标准和外语课程标准的关系，厘清外语能力标准中各个子指标之间的相关关系，为外语能力标准的修订和完善奠定理论基础和知识基础。

（2）选择国际上的成功典范（加拿大、英国、美国和澳大利亚等国家），即有代表性的语言能力标准进行专项研究和国际比较研究。从制定背景（需求分析）、理论基础、能力框架、素养模型、编排表述模式、研制和完善方法六大维度仔细研究加拿大的《加拿大语言能力标准》，英国的《国家课程》（2007）和欧洲的《欧框》，美国的《21世纪外语学习标准》和《共同核心州立标准》；澳大利亚的《国际第二语言能力

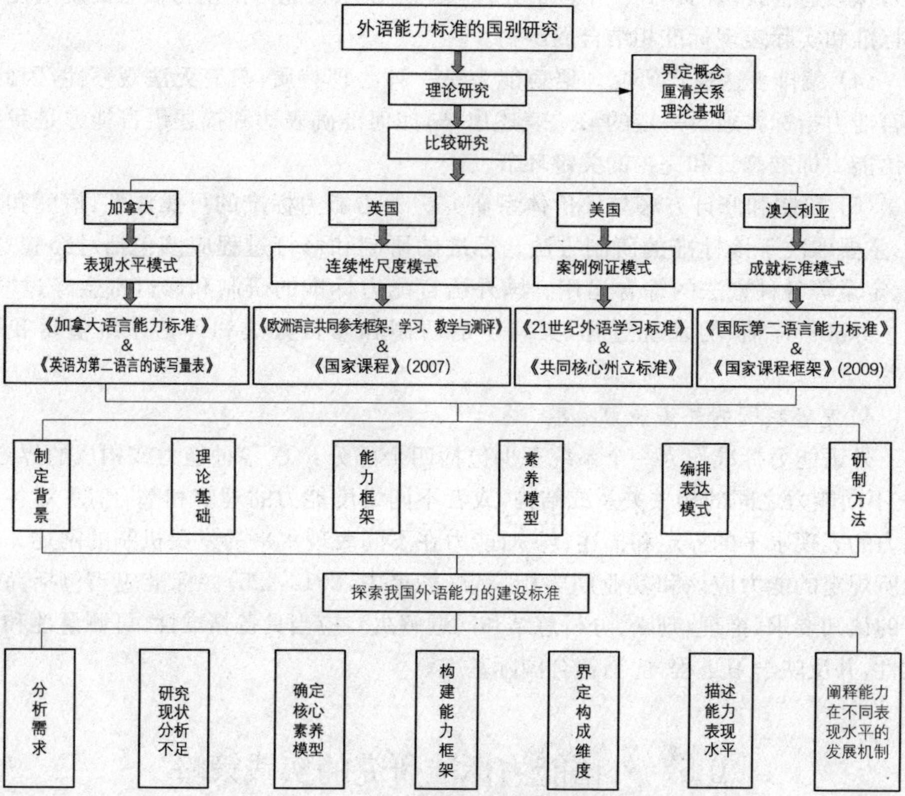

图 0-1 外语能力测评体系的研究思路

标准》和《国家课程框架》(2009)。通过能力标准基本框架的比较研究，表述模式的比较研究，评估工具的比较研究等，尝试建立外语能力标准研究的模型，实现本研究领域的知识创新。

（3）完善我国外语能力建设标准的参考框架。笔者认为可以按照以下七个步骤进行：分析需求、研究现状分析不足、确定核心素养模型、构建能力框架、界定构成维度、描述能力表现水平、阐释能力在不同表现水平的发展机制。我国外语能力标准的进一步研究可以考虑遵循计划、调研、开发、意见征询和采纳的整体思路；推进策略上可以采用整体规划、分步推进、先期尝试、全面铺开的基本模式。

（4）完善我国外语能力标准，进行实践尝试。在通过理论分析形成不同学段能力发展预期的基础上进行测试。通过实际测试校正理论预期的可行性，并补充评价任务样例、学生实际表现样例及其相应的分析情况。探索外语能力评价的实践，形成至少三个可借鉴的外语能力评价案例，创造在理论关照下的实践经验，为外语能力测评体系的完善提供支撑。

（5）进行大规模测试。采用文本分析法和多元回归分析法对学生群体、教师群体、专家群体和用人单位等进行问卷和访谈调查,对转录文本进行分析,运用文本分析法进行编码分析。结合文献研究和比较研究的成果,初步确定外语能力标准修订的的参考性评估架构和质量标准。意见征询阶段通过各种渠道,在不同范围内对现有的外语能力标准进行意见征询和修改,并开展试点研究,明确实施所需的配套资源、制度保障、培训模式等,为完善国家教学质量标准中的学生外语能力标准提供参考。

　　总之,以输出为驱动并基于核心素养的外语能力规范性标准应该是我国外语能力标准今后的发展方向。当前国际上发达国家最新研制的外语教育标准中都非常强调跨学科能力模型与外语学科学习内容的结合,因此应以教育总体目标为指向,构建一个整体性框架来系统地设计、组织、编排、修订、完善外语能力标准。

加拿大篇

第1章
《加拿大语言能力标准》的研究背景

随着经济全球化的不断推进,国际化道路成为中国发展的必经之路,而走向国际的前提是解决语言问题。目前世界通用语言的第一位为英语,因此国民的英语能力对国家的国际化进程至关重要。随着义务教育的普及,中国大多数学校自小学 3 年级起便开设英语课程,部分发达城市(如上海)则是从小学 1 年级便开设了英语课程,并将其作为初中、高中,以及大学阶段的必修课。此外,社会上、学校中也有各种各样的英语测试、教材大纲等等,这些足以体现国家致力于提高国民英语水平的决心。但是我国目前还没有一个将这些测试以及大纲统一起来的测评体系,这使得全民(包括在校学生和社会各界人士)英语能力的评估成了一大难题,也影响到了英语教学和工作岗位对员工英语能力的衡量。相较而言,国外在该领域的部分成熟经验值得我们学习和借鉴。

1.1 语言能力标准概述

语言能力标准(Language Proficiency Scales),又称语言能力量表,是对语言使用者运用某种语言能力的一系列描述。通常,每个量表由低到高分几个不同级别,分别描述语言能力发展的不同阶段(韩宝成,2006)。外语能力标准或量表则是对外语学习者和使用者外语能力从低到高的一系列描述。它贯穿于外语教学诸环节之中,是外语教学目标或评价目标的参照或依据(韩宝成、常海潮,2011)。外语能力标准具有标准的共同属性,其研制水平是一个国家软实力的真实体现。特别是在知识经济时代,外语能力标准的研制既是实现国家语言战略的重要手段和途径,也可以给国家带来直接或间接的经济利益(王建勤,2010)。

中国第一部贯穿整个学段的《中国英语能力等级量表》于 2018 年正式发布,但还需要不断完善。此前,我国主要的英语衡量标准只有大陆地区的一些测试(如大学英语四六级等),以及台湾地区于 2005 年参考欧洲的《欧框》、加拿大的《加拿大语言能力标准》及美国的《21 世纪外语学习标准》，研制的《通用英语能力标准》（韩宝成，2011），但由于多种原因，其普及度并不理想。一个国家有了语言等级标准，才能更好地服务于国民语言能力的评估。

国外语言能力标准发展历程长，内容丰富，存在的某些不足已通过后续的实践进行了改进而日趋完善。语言能力量表首先发源于美国，该国于 1955 年制定描述其外派军事人员口语能力的美国外交学院（Foreign Service Institute，简称 FSI）《口语能力等级量表》，用于考核人员的外语口头表达能力。由于该量表影响巨大，后为美国政府其他部门（如中情局、美国联邦调查局等）采用，因此又称《跨部门语言圆桌量表》。20 世纪 80 年代早期，美国教育部认识到外语教学领域也需要一套语言能力标准，于是启动了通用语言能力标准项目，委托教育测试服务中心（Educational Testing Service，简称 ETS）组织政府和学界专家共同开发一套面向外语教学的语言能力标准。之后，教育部又委托外语教学的专业部门美国外语教学委员会（American Council on the Teaching of Foreign Languages，简称 ACTFL），同教育测试服务中心一起对此标准进行了修订和完善，最终形成了面向外语教学的语言能力标准——《ACTFL 外语能力指导方针》。目前该指导方针与《跨部门语言圆桌量表》并存，但两者使用领域有所不同：前者主要面向外语教学领域，后者主要面向工作场合。

受《口语能力等级量表》影响，欧、美、加、澳及其他地区出现了多个语言能力量表，其应用越来越广。例如，1995 年澳大利亚学者就制定出《国际第二语言能力标准》。

1993 年，政府出面组织了由专家、学者及行政人员等组成的全国语言能力标准工作委员会，负责制定《加拿大语言能力标准》，该标准于 1996 年正式发布，后续又于 2000、2012 年进行了多次修订。

同样是在 20 世纪 90 年代，欧洲一体化进程加快。在英国倡议下，欧洲 8 个国家的语言测试机构成立了欧洲语言测试者协会。该组织的初衷主要是制订一套统一的语言能力标准，以促进各国语言考试证书的相互认证，同时确定语言测试各阶段的标准，共同分享语言测试的经验和技术。

《欧框》是全欧洲地区语言教学及评测的共同框架，这个框架为各国语言教学大纲编写、课程设置、教材编写和考试设计提供了一个共同的基础。

1.2 《加拿大语言能力标准》的研究意义

目前我国学者对于国外量表的研究主要集中在《ACTFL 外语能力指导方针》和《欧框》二者，而对《加拿大语言能力标准》和澳大利亚的《国际第二语言能力标准》研究相对较少。《加拿大语言能力标准》和澳大利亚《国际第二语言能力标准》是二语能力量表,美国的《ACTFL 外语能力指导方针》和欧洲的《欧框》为外语能力量表。在二语学习中,学习者身处目的语环境中,有更多接触和运用目的语言的机会,由于目的语水平直接关乎学习者的生存和个人发展,因而学习目的语的动机更为直接和迫切。因此,《加拿大语言能力标准》和澳大利亚《国际第二语言能力标准》都提到或指向"类似于母语者"(native-like)语言能力的描述,描述的任务多以二语环境下真实的生活任务为主。

选择《加拿大语言能力标准》作为研究对象的原因在于,笔者在对比衡量之后,发现其有很多优点。首先,它在内容方面很完善、详细,对中国外语能力量表的参考性价值很大。其次,《加拿大语言能力标准》第一版于 1996 年公布,而最新一版于 2012 年公布,并且每年加拿大语言能力标准中心(Centre for Canadian Language Benchmarks,简称 CCLB)也发布年报以跟进其实施与发展,说明其完善工作一直在进行。第三,相对于在以英语为母语的美国、欧洲和澳大利亚而言,尽管加拿大的官方语言是法语和英语,但是移民占了加拿大人口的大多数,也就是说以英语或法语为母语的人并不多,这和其他以英语为母语国家的语言能力量表相比,更加符合我国的语言现状。第四,《加拿大语言能力标准》除了本身的语言能力量表外,还有很多衍生品,如对职业英语的评估,对读写能力的评估等工具,这更有利于我国量表的完善和细分,使其在生活、工作和学习中得到更好的运用。最后,加拿大是发达国家,其量表符合我国量表今后的发展方向。

我国台湾地区的《通用英语能力标准》也参考了《加拿大语言能力标准》,分为12级,在各级的能力描述上也参照了后者的说明。如按照《加拿大语言能力标准》的规划英语能力在 1—4 级为初级,5—8 级为中级,9—12 级为高级(张显达,2003)。虽然其在台湾地区的普及率并不高,但是这也说明我国和加拿大的情况类似,《加拿大语言能力标准》对我国的量表有参考价值。笔者在下文中将继续对《加拿大语言能力标准》进行深入分析研究,并且分析其衍生品,为我国的量表提供经验。

国外的研究集中于对《加拿大语言能力标准》在加拿大的教学和工作方面的应用的研究,相反,国内研究大多在于分析《加拿大语言能力标准》的听、说、读、写四种能力,探究其理论框架,以及对比国外几种量表为我国量表的编写提供建议,很少有关于《加拿大语言能力标准》对我国教学和工作上启示的研究。此外,专门用途英语(English for Specific Purpose,简称 ESP)是目前的一个研究热点,我们也可以通过研究《加拿大语言能力标准》的应用,学习其在专门用途英语上的经验,并从中提出对我国量表应用的启示。本篇也将对《加拿大语言能力标准》与《中国英语能力等级量表》进行比较,以期为我国量表的后续改进提供可靠的参考意见。

1.3　加拿大篇研究的主要问题

本篇的目的在于探索《加拿大语言能力标准》的结构和框架、编排表达模式、素养模型等，为《中国英语能力等级量表》今后的完善提供参考，并且从《加拿大语言能力标准》的衍生品中得出对《中国英语能力等级量表》应用上的建议与启发。

本篇主要探讨的问题为：① a.《加拿大语言能力标准》的内容与编排模式是什么？ b.《加拿大语言能力标准》是怎样与学习、工作相结合的？ ②《加拿大语言能力标准》与《中国英语能力等级量表》在内容上有何异同？ ③《加拿大语言能力标准》的应用对《中国英语能力等级量表》的应用有什么启示？ ④《加拿大语言能力标准》是如何应用在专门用途英语上的，对《中国英语能力等级量表》在专门用途英语的应用上又有何启示？

本篇先采用了文本分析法来分别分析加拿大和中国的语言能力标准，随后采用分析与比较法来比较二者的异同，最后采用归纳与演绎的方法来从《加拿大语言能力标准》中得出对《中国英语能力等级量表》的启示。

1.4　加拿大篇的组织架构

本篇总体结构是先进行相关文献综述，包括语言能力标准方面的研究综述，和对《加拿大语言能力标准》的研究综述；其次，从多个维度对《加拿大语言能力标准》的内容和应用作详细剖析，分析其优势与不足；然后将《加拿大语言能力标准》与《中国英语能力等级量表》从内容和应用两方面进行比较；最后，从两个标准的比较中提出对《中国英语能力等级量表》的内容和应用上的建议。

第2章
《加拿大语言能力标准》的相关研究

本章主要论述了和《加拿大语言能力标准》的国内外相关研究。

2.1　国外研究动态

加拿大语言能力标准中心是加拿大政府于 1997 年成立的一个专门负责研究制定《加拿大语言能力标准》的机构,因此国外对《加拿大语言能力标准》的研究多集中于该中心组织的专家学者的研究,对关于《加拿大语言能力标准》内容本身的研究很少,且内容大多数侧重于研究其在学习和工作上的衍生品,如探究其在加拿大当地学习或工作的影响与应用(Lima,2010),涉及对其内容的研究并不多。

2.1.1　与学习相结合的研究

首先,英语语言能力标准对英语教学方面有很大影响,正如《加拿大语言能力标准》,它不是一个课程标准,也不是用来描述课程标准的工具,但可以为英语为第二语言(English as a Second Language,简称 ESL)的课程设计作参考(Pawlikowska-Smith,2012)。所以加拿大学者研究了《加拿大语言能力标准》对当地的英语教学的影响到底有多大,希望用其作标准在课程大纲中建立一个对英语为第二语言学习者公平的评估方式。以检测不列颠哥伦比亚省(British Columbia)省级英语为第二语言学生英语能力的标准为例,其一开始并不能在全国通用,但是为了促进统一全国的英语标准,就要保证在不列颠哥伦比亚省学术英语课程标准和《加拿大语言能力标准》的一致性(Ministry of Advanced Education and Labour Market Development,2008)。《加拿大语言能力标准》是用来评估英语为第二语言学习者语言能力的国家标准,学习者大概在《加拿大语言能力标准》8—9 级水平时能达到主流学术项目的要求。但是其更多的还是作为一种语言等级评估工具在使用，因其任务规定的范围太窄而无法指导学术用途英语（English for Academic Purposes，简称 EAP）课程大纲。并且《加拿大语言能力标准》在课程大纲中的实施也遇到了挑战：① 如何对其任务描述符进行广泛概括，② 如何根据任务难度及熟练程度来组织任务大纲。虽然在《加拿大语言能力标准》中每一种技能的每一个阶段（stage）的知识和策略（knowledge & strategy）部分是专门用于描述如何教才能让学生达到某个既定的语言等级的，但研究结果表明，《加拿大语言能力标准》的结果和学术英语课程之间的重合度较小，并且那些在不列颠哥伦比亚省中学系统（BC secondary system）的英语为第二语言的学习者在准备进入主流大学或学习大学课程之前，并没有准备满足《加拿大语言能力标准》最低要求，或根据标准等级来展示语言能力，因此，学术用途英语教学大纲和课程决策并没有太大的影响力（Lima，2010）。

2.1.2　与工作相结合的研究

《加拿大语言能力标准》的定位是一个通用型量表，不仅可以指导英语教学与测试，还可以指导一些职业用途英语能力标准，使社会上各种职业标准与《加拿大语言能力标准》相结合，以达到标准的统一化和最大化发挥其作用的目的。

首先，为了帮助移民就业，加拿大语言能力标准中心设置了一个指南以提高移民工作者对于基本技能（Essential Skills，简称 ES）的了解。《加拿大语言能力标准》与基本技能具有互补性，《加拿大语言能力标准》提供的是在新人员培训中应囊括的语言技能框架，而基本技能提供的是有关特定职业的基本技能要求的信息。与传统技能不同的是，让他们了解加拿大文化和技能，也是助其在加拿大工作场所中成功的关键。如今任何职业所需要的技能都是基于读（reading）、写（writing）和计算（numeracy）三方面的基本技能之上的，具体有八个基本技能：文本阅读（reading text）、文档使用（document use）、写作（writing）、计算（numeracy）、思维技能（thinking skills）、与他人合作（working with others）、使用电脑（computer use）和不断学习（continuous learning），不同职业对不同技能的水平会有不同要求（CCLB，2015b）。将《加拿大语言能力标准》与基本技能结合起来，使《加拿大语言能力标准》每个等级基准都达到国家职业标准（National Occupation Standard，简称 NOS）和基本技能能力标准（Essential Skill Proficiency，简称 ESP）的要求，让加拿大移民首先在语言上了解某种职业要求的基本技能。《加拿大语言能力标准》在加拿大全国范围内使用，为语言学习者、英语为第二语言的英语教师、程序管理员、雇主、测试和课程开发人员提供了一个共同的框架。该框架也为工作分析师开发的英语为第二语言学习者使用的工具提供了参考（CCLB，2015c）。

2.2 国内研究动态

与国外研究相比较而言,国内研究的重心有些不同。在对中国知网等主流电子资源网站进行统计后,笔者发现国内对于《加拿大语言能力标准》的最新研究大多数在最新版的《加拿大语言能力标准(2010)》(国外仍然叫作 CLB 2000)发布前后,且大多都是对于其内容和理论框架的分析评论,以及在比较国外的几个量表之后提出对国内量表的启示和建议。

国内在这方面所做的研究主要在于分析《加拿大语言能力标准》的能力描述以及理论框架,以得出对《中国英语能力等级量表》的启示与建议,但在对《加拿大语言能力标准》应用方面的研究仍然不够。

2.2.1 对能力描述的研究

《加拿大语言能力标准》花费了长达两百多页的篇幅对听、说、读、写四方面的能力进行了详细描述并列举了相应的任务等,它认为语言能力就是语言学习者完成语言任务的能力。该标准共有 12 个级别,在各个级别里面,首先对体现学习者总体语言能力的语言行为进行简要的描述;在各个级别的总体语言能力描述之后,提供了实现这些能力所需的具体交际条件,包括交际的目的、交际的场景、参与者、话题、时间限制、任务长度、所需的帮助等;第三项是其能力描述的核心部分,即关于"能力结果和标准"的部分,包括一个学习者具有该级别的语言能力时能做的事情、所能完成的语言使用任务范例,以及体现该级别语言能力的象征性行为(韩宝成、常海潮,2011)。国内许多专家学者对其内容也开展了许多分析评价。

有学者对听、说、读、写四个方面的描述词做了详细的研究,研究发现,这四种能力的描述非常详细,涉及参数众多,包括交际环境(每天例行的、稍陌生的、陌生的环境,工作、教育和社区环境等)、交际者的交际的方式(带些自信、更自信、自信和轻松等)和话题的范围(与个人相关的、熟悉的、复杂的、抽象的、普遍的、专业性强的等)。但是语言的交际环境、方式、话题这些都不可能被详尽列举,因此即使如此详细的描述,也存在一些问题:

(1)描述中表示数量的表达概念不清楚,如"各种、很多的各种、更多的各种、广泛的各种、足够多的各种、一些、几个、大量的、相当多的"等等。概念描述不具体,给应用带来困难。

(2)对有些交际特点的描述只出现在个别级别里面,如"理解反语、讽刺几乎没有困难"只出现在听力第 12 级里面。但问题是,其他级别学习者是否连浅显的反语、讽刺也理解不了,12 级的学习者又是否不管多深奥的讽刺也能解读?

（3）有些重要参数能力描述中没有提及明确标准，例如听力能力中学习者对方言的接受能力，代表的是能否或在多大程度上听懂方言（史成周，2013a；2013b；2014a；2014b）。

除了参数以外，也有学者质疑过《加拿大语言能力标准》的修订。对比《加拿大语言能力标准》1996 年版和 2000 年版，1996 年版从听/说、读、写三方面对学习者进行考察，将听和说融为一体；而 2000 年版却将听、说分开了。但是有学者认为，从传统的"语言处理"的角度看，与读和写一样，听和说是相对独立的两种技能。学习者在听说方面的进步并非总是平行的。在起步阶段，可预测的简单语境中，学习者听的能力总是优于说的能力，而到了"中级阶段"，学习者说的能力又会较听的能力有更高的发展。当然这种现象是因人而异的。但是，《加拿大语言能力标准》编写者对语言所持的主要是社会语言学而非心理语言学的观点。语言在社会性的语境中是用来交流的，除了听新闻和讲座，只说不听或者只听不说在绝大多数社会语境中几乎是不可想象的。从语言即话语（language as discourse）的角度看，将听说合二为一是科学正确的。因此，《加拿大语言能力标准》的这一更新让有些学者深感疑惑，认为这样做反而失掉了其自身的特色。听、说究竟应该分开还是合起来评估尚待进一步研究（肖云南、张驰，2003）。不过，有学者指出《加拿大语言能力标准》这样改变的原因是为了能更好地将其自身与一些在加拿大国内大学入学考试和职业考试所普遍接受的国际性英语水平测试，如托福（TOEFL）、雅思（IELTS）、加拿大学术英文水平考试（Canadian Academic English Language Assessment，简称 CAEL）、"思培"①（Canadian English Language Proficiency Index Program，简称 CELPIP）等结合起来。

研究发现，虽然《加拿大语言能力标准》是从听、说、读、写四个方面的能力来描述语言能力的，但是每种能力内部的编排并不一样。此外，尚未有研究对《加拿大语言能力标准》的编排表达模式进行过仔细研究，分析其特点，并得出启示。因此，本篇将探究这部分内容。

2.2.2　对理论框架的研究

为了证明《加拿大语言能力标准》的信度和效度，加拿大语言能力标准中心在 2011、2012 两年组织专家研究制定，并于 2015 年发布了《加拿大语言能力标准理论框架》（Theoretical Framework for the Canadian Language Benchmarks and Niveaux de Compétence Linguistique Canadiens，以下简称《理论框架》）（Pawlikowska-Smith，2015）。

---

① 主要用来测试非英语国家考生的英语听、说、读、写的综合能力，这一考试由位于加拿大温哥华市的不列颠哥伦比亚大学设计研发。

《理论框架》表明《加拿大语言能力标准》是基于交际语言能力（communicative language ability，简称 CLA）理论（语言知识能力、语篇能力、功能能力、社会语言能力和策略能力）编写的，面向的语言学习者是在社区、学习和工作环境中使用英语的成人移民，提倡基于任务（task-based）、以学生为中心的交际法。基于标准研发的各种类型的测试和评估工具要以标准中的某个能力等级为目标，测试对象的交际能力要用标准中的某个能力等级的描述语来阐释（Pawlikowska-Smith，2015）。

《加拿大语言能力标准》所说的语言能力（language ability）跟塞尔斯-穆尔西亚（Celce-Murcia et al.，1995）的交际能力和巴赫曼和帕尔默（Bachman and Palmer，1996，2010）的语言能力一脉相承，但不是照搬。该标准不是绝对地只适用于成人移民这个群体，还可用于其他环境、类型的语言学习者；它不限于某种具体的教学法，但提倡基于任务、以学生为中心，以培养交际能力为目的的交际法。这种交际语言能力标准不只可指导《加拿大语言能力标准》的编制，更可以运用在教学方法、语言测试中（肖云南、张驰，2003；史成周，2013c）。首先，《加拿大语言能力标准》的交际语言能力的理论框架可以对应到教学上的交际法，强调学生通过交际使用语言，提高语言能力。它强调现实的交际情境和真实性（authenticity），让学习者了解课堂外交际的现实性，遵循交际原则（the communication principle）、任务原则（task principle）和意义原则（meaningfulness principle）。其次，基于《加拿大语言能力标准》可研发不同类型的测试，如能力测试（proficiency testing）、分级测试（placement testing）、学业测试（achievement testing）和诊断测试（diagnostic testing）等。测试应反映整个社会而不是某一部分人的价值观和目标。在教育上测试可影响教学大纲、教学法或教学技巧等。这都表明一个正确的、科学的理论框架对量表、教学以及整个社会都是非常重要的（史成周，2013c）。

正如前文所示，语言能力标准的作用不只是一个衡量标准，更是一个国家的语言能力教学、测试等的基准。国内大多数学者在研究国外许多语言能力标准后，对每个量表的优缺点进行了评述，同时提出应该研制我国统一的英语能力量表（韩宝成，2006）。同理，学者对《加拿大语言能力标准》的研究不只在于单独研究其本身，也注重和其他国外标准以及我国大学英语教学和测试的比较，通过得出的启示促进我国在这方面的发展。

2.2.3 与其他相关语言能力标准的比较研究

相对于《欧框》和《ACTFL 外语能力指导方针》而言，国内学者对于《加拿大语言能力标准》的研究相对较少，大多数是在提及国外诸多量表时将其一笔带过。例如有学者将《欧框》与《加拿大语言能力标准》作对比分析发现，二者都是以交际语言能力为理论基础，都强调将语言用于实践，还共同强调了语言的掌握对文化的了解也有一定的要求。但是二者也有不同，首先，《欧框》中不仅包括了交际语言能力,还包括了综合能力(陈述性知识、技能、存在能力和学习能力),而《加拿大语言能力标准》则存在着一定的不足,比如对语音、词汇、语法等具体的语言知识或微技能没有明确列举。但是从能力描述方面来看,与《欧框》相比,《加拿大语言能力标准》分级详细描述了听、说、读、写四方面的能力,更加清晰,更便于使用(成波,2011)。

2.2.4 与我国大学英语教学与测试标准的比较研究

目前,我国大陆地区对外语能力标准的相关描述主要体现在《英语课程标准(实验稿)》(2001)(以下简称《课程标准》)、《高等学校英语专业英语教学大纲》(2000)(以下简称《教学大纲》)和《大学英语课程教学要求》(2004,2007)及有关考试大纲中。我国台湾地区于 2005 年参考《欧框》《加拿大语言能力标准》及《21 世纪外语学习标准》,研制了《通用英语能力标准》(韩宝成,2011)。

2007 年教育部公布了《大学英语课程教学要求》,对大学英语教学的性质和目标、教学要求、课程设置、教学模式、教学评估和教学管理进行了说明。有学者将《加拿大语言能力标准》与我国《大学英语课程教学要求》作了比较(见表 2-1)。

表 2-1 《加拿大语言能力标准》与《大学英语
课程教学要求》比较表(蒙岚,2014)

	《加拿大语言能力标准》	《大学英语课程教学要求》
语言层次	三个阶段、12 个等级	三个阶段
语言能力的描述	听、说、读、写	听、说、读、写、译
适用对象的范围	加拿大全国英语为第二语言的学习者	中国高校在校学生
语言能力反映形式	加拿大语言能力标准等级测试结果	无学习者达到何种层次要求的反映形式

对比发现二者都是将语言层次分为三个阶段,在语言能力的描述上,除了听、说、读、写外,我国的《大学英语课程教学要求》(以下简称《教学要求》)还增加了"译"。此外,二者在适用对象方面也不一样,我们的《教学要求》只针对在校大学生,尤其是非英语专业的大学生,大多数学校只在第一、第二学年开设英语课程,因此这些学生的英语水平(尤其是学术英语水平)在之后的学年里不一定会有很大提高。其次,《教学要求》不能作为学生英语能力水平等级划分的依据,因此只起到在教学中理论指导的作用,没有实际的衡量功能。从上表可以清楚地看出《教学要求》侧重于要求学习者掌握与学习相关的语言能力,而运用英语进行社会交际的能力未得到体现。《加拿大语言能力标准》则在工作和学习场合均适用,强调学习者

的社区性和社会交际性(蒙岚,2014)。

《加拿大语言能力标准》的网上测验包括阅读及听力两部分,各有两组考卷,每卷限时 1 小时,题目难度由浅入深。以阅读部分为例,程度最浅的是阅读标志上的英文,然后是日常简单的信件内容,最后是程度较深的阅读文章,文章主题较为复杂,考验阅读者的理解能力。而写作和口语能力的考查则由英语为第二语言和语言测试方面的专家进行评估。相对而言,中国大学英语等级考试几经改革,内容包含听力、阅读、写作和翻译,但是只有应试者笔试成绩达到一定标准后才能参加口语考试(见表 2-2)。

表 2-2 《加拿大语言能力标准》与大学英语等级考试比较表(蒙岚,2014)

	《加拿大语言能力标准》	大学英语等级考试
适用对象的范围	加拿大全国英语为第二语言的学习者	中国高校在校学生
主观题比重	50%(口语 25%;写作 25%)	20%(写作 15%;翻译 5%)
测试中语言材料的真实性	大量引进生活中的真实语料	真实语料使用率低,写作基本考查三段论,不考查应用文
口语能力的反映	参加加拿大语言能力标准测试者均参加口试	只有四、六级笔试达到一定分数者才能参加口试

我国大学英语等级考试的主观题所占比例较小,客观题比例较大,无法对《教学要求》中的一般要求、较高要求和更高要求作区分,所得出的考试成绩难以明确指出学生达到了哪种要求,对于学生所掌握的语言能力无法作出较准确的反映。并且大学英语等级考试从 2007 年起便只允许在校考生报考,可见,这一考试主要针对教育领域,未考虑社会人员。但是该考试的成绩却被许多社会用人单位作为是否录用毕业生的重要依据,这与考试的设计初衷和使用领域发生了矛盾。因此,部分学者认为目前的大学英语等级考试阻碍了学生英语能力的发展,且实用性不够(韩宝成、戴曼纯、杨莉芳,2004;蔡基刚,2011)。《加拿大语言能力标准》以完成真实的语言任务为基础,测试中出现的任务常出现在真实生活场景中。因此,评估得出的结果可以证明受评估者具备用英语从事哪些社交活动的能力,同时加大学习者对口语的重视程度,以提高口语学习者的语言应用能力(蒙岚,2014)。

第3章
《加拿大语言能力标准》的相关理论

《加拿大语言能力标准》的相关理论有交际语言能力理论和建构主义理论,本章将分别展开论述。

3.1　交际语言能力理论

交际语言能力理论发展对外语能力标准的建立有深远影响(成波,2011)。许多国外语言能力量表,包括美国的《21世纪外语学习标准》和欧洲的《欧框》,以及本篇的研究对象《加拿大语言能力标准》,还有国内最新颁布的《中国英语能力等级量表》的理论框架都是基于交际语言能力理论而建立的。因此本节也将从交际语言能力这个角度对研究对象进行分析比较,检验其是否符合交际语言能力的要求——在实践中用语言去交际,换句话说就是用语言做事情(to do)。

既然是交际语言能力,那么首先就要理解和区分这些概念:语言素养能力(language competence)、语言知识(language knowledge)、语言能力(language ability)、语言水平(language proficiency)、语言执行能力(language performance)和语言具体工作能力(language capacity)。语言素养能力和语言知识指的是使用者对语言的了解,语言能力、语言水平、语言执行能力和语言具体工作能力指的是使用语言知识去交际的能力(Hymes, 1972)。

乔姆斯基在1972年率先提出了语言能力这一概念,代表在一个相同的语言社区内某种语言的理想听说者的完备知识,他认为语言知识与社会文化特征是相分离的。

后来海姆斯发现乔姆斯基对于语言能力和语言运用的区分太过于狭窄,以至于不能将语言行为作为整体来描述,因此提出了交际能力。根据海姆斯的观点,交际能力包含四个方面:① 是否(以及在何种程度上)某事是正式可能的;② 根据实施手段,是否(以及在何种程度上)某事是可行的;③ 关于使用和评估的背景,是否

(以及在何种程度上)某事是适当的(或快乐的、成功的);④ 是否(以及在何种程度上)事实上已经完成了,它的完成意味着什么(Hymes,1972)。海姆斯将"交际能力"定义为"了解和产生语言的参照和社会意义规则的认识"(Hymes,1972;杨慧中、桂诗春,2007)。

卡纳尔和斯温(1980)认为,海姆斯的社会语言学工作对于语言学习的交际方法发展很重要。他们提出了一种交际能力模型,包括语言能力、话语能力、社会语言学能力和策略能力四个方面,由口头和非言语交际策略组成。

巴赫曼更努力地对卡纳尔和斯温提出的交际能力进行细分,他提出了交际语言能力框架,并把交际语言能力定义为"语言知识和在交际中使用该知识的能力",它包含以下三个方面:语言能力、策略能力和心理生理机制(Bachman,1999)。

在过去的每种模型中,语言能力构成部分都有所不同,主要包括以下五种:

(1) 语法、社会语言学和策略组成部分(grammatical,sociolinguistic and strategic components)(Canale and Swain,1979;1980),后来又增加了话语部分(discourse component)(Canale,1983)。

(2) 语言、话语、参照和社会文化组成部分(linguistic,discourse,referential and socio-cultural components)(Moirand,1982)。

(3) 语法、文本、语用学(言外和社会语言学)和策略组成部分[grammatical,textual,pragmatic(illocutionary and sociolinguistic)and strategic components](Bachman,1999)。

(4) 语法、文本、功能、社会语言学和策略组成部分(grammatical,textual,functional,sociolinguistic and strategic components)(Bachman and Palmer,1996;2010)。

(5) 语言、话语、社会文化、策略和行动组成部分(linguistic,discourse,socio-cultural,strategic and actionable components)(Celce-Murcia,1995;Pawlikowska-Smith,2015)。

根据巴赫曼提出的交际语言能力框架,在语言能力、策略能力、心理生理机制三方面下又有了细分。

语言能力由一系列运用在交际中的特定的知识构成,包括组织能力(由语法的语篇能力构成)、交际能力(由言外能力和社会语言能力构成)。

(1) 语法能力包含的是相对独立的能力,比如词汇、形态、句法和音韵能力。

(2) 语篇能力是一种连接话语组成语篇的能力,比如连贯和修辞结构。

(3) 言外能力指的是语言使用者能够用语言表达出很多功能的能力,如思维功能、操纵功能、启发式功能和想象功能。

(4) 社会语言能力由根据特定语言使用环境来实施语言功能的能力构成。

策略能力是"在语境化的交际语言使用中,实施语言能力的组成部分的心理能力"。为得出一种实现交际目的最有效的方式，策略能力展示了评估功能（在特定环境下识别、决定、评估信息）、规划功能（从语言能力中检索相关项目并制定计划）和执行功能（在适合交际目标和语境的方式和渠道中实施计划的心理生理机制）（Bachman，1999）。

心理生理机制是"在实际使用语言时作为一种物理现象的神经和心理过程"。其特点在于语言实施的渠道（听觉和视觉）和方式（接受和产出）。

然而根据《中国英语能力等级量表》，语言能力指的是语言学习者和使用者运用自己的语言知识、非语言知识以及各种策略，参与特定情境下某一话题的语言活动时表现出来的语言理解能力和语言表达能力。所以此处的语言能力主要包括语言理解能力和语言表达能力，即语言能力的定义随着时代的变化而变化。这恰好证明了语言能力的重要性，也说明了从交际语言能力理论视角来分析本书的研究对象是合理的。

3.2　建构主义理论

建构主义理论于 20 世纪 80 年代逐渐形成，主要倡导者有皮亚杰、维果斯基、布鲁纳等人（黄净，2015），其本质上是对学习的一种比喻，把获得知识比作建筑或建构的过程（Fox，2001）。换句话说，学习并不是个体对外部信息的积累，而是学到越来越多有关他们认识事物的程序，即建构了新的认知结构。这种新的认知结构不仅是原有认知结构的延续，而且是原有认知结构的改造和重组（章建跃，1998）。此外，建构主义者指出：教学在很大程度上要面向某个学科的专业知识，而专业的学科知识被理解为科学家意识一致所形成的一种结论。建构主义的教学要求学生根据自己的经验背景，对外部信息（如标准英语语言）进行选择、加工、处理，从而获取自己的意义，获得自身领悟的而非教师灌输的对英语语言的理解，最终能够流畅、自由地用英语表达自己的思想（黄净，2015）。目前国际英语的发展趋势也是将英语与具体学科相结合，并将教学中心从教师转向学生。而本书研究的语言能力标准也是秉承这样的理念，因此在对标准进行分析和比较的过程中，笔者也将用建构主义的理念，即以学生为中心以及将英语与学科相结合这两个方面为准则去检验两个标准的内容和应用，比如是否强调以学生为中心，以及是否将学习活动看作是一个积极的建构过程，最后得出相应的启示。

第4章
《加拿大语言能力标准》的研究

本章将会具体介绍和分析《加拿大语言能力标准》，包括其研制背景、发展历程、目标人群、指导原则、结构框架、理论基础、编排表达模式、素养模型，以及效度。

4.1 《加拿大语言能力标准》概述

本节笔者将从《加拿大语言能力标准》的基本信息、研制背景、发展历程、目标人群和指导原则几方面对其进行概述。

4.1.1 基本信息

《加拿大语言能力标准》是由加拿大公民及移民局（Citizen and Immigration Canada，简称 CIC）投资研制而成的全国性的语言能力标准。量表于 1996 年正式发布，又经 1999 年、2008—2011 年先后两次修订，修订版分别于 2000 年和 2012 年出版，是加拿大语言教学课程规划的国家标准，也是成人移民英语学习、教学、课程安排、语言能力评估的参考框架。它是关于连续语言能力的一系列描述性陈述以及对交际能力和表演任务的描述，通过这些任务学习者表现出对语言知识和技能的应用，对制定各种语言教学课程的国家标准，学习、教学和评估英语为第二语言的成人学习者有参考作用。

但是，它并不等同于描述交流能力背后的知识和技能的离散元素（例如，作为具体的语法结构、发音要素、词汇项目、微观功能、文化等惯例），也不等同于一个课程标准，不与任何特定的教学方法绑定，更不等同于一种评估或测试。

4.1.2 研制背景

加拿大是一个有两种官方语言（英语和法语）的移民大国，移民遍布农村、乡镇和城市，移民的生活计划包含了语言培训、上大学或者工作。根据加拿大统计局

2016 年人口普查的数据显示，已经有 720 万人口移民加拿大，也就是说在加拿大每五个人中就有一个是移民。尽管近年加拿大移民政策的变化使移民比例有所浮动，但据这次统计，移民人口仍占加拿大总人口的 16.1%。而这些移民来源前十的国家为：菲律宾、印度、中国、伊朗、巴基斯坦、美国、叙利亚、英国、法国和韩国（数据来源：www.statcan.gc.ca/census, 2017）。

加拿大公民及移民局指出如果移民来到加拿大的移民想找工作或上学，就需要对他们的语言能力进行评估并分出等级。加拿大公民及移民局意识到如果教育机构、雇主、学习者使用同一个标准化框架，那么对移民语言能力的评估和分级就会变得简单。为满足这些需求，所有利益相关方（英语为第二语言的从业者、雇主和学习者）创建了《加拿大语言能力标准》这一方便使用的工具（CLB, 2000）。在此之前，加拿大有多种外语能力考试，这些考试自成一体，名称、等级、标准各不相同，社会上使用起来很不方便。

在 1991 年国会的年度报告中，加拿大就业和移民局（现为加拿大公民及移民局）表示有意通过提高语言评估的做法和转介程序（referral procedure）改善提供给新入成人移民的语言培训（加拿大移民局，1991）。这项政策的创新之处在于强调联邦政府和地方组织机构在移民语言上的合作（Rogers, 1994）。本着这种精神，加拿大公民及移民局在 1992 年组建了一系列咨询研讨会来讨论建立一套国家语言能力量表对英语为第二语言的学习者、教师、管理员、移民机构所能带来的好处。1993 年 3 月联邦政府建立了一个语言能力量表国家工作组（National Working Group on Language Benchmarks，简称 NWGLB）（Taborek, 1993）来监管这个语言能力量表文件的开发，量表旨在描述学习者用英语完成任务的能力[1]（CIC, n.d., 3）。该小组由来自全国各地的利益相关方组成，他们在开发《加拿大语言能力标准》的过程中定期碰头。在文件的开发中有两个很有影响力的资源：澳大利亚口语和书面英语证书（Hagan et al., 1993）以及大学标准与认证委员会试点项目（CSAC），其在安大略省大学系统中为英语为第二语言的课程制定了基准（CSAC, 1993）。1996 年版《加拿大语言能力标准》是在经过各个利益相关方的广泛测试的基础上修订而成的。

4.1.3 发展历程

1992 年加拿大政府亟待出台一个语言政策来满足成人移民的需求，为响应这一政策，加拿大公民及移民局投资这个项目去调查加拿大成人移民对语言标准的需求。

1993 年，加拿大公民及移民局成立语言能力量表国家工作组来指导量表的制定。1996 年当局公布了《加拿大语言能力标准：英语作为成人的第二语言（试行）》[Canadian

---

[1] 原文出处：Citizenship and Immigration Canada. Canadian Language Benchmarks: English as a second language for adults/English as a second language for literacy learners. Working Document[R]. Ottawa, ON: Minister of Supply and Services Canada. 1996.

Language Benchmarks: English as a Second Language for Adults (Working Document)]。

1997 年,政府外的机构成立了一个加拿大语言能力标准中心来对 1996 年版的量表做修订,机构于 1999 年开始对 1996 年版量表使用者的调查,2000 年加拿大公民及移民局又发布了新的《加拿大语言能力标准:英语作为成人的第二语言》(Canadian Language Benchmarks 2000: English as a Second Language for Adults),仍任用 1996 年版的主要编写者。

2002 年,加拿大语言能力标准中心编写并发布了第一版《法语能力量表》(Niveaux de Compétence Linguistique Canadiens,简称 NCLC),又于 2006 年发布第二版《法语能力量表》。

2008—2010 年,在进行民意调查后,加拿大语言能力标准中心根据利益相关方的意见对量表进行修改,并在 2011—2012 年三个阶段的效度检测后,于 2012 年公布了最新版。

《加拿大语言能力标准》从 2002 开始有了第一版《理论框架》,直至 2015 年发布了统一英语和法语两个量表的《理论框架》(final common theoretical framework),历时 13 年。

从开始制定到最新版发布,加拿大语言能力标准中心花了超过 20 年来对此量表进行不断制作、修改和完善,并对调查民意后的修改以及《理论框架》的发布尤为重视,这表明《加拿大语言能力标准》的制定是一个透明的、科学的过程,并且是有据可依的,由于其在制定过程中受到大众的关注,因此在公布实施后,也自然而然地更容易为大众所接受。

4.1.4　目标人群

《加拿大语言能力标准》的目标人群是专业领域英语为第二语言的教学教师、评估者、课程和资源开发者、测试设计者和学者。它也可用于为资助者、英语培训计划、劳工市场协会、许可机构和雇主提供信息。但是,这并不意味着《加拿大语言能力标准》就是普通大众或学习者所不能接触的,或者没有用的东西。相反,该标准满足了学习者、教育工作者和评估者以及更广泛的社区的几个关键需求。

1. 学习者

《加拿大语言能力标准》为学习者规划语言学习、设定或调整目标和监测进度提供了基础。作为描述交际语言能力的国家标准,《加拿大语言能力标准》可以促进对学习者间的共同理解,从而使交际在课堂、课程和机构之间顺利过渡,并得到加拿大专业组织和许可机构的认可。

2. 教育工作者

对于与英语为第二语言成人学习者合作的教育工作者、评估者和测试开发人员而言,《加拿大语言能力标准》提供了语言能力的共同思想体系和理论观点的专业基础,以通知语言教学和评估。它提供了一个共同的国家框架,用于描述和衡量英语为第二语言学习者在教学和其他目的方面的交际能力，确保制定可在加拿大共享的课程、资源和评估工具的共同基础。《加拿大语言能力标准》帮助专业领域阐述英语的二语需求、最佳实践和成就。

3. 社区

对于更大的社区而言，《加拿大语言能力标准》致力于英语为第二语言社区与其他利益相关方和组织（如相关领域的教师、应用大学课程、英语为第二语言教学和其他教育计划、辅导员和语言教育资助机构）之间的明确、深入的沟通。《加拿大语言能力标准》还为劳动力市场协会、行业委员会，以及试图了解如何引用专业和贸易语言要求的许可机构和雇主提供了信息。

4.1.5 指导原则

《加拿大语言能力标准》是面向移民的标准，是致力于做到对学习、教育、工作和社区都有用的综合型量表，其指导原则与其宗旨相对应。

（1）《加拿大语言能力标准》是基于素养能力的标准，素养能力强调学习者能用英语做什么，也可作为个人学习者知识和技能证实的应用。它的素养能力不强调特殊的语境，比如只描述某人能够填简单的表格，而没有特别指出哪种类型的表格，因为表格类型取决于个人的情况、需要和目标。例如，一些英语为第二语言的学习者可能需要填写表单在社区中申请服务，也可能需要填写与工作有关的服务申请表或入读学术课程的申请表。《加拿大语言能力标准》将语言与其使用的语境和它所执行的交际功能相关联。例如，个人可以使用英语来发起和维持关系，阐述希望、梦想和感受，开展交易业务，规划、说服、通知或指导。

（2）《加拿大语言能力标准》是以学习者为中心的标准。能力应该嵌入到有针对性、相关性和对学习者有意义的任务和环境中，并针对个人的能力和学习风格应用。文件中提供了示例任务说明现实生活中的各种能力；如果在教学环境中，《加拿大语言能力标准》的能力标准将在与学习者的需求和具体兴趣相关的任务中进行语境化。

（3）《加拿大语言能力标准》是基于任务的标准。语言任务的概念是《加拿大语言能力标准》的核心，它指的是语言使用的交互式"实际"实例在特定语境中完成的特定目的。当教师或评估者描述交际语言能力时，他们就是在描述一个人为特定情境完成交际语言任务的能力。完成交际任务为学习者、教师或评估者提供了可证明和可衡量的绩效结果。

（4）《加拿大语言能力标准》强调社区、学习和工作相关任务。语言在特定个人的特定社会环境中使用。在这些社会环境中沟通的个人的情况和关系可能需要使用不同的文化（语用）惯例。此外，具体的背景信息和先验知识也可能是在特定社会环境中执行特定任务所必需的条件。语言指导和评估实践需要反映在社区、工作和学习环境中，以及与学习者相关和有意义的背景中。

4.2 《加拿大语言能力标准》的结构框架

《加拿大语言能力标准》由六个部分组成,包括前言、致谢、简介、详细的能力量表、能力参照表(competency tables)和术语表。其中主要部分包括:标准概览、后续的发展、量表内容的简要解说[描述了《加拿大语言能力标准》的构成、每一个阶段(stage)能力的描述(profile)、知识(knowledge)和策略(strategies)、每种能力每个阶段交际的特征(some features of communication across a stage)及附件能力参照表(competency tables)],如图 4-1。

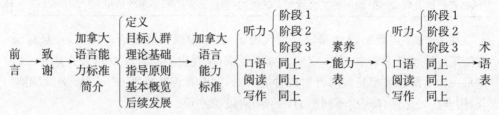

图 4-1 《加拿大语言能力标准》内容编排图

《加拿大语言能力标准》中最重要的部分就是第四部分,即"加拿大语言能力标准"部分,此部分的构成除了图 4-1 所简单展示出来的部分外,其具体内容如图 4-2。

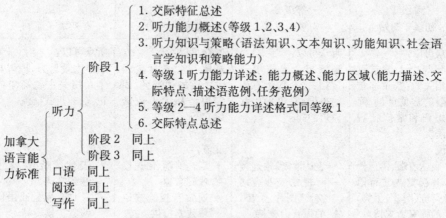

图 4-2 《加拿大语言能力标准》框架

正如图 4-2 所示,在这一部分中,四种能力按听、说、读、写的顺序分等级和阶段描述,12 个等级分为了三个阶段,每个阶段包含 4 个等级,4 个等级能力分别代表初始到流利(初始—发展—充分—流利)程度。但是每个阶段各有其复杂程度和要求。首先是听力阶段 1 特征总述,接着就是听力阶段 2、3;口语阶段 1—3,以此类推。

表4-1 交际能力特征总述(Pawlikowska-Smith，2012)

阶段1(等级1—4)
初级语言能力包括在关于基本需求、普通日常活动和熟悉的与个人直接相关主题的普通的、可预测的语境中交流所需要的能力(对语言使用无要求的语境)。
阶段2(等级5—8)
中级语言能力包括允许在更广泛的语境中更广泛参与的能力。在大多数熟悉的与日常社会、教育和工作相关的生活经验的情况下，以及在一些较不可预测的情况下，独立运作所需要的能力(对语言使用有一定要求的语境)。
阶段3(等级9—12)
高级语言能力包括在更加不可预测和更加不熟悉的环境下，以适当的表达、距离、正式程度和风格进行更有效、准确、流利的交流所需要的能力(对语言使用有要求的语境)。

从表4-1可看出，3个阶段分别代表了初级、中级和高级语言能力，并且对语言使用环境也从无要求、有一定要求到有要求，体现出不同阶段中能力的差异。但是每一个阶段总述都是同时针对四种能力的，并没有将其分别与听、说、读、写相结合，因此此处未能体现出不同能力在不同阶段的差异。

以听力能力为例，表4-2是听力阶段1的四个等级能力概述(profile of ability)。

表4-2 听力阶段1的能力概述(部分)(Pawlikowska-Smith，2012)

等级1 初级—初始	等级2 初级—发展	等级3 初级—充分	等级4 初级—流利
听众可以： 理解与个人需求直接相关的、数量非常有限的常见单词、简单短语和常规礼貌用语。 交流： • 表达清晰、语速慢 • 有视觉或非言语交流(图片、手势)的强有力支持 • 与强有力支持的演讲者面对面或通过数字媒体(通常是一对一) • 与个人需求直接相关	听众可以： 理解与个人需求直接相关的、数量有限的单词、简单短语和简短的句子。 交流： • 表达清晰、语速慢 • 有视觉或非言语交流(图片、手势)的强有力支持 • 与强有力支持的演讲者面对面或通过数字媒体(通常是一对一) • 与个人需求直接相关	听众可以： 理解与个人直接相关主题的关键词、固定短语和大多数简短句子。 交流： • 表达清晰、语速慢速到常速 • 通常有视觉或语境线索提供支持 • 与高度支持的演讲者面对面或通过数字媒体(通常是一对一或小组) • 与个人相关的主题相关	听众可以： 通过大量努力，理解与个人相关主题简单的正式、非正式交流。 交流： • 表达清晰、语速慢速到常速 • 有时有视觉或语境线索提供支持 • 面对面或通过数字媒体(通常是一对一或小组) • 与个人相关的主题相关

表 4-2 中包括处于某一等级的语言学习者和使用者能完成的语言任务、限制语境和难度、优点和不足,如时间限制、任务或文本长度、给予的帮助,这一部分也被分别放进与其相对应的能力的能力详述中。

此外,还有每个阶段能力要求的知识和策略(如图 4-3 所示)。

这一部分就是这个量表的素养模型,表明在达到这一阶段的能力时所需要的知识和策略同样基于交际语言能力的理论框架,可下分为语法知识、文本知识、功能知识和社会语言学知识以及策略能力。

语法知识 认识: • 用于解释听力文本的基本的语法结构(如动词的一般和进行时态、简单的情态动词、比较级和最高级以及简单的是/否和 wh-问题) • 基本句法(如陈述、否定或疑问句;词序;介词短语;并列和从属关系) • 表示基本的、与个人相关事实的词和表达(如地址、种族、家庭、学校环境、社区设施、共同行动、工作和职业、住房、食品、天气、服装、时间、日历、季节、假日、活动、需求、购物、重量和衡量工具、尺寸、购买方式和付款) • 描述人物、事物、情况、日常事件和紧急情况的词汇 • 解释意义的基本的英语语音系统、韵律,语调和其他线索(如响度、音高和语速)	功能知识 理解: • 常见的会话结构(如如何开启和结束对话) • 用于特定目的的通用语言功能(如问候和请假、介绍、引起注意、询问他人、表示和感谢欣赏、打开和挂断电话) 社会语言学知识 开始认识: • 不同的场合(register)(如正式/非正式的) • 与社交互动和服务交易有关的社会文化信息 • 常用的习惯用语(如怎么回事? 最近怎么样? 小菜一碟。) • 言语中的社会习俗和礼貌准则
文本知识 开始理解: • 常用的衔接方法(如指示代词) • 连接词汇和短语,以显示对比,给出例子,表示顺序(如但是、和、或、例如、然后) • 主旨或主要观点的认识(如叙述文或信息报告等类型)	策略能力 开始认识: • 寻求帮助 • 要求重复和解释 能够: • 必要时寻求解释和确认

图 4-3　听力任务的知识与策略(Pawlikowska-Smith, 2012)

然后就是分等级描述能力,任务范例以及完成任务所需条件等(如图 4-4 所示)。

每种能力的每个级别通常以两页分布呈现,每个等级包括能力概述、能力描述(competency statements)、交际特征(communication feature)、能力描述范例(sample indicators of ability)以及任务范例(sample tasks)以此说明在真实世界中

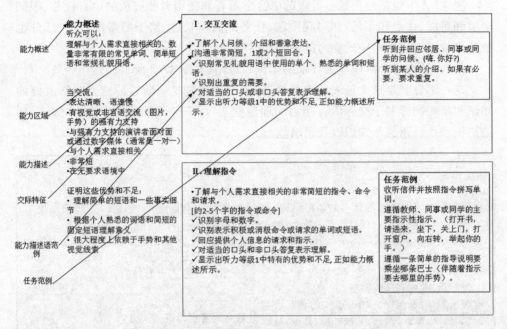

图4-4 听力标准1的能力详述（Pawlikowska-Smith，2012）

能够实际完成的任务。

　　能力概述在一个基准水平上展示了一个人的语言能力的整体情况。它包括了能力的总体说明、沟通的特点以及该语言技能通常在基准测试中表现出来的特点（优势和局限性）。

　　能力区域是对于每种语言技能的四个具有广泛代表性（非穷尽性）的能力领域，每个领域反映语言使用的不同目的或功能。

　　每项技能的能力领域来自以下内容：

　　（1）与他人互动（所有技能）：沟通维持或改变人际关系，培养社会凝聚力。

　　（2）理解说明（读和听）：沟通了解指示和说明。

　　（3）提供说明（说）：沟通以传达指示和说明。

　　（4）完成任务（所有技能）：沟通完成任务、获得服务、通知决策、说服或学习别人想要完成的事情。

　　（5）理解信息（读和听）：沟通学习和理解信息和想法。

　　（6）分享信息（说和写）：沟通以通知他人，分享或呈现信息和想法。

　　（7）再现信息（写）：通过减少或再现信息来总结、学习、记录或记住信息。

　　能力描述对于每个能力领域，有一个或多个能力陈述。这些是交际语言能力的一般表述，涵盖了通常可能与每个基准测试能力相关联的任务类型。

　　交际特征位于能力描述之后，用于对能力描述的限定（如长度、受众和复杂性）。

能力描述语范例表现了一个人在尝试与特定能力有关的真实语言任务时可能需要做的事情。这些样本指标提供了一个任务可能产生的需求类型的整体意义，但每个真实语言任务的实际指标是由通信的目的和背景决定的。语言使用者只能达到等级能力概述中指定的等级指标。

任务范例说明能力描述如何适用于真实的工作、社区或学习环境。但是这些任务没有定义基准。实际上，交际任务在一系列基准范围内是相关的，一个基准与另一个基准的区别在于一个人如何表现与任务相关的交际能力。最后就是总结一种能力的某个阶段的交际特点（如表 4-3 所示）。

表 4-3　听力阶段 1 的交际特点（部分）(Pawlikowska-Smith，2012)

等级 1 初级—初始	等级 2 初级—发展	等级 3 初级—充分	等级 4 初级—流利
• 交际是面对面（通常是一对一）或通过数字媒体（视频、在线）的 • 表达清晰，速度慢 • 视觉线索和设备支持的意义（例如音频伴随着视频，语音伴随着图片或手势） • 听力文本可以是简短的、非正式的独白、对话或简单的指令 • 独白很短（几个短语或简单句） • 对话很短（2 回合）	• 交际是面对面（通常是一对一）或通过数字媒体（视频、在线）的 • 表达清晰，速度慢 • 视觉线索和设备支持的意义（例如音频伴随着视频，语音伴随着图片或手势） • 听力文本可以是简短的、非正式的独白、对话或简单的指令 • 独白简短（最多几个短语或句子） • 对话很短（不超过 4 回合） • 指令是几个简单的句子	• 交际是面对面（通常是一对一或小组）或通过数字媒体（视频、在线）的 • 表达清晰，速度慢速到常速 • 视觉线索和设备支持的意义（即音频伴随着视频，语音伴随着图片或手势） • 听力文本可以是简短的、非正式的独白、对话或简单的指令 • 独白相对较短（最多几个短句） • 对话相对较短（最多 6 回合） • 指令是简单的，可能包含简单的和复合的结构	• 交际是面对面（通常是一对一或小组）或通过非常简短的电话或数字媒体（视频、在线）的 • 表达清晰，速度慢速到常速 • 视觉线索和设备支持的意义，话题或情况是不经常见的或不熟悉的 • 听力文本可以是简短的、非正式的独白、陈述、对话或指令 • 独白和陈述相对较短（最多 10 个句子） • 对话相对较短（最多 8 回合）

这一部分提供了有关每个级别交际选定方面（如长度、受众或复杂性）的详细信息，也就是总结一种能力的某个阶段所能完成的交际的难度、语境的熟悉程度等，如时间限制、任务或文本长度、给予的帮助，跟前面能力详述中的交际特点大同小异。这些方面可以帮助用户确定适合于教学或评估水平的任务。能力标准第五部分素养能力总表，就是将第四部分能力详述的每种能力中的每个等级的能力区

域抽取出来(如表4-4所示)分能力、分阶段、分等级进行总结。由于四种能力的素养能力有所不同，故笔者进行了分别描述。

表4-4　口语阶段1的素养能力(部分)(Pawlikowska-Smith，2012)

Ⅰ 与人交互交流—口语—阶段1			
口语旨在通过交流维持或改变人际关系并促进社会凝聚力			
等级1 初级—初始	等级2 初级—发展	等级3 初级—充分	等级4 初级—流利
理解个人问候、介绍和善意表达。 (交流非常简短，1或2短回合) ● 识别常见礼貌用语中使用的单个熟悉的单词和短语 ● 识别出重复的需要 ● 对适当的口头或非口头答复表示理解 ● 显示出听力等级1中的优势和不足，如能力概述所示	理解问候、介绍、请求、善意表达和基础礼貌用语的扩展范围。 (交流非常简短，2或3回合) ● 识别常见的礼貌用语和表达方式的扩展 ● 响应基本的个人信息或识别人和对象的请求 ● 确认要求重复或解释的呼吁 ● 显示出听力等级2中的优势和不足，如能力概述所示	理解简单的社会交际，包括问候、介绍和告别的方式。 (交流短暂，大约5回合) ● 在话语中识别一系列常见的礼貌用语 ● 开始识别正式和非正式的方式及场合 ● 根据礼貌用语和介绍，确定参与者的角色和关系 ● 识别常见的基本会话开始和结束 ● 显示出听力等级3中的优势和不足，如能力概述所示	理解简短的社会交际，包括介绍、非正式的小谈话和请假。 (交流约6回合) ● 确定正式和非正式方式及场合 ● 识别事实细节和一些隐含的含义 ● 显示出听力等级4中的优势和不足，如能力概述所示

《加拿大语言能力标准》的第六部分也是最后一部分为术语表(glossary)，详细解释和说明了量表的一些关键词和专有名词(如表4-5所示)，该术语表中包含的定义是用来支持使用《加拿大语言能力标准》文档的。

表4-5　术语表(Pawlikowska-Smith，2012)

抽象的语言	语言指思想或概念；不能被感官所体验的事物。
等级	基准参考点；描述一个人在某一能力水平上能做什么的陈述。
商业、服务信息	在社区、工作场所或学习环境中索取服务或获得服务的信息。
连贯	观点、论点和交流的逻辑连贯性使观众和参与者清楚话语的目的和意图。
衔接	结合使用特定的单词或短语来衔接一个文本并赋予它意义。

整个《加拿大语言能力标准》内容十分全面和详尽，标准结构也十分清晰。为了推动该标准在项目中的应用，加拿大当局后续又出台了一系列的文件，如《理论框架》、《额外补充的样本和任务构想》(Additional Samples and Task Ideas)、《配套

表》(Companion Tables)及《实施指南》(A Guide to Implementation)。

4.3 《加拿大语言能力标准》的理论基础

《加拿大语言能力标准》是基于重要的理论和原则而建立的,其中影响最大的是交际语言能力,即一种能在特定的社会环境下有效地、恰当地理解和交际的能力。交际语言能力的观点是语言能力需要语言知识、技能和策略相融合。《加拿大语言能力标准》采纳了巴赫曼(1999)和巴赫曼和帕尔默(1999,2010)的模型,还关注了塞尔斯-穆尔西亚等人(Celce-Murcia,Dornyei and Thurrellde,1995)的交际能力教学模型。所谓语言能力就是语用能力或语言表现能力。换句话说,就是能在各种社会环境下互动、表达和理解意义,产出语篇的能力。

《加拿大语言能力标准》的理论模型由知识和策略两个模块构成,共有五个不同的组成部分,一同阐明了交际语言能力。这个模型表明策略能力不仅存在于语言学层面上,更解释了在语言产生的时候就有了交际。这一理论模型考虑到每一个交际行为都包含了知识和策略能力。

《加拿大语言能力标准》的能力描述反映了语言能力组成部分之间的相互关系,这些语言能力可通过语言任务展示出来。《理论框架》(2012)是 2002 年《加拿大语言能力标准》理论框架和 2010 年《法语能力量表》理论框架的结合。

2000 年版《理论框架》是阐述《加拿大语言能力标准》理论概念的第一个文件,文件展示了在该标准中使用的语言能力模型,并且为教学、评估和评价提供了有效信息。也为后来建立的一系列与标准有关的资源奠定了理论基础(成波,2011)。

《理论框架》随着《加拿大语言能力标准》的不断更新和修订,也几经修改,形成了如下结构:

《理论框架》分为两大模块——语言知识和策略能力,由语法知识(grammatical knowledge)、文本知识(textual knowledge)、功能知识(functional knowledge)、社会语言学知识(sociolinguistic knowledge)和策略能力(strategic competence)五部分组成。其中语法知识和文本知识属于系统知识(organizational knowledge),功能知识和社会语言学知识属于语用知识(pragmatic knowledge)。相对于以前的其他模块,《加拿大语言能力标准》的理论框架增加了功能知识,即帮助语言使用者将句子、话语或文本投射到潜在意图上,反之亦然。功能知识包括观念、操纵、启发和想象功能的知识。

但是,任何严密的工作都难免存在问题,此能力标准的《理论框架》也不例外。首先,有研究发现《加拿大语言能力标准》在实施过程中遇到问题的原因之一是其理论框架的不明确与由此引起的歧义(Adriana,2013)(如表 4-6 所示)。

表 4-6 交际语言能力中的《加拿大语言能力标准》编排
模型和《加拿大语言能力标准》四个能力模型

交际语言能力中的《加拿大 语言能力标准》编排模型	《加拿大语言能力标准》 四个能力模型
操纵性	社交互动
观念性	劝说
启发性	指令
想象力	信息

交际语言能力理论中的《加拿大语言能力标准》编排模型主要从四个方面来衡量学习者的能力：操纵性(manipulative)，观念性(ideational)，启发性(heuristic)和想象力(imaginative)(Bachman and Palmer，1996；68)。然而《加拿大语言能力标准》的能力模型却是从社交互动(social interaction)、劝说(persuasion)、指令(instruction)和信息(information)四个方面展开的，这意味着《加拿大语言能力标准》的理论框架与实际的能力编排框架是不一致的。其次，为了展示交际能力，交际语言能力模型要求学习者完成的任务太多，为评估造成困难。最后，等级量表的文件、《理论框架》《额外补充的样本和任务构想》《配套表》及《实施指南》可以弥补《加拿大语言能力标准》这一点的不确定性(Lima，2007)。

4.4 《加拿大语言能力标准》的编排表达模式

从上文可以看出，《加拿大语言能力标准》的结构已经十分清晰，对能力的描述也十分详细，那么本节将对其编排表达模式进行详细分析。

4.4.1 总体能力构架

《加拿大语言能力标准》的总体构架可以概括为：4 个技能 + 3 个阶段 + 12 个等级。从前文的介绍可以看出，该标准将语言能力听、说、读、写四个技能分为三个阶段，即初级水平、中级水平和高级水平，每个阶段又分初始、发展、充分和流利四个等级，共 12 个能力等级。如前文表 4-1 所示，每个等级没有对能力进行总体描述，而是分阶段从听、说、读、写四个方面分别描述，然后对 4 种技能的 12 个等级的能力进行详细描述。

4.4.2 具体能力构架

前文提到，《加拿大语言能力标准》的总体构架是：4 个技能 + 3 个阶段 + 12 个等级,并且四种能力的同个阶段能力描述相同,但是不同技能所包含的具体能力却有区别(如图 4 - 5、图4 - 6所示)。

能力概况 演讲者可以: 使用一些常见的、熟悉的词汇和公式表达方式来传达非常基本的个人信息,通常是针对与之相关的简单问题。 当沟通是: • 短暂和面对面 • 强烈的手势和视觉线索支持 • 非正式 • 一次有一个熟悉的人 • 受到高度支持的听众提问和提示的指导和鼓励 • 在要求不高的情况下 展示这些优势和局限性: • 以 2 至 3 个单词的单独单词或字符串说话,没有相关话语的证据 • 流利程度不足以维持简单的对话;语速慢,频繁停顿,犹豫和重复 • 对于日常基本的交流,词汇极为有限 • 对基本语法结构和时态的控制很少或没有控制 • 语法、词汇和发音困难可能会严重阻碍沟通 • 大量依靠手势 • 可以恢复为第一语言	**I. 与他人互动** • 使用和回应基本礼貌公式和问候 [熟悉和支持的对话者。] - 适当地回应普通的问候、介绍和假期。 - 使用适当的基本礼貌公式。 - 使用口头或非口头方式表明交流问题。 - 显示出口语等级 1 的典型优势和限制,如能力概述所列。 **II. 给予指导** • 给熟悉的人简单、常见的常规指导 [说明只是几个字或短语。] - 使用必要的形式和记忆储备中的表达。 - 使用适当的礼貌词(如请、谢谢)。 - 显示出口语等级 1 的典型优势和限制,如能力概述所列。 **III. 完成任务** • 制定并回应与个人直接需求有关的简单请求(例如寻求帮助或询问时间、价格或金额) - 使用适当的单词、短语、记忆表达式和礼貌公式。 - 使用简单的时间表达。 - 使用金钱、价格和金额的表达式。 - 提出请求时使用可接受的手势和肢体语言。 - 显示出口语等级 1 的典型优势和限制,如能力概述所列。 **IV. 共享信息** • 提供基本的个人信息以回应支持性听众的直接问题 - 解答有关个人信息的简单问题。 - 使用字母拼出单词,如自己的名字。 • 询问基本的个人信息 - 使用记忆储备中的短语询问简单的问题。 - 显示出口语等级 1 的典型优势和限制,如能力概述所列。	任务范例 向新邻居、同学或老师介绍自己。(我的名字是艾哈迈德。) 在当地一家超市与店员打招呼。(你好! 你好吗?) 用适当的表达方式回应问候、介绍和告别。(你好;很高兴认识你;再见。) 任务范例 给朋友、同事或同学一个简短的指示。(递一下盐;关上门;请进来;等等;停下来! 请再说一遍。) 任务范例 引起服务员的注意并提出请求。(打扰了;请喝咖啡。) 询问时间。 描述金额。(我有 2 个15 美分;这是 1 毛钱;我有 60 美分。) 寻求帮助(请帮助我。) 任务范例 回答同事、同学或邻居关于自我和家庭的 2或 3 个问题。 回答来自图书管理员或店员的 2 或 3 个人信息问题(例如姓名、地址和电话号码)。

图 4 - 5 口语等级 1 量表详述(Pawlikowska-Smith,2012)

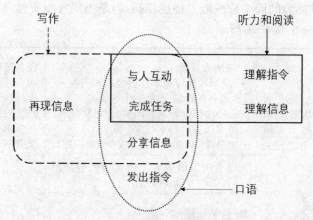

图 4‑6　四种技能的不同能力构架

　　如图 4‑4 所示，每个等级均包含实际生活任务的实例，这些实例都是英语为第二语言学习者在特定环境下，能够在四个具体能力领域做到的。

　　四个领域包括：① 社交互动，即在人际关系中使用口头或书面语言；② 给出和接收指令；③ 劝说（完成某事）；④ 信息的交流、呈现和讨论（图 4‑6）（CCLB，2006）。"听"和"读"包含的能力有：与人互动（interacting with others）、完成任务（getting things done）、理解指令（comprehending instructions）和理解信息（comprehending information）。"说"的能力包括：与人互动、完成任务、分享信息（sharing information）和发出指令（giving instructions）。"写"的能力包括：与人互动、完成任务、分享信息和再现信息（reproducing information）。四种技能所共同包含的能力领域是与人互动和完成任务。因为每种技能的要求不一，因此四种能力内容也不同，在描述完"听"的 12 个等级之后，再依次描述说、读和写三种能力，即把图中的四项能力换成相对应的能力。

4.4.3　听说读写任务的呈现方式

　　《加拿大语言能力标准》还有一个特点是其为基于任务的（task-based）框架，每种技能每个阶段的每个等级都有很多任务活动来支持。任务是《加拿大语言能力标准》的核心，因为它们的设计有双重目的：① 向教师和课程设计师指示学习者在提高目标语熟练程度方面可以做什么；② 为教师和测试开发人员提供分级和评估的等级标准。根据《加拿大语言能力标准》的描述，这些阶段的特点是"越来越苛刻的交际任务和语境，以及越来越高的期望和交际质量"。

　　为什么这样强调任务的重要性？原因有四点：①《加拿大语言能力标准》中语言评估是以标准为参考的。任务是"可直接观察和可衡量的绩效结果"，可以评估学习者在某一能力水平的"执行"能力。② 任务平行于人们在现实生活中用语言做的事情。③ 一个基本假设是,随着等级从 1 级到 12 级的提升,任务的难度即复杂程度、执行条件和结果呈现方面越来越难。另一个基本假设是四个语言技能、三个阶段(初级、中级和高级)、四个能力领域(社交互动、指令、劝说以及信息)以及三个环境(社区、学校和工作场所)都可以根据任务难度和进度来描述。④ 根据《加拿大语言能力标准》的描述,任务可以促进四个技能的融合以及从不同方面获得交际能力。

4.4.3.1 听力技能的任务描述

本小节,笔者选取了部分《加拿大语言能力标准》听力技能的任务描述展开讨论,详见表 4 - 7。

表 4 - 7　听力技能的任务描述(部分)(Pawlikowska-Smith, 2012)

阶段	等级	任 务 描 述
1	1	理解与个人直接需求相关的数量非常有限的常见单词、简单短语和常规礼仪的固定表达。
	2	了解有关个人需求的有限数量的单词、简单短语和简短的句子。
	3	理解关键词、固定短语和关于直接与个人相关主题的大多数简短句子。
	4	在相当的努力下,理解与个人相关的、主题简单的正式和非正式的交流。
2	5	通过一些努力,理解中度复杂内容及具体的正式和非正式交流的要点。
	6	理解中度复杂的正式和非正式交流,包括一些与生活体验相关的抽象概念和想法。
	7	理解较为复杂的正式和非正式交流,包括一些与一般知识和生活经验相关的抽象概念和想法。
	8	理解最为复杂的正式和非正式交流,包括与一般知识、生活经验和专业或工作情况相关的抽象概念和想法。
3	9	了解各种大众兴趣话题以及自己领域的一些专业话题的各种复杂的正式和非正式交流。
	10	了解关于大多数一般性主题以及自己领域的专题的复杂、详细的正式和非正式交流。
	11	了解范围广泛的复杂、详细的正式和非正式交流,涉及自己领域的各种一般主题和专题。
	12	理解关于大多数一般性和专业性主题的、大量复杂抽象的正式和非正式的交流。

阶段 1:文本长度和说话速度通常超出听者控制范围,也决定了听力阶段 1 的简易程度;

阶段 2：文本长度和说话速度通常超出听者控制范围，并且大致体现听力阶段 2 的中等复杂程度。然而据了解，听力阶段 2 所需要的时间在很大程度上取决于具体情况和参与者需要，说话速度往往超出了听者的控制范围，并且大致体现在听力阶段 3 的复杂程度上。随着具体情况和参与者的需要的变化，听力阶段 3 所需要的时间也会变化。

从表 4 - 7 可以看出《加拿大语言能力标准》听力技能的任务描述优点在于：① 每条描述语都包含了三个要素，即任务主题（如与个人相关的、与生活体验相关的、专业的）、文本类型（如常规固定表达、正式和非正式的）和任务难度（简单的、中度复杂的、抽象的）。② 等级之间描述符有很大差别，比如从等级 1 的"个人直接需求""数量非常有限"到等级 2 中的"有关个人需求"和"有限"等。但是在任务描述中也有不足：① 描述语定义模糊，如对于"简单的""中度复杂的"和"复杂的"等描述语没有明确的界定标准，这将使不同语言能力的学习者和使用者产生困惑。② 描述语所包含的内容不完整，在听力活动中，除了任务主题、文本类型和任务难度三要素以外，影响听力效果的因素还有很多，比如语速、口音等。因此听力能力的描述语应该有界定标准，并且应囊括影响听力活动的所有因素。

4.4.3.2　口语技能的任务描述

本小节，笔者选取了部分《加拿大语言能力标准》口语技能的任务描述展开讨论，详见表 4 - 8。

表 4 - 8　口语技能的任务描述(部分)(Pawlikowska-Smith，2012)

阶段	等级	任 务 描 述
1	1	使用一些常见的、熟悉的单词和表达方式来交流非常基本的个人信息，通常针对与即时需求相关的简单问题。
	2	使用简洁的短语和一些句子来沟通基本的个人信息，通常是回答关于个人需求和经验的问题。
	3	使用关于眼前需求和个人经验的简单句子交流基本信息。
	4	沟通有关日常生活活动、经验和需求的信息。
2	5	在短暂的常规社交场合中通过一些努力进行交流，并提供有关需求和熟悉的个人相关主题的具体信息。
	6	在日常的社交场合中有一定的自信，并在具体信息中详细介绍熟悉的个人相关主题的具体信息。
	7	在许多日常社交、教育和工作范围场合进行信息沟通，并提供具体和略抽象的信息，以扩大一系列熟悉的话题。
	8	在大多数日常社交、教育和工作环境中充满信心地进行交流，并在扩大范围的熟悉话题上提供一些具体的和抽象的信息。

阶段	等级	任　务　描　述
3	9	在有要求或具有挑战性的非常规工作、教育和社交场合以及提供有关复杂、抽象和一般主题的信息方面有一定的自信。
	10	在有要求或具有挑战性的非常规工作、教育和社交场合中交流,并提供有关复杂、抽象和一般主题的信息。
	11	在要求苛刻或具有挑战性的非常规工作、教育和社交场合中交流,并提供有关复杂、抽象、一般和专业主题的信息。
	12	在要求苛刻或具有挑战性的非常规工作、教育和社交情境中展现信心,并提供有关复杂、抽象、一般和专业主题的信息。

　　从上表可以看出《加拿大语言能力标准》口语技能的任务描述的优点在于:
① 每条描述语都包含了三个要素,即任务主题(如个人信息、与个人主题相关的)、语境(如即时需求、常规的社交场合、教育和社交情境中)和任务难度(简单的、有要求的、具有挑战性的)。② 不同等级之间描述符层次分明,比如从等级 1 的"即时需求相关的简单问题"、等级 2 中"个人需求和经验的问题"到等级 3 中表述为"基本信息"等。但是在任务描述中也有不足:① 描述语定义模糊,如对于"简单的""要求苛刻的"和"具有挑战性的"等描述语没有明确的界定标准,这些描述语对于不同语言能力的人来说表示不同的含义。② 描述语所包含的内容不完整,在口语活动中,除了任务主题、语境和任务难度三要素以外,影响口语交流效果的因素还有很多,比如语法、口音、词汇量以及文本类型(日常交流、辩论或演讲)等。因此在口语能力描述中,对于描述语应该有界定标准,并且应囊括影响口语交流活动的所有因素。③ 相对来说,中国学生在英语四项技能中,最不擅长的就是"说"。因此,对口语技能进行深入的研究,可以对中国的语言能力量表的完善有所帮助。然而口语技能的任务描述没有像其他三种技能一样附有解释,这也是此标准的不足。

4.4.3.3　阅读技能的任务描述

　　本小节,笔者选取了部分《加拿大语言能力标准》阅读技能的任务描述展开讨论,详见表 4－9。

表 4－9　阅读技能的任务描述(部分)(Pawlikowska-Smith,2012)

阶段	等级	任　务　描　述
1	1	识别字母、数字、少量单词以及与日常物品和与需求直接相关的非常简短的短语。
	2	理解单词、简单地学习短语和一些与短时需求相关的简短句子。

续表

阶段	等级	任 务 描 述
1	3	理解并获取与个人相关的、与日常话题相关的简短文本中的一些信息。
	4	理解并获取与熟悉的、与日常主题相关的简短文本中的大多数信息。
2	5	在可预测的、实际的和相关的社会、教育和工作情况下，了解简单和一些中度复杂的文本。
	6	在可预测的、实际的和相关的社会、教育和工作情况下，理解一系列适度复杂的文本。
	7	在不太可预测，但相关的社会、教育和工作情况下可适度理解复杂文本。
	8	在较难预测，但相关的社会、教育和工作情况下可理解大多数中度复杂的文本。
3	9	在一些不可预知的背景和一些不熟悉的主题中理解足够多的复杂文本。
	10	在许多不可预知的情况下以及许多不熟悉的主题中理解复杂多用途文本的扩展范围。
	11	在大多数不可预知的情况下和大多数陌生的主题中理解复杂多用途文本的扩展范围。
	12	在一系列要求苛刻且难以预测的情况和背景下，以各种风格和模式了解复杂的、不熟悉的多用途文本。

阶段 1：文本长度和词的密度决定阶段 1 的简易程度；

阶段 2：文本长度仅作为一个一般性的参考，表明如何在阅读阶段 1 建立注意力集中度，文本长度不一定决定其中等复杂程度；

阶段 3：因为不清楚确定阅读阶段 3 日益复杂的程度，文本长度没有明确要求。

从上表可以看出《加拿大语言能力标准》阅读技能任务描述的优点在于：① 描述语都包含了四个要素，即任务主题（如个人信息、与个人主题相关的）、语境（如直接需求、日常的、社会、教育和工作相关情况下）、任务难度（如非常简短的、实用的、可预知的、不可预测的）和文本类型（如多用途的文本、各种风格和格式的文本）。② 不同等级之间描述符层次分明，比如从等级 1 的"非常简短的短语"到等级 6 中"适度复杂的文本"，再到等级 12 中表述为"复杂的、不熟悉的多用途文本"等。但是在任务描述中也有不足：① 描述语定义模糊，如对于"简单的""适度复杂的"和"不可预测的"等描述语没有明确的界定标准，这些描述语对不同语言能力的人来说有不同的标准。② 描述语所包含的内容不完整，在阅读活动中，对于文本类型这一要素的描述较少，只在等级 10、等级 11 的"多用途文本"到等级 12 的"各种风格和格式的多用途文本"中略有提及，但并未展开，比如对于文本的正式程度（新闻报道、期刊文章等)并未提及。此外影响阅读效果的因素还有学习者的词汇量等。因此在阅读能力描述中,描述语应该有界定标准、应囊括影响阅读活动的所有因素并且展开说明这些因素。

4.4.3.4 写作技能的任务描述

本小节,笔者选取了部分《加拿大语言能力标准》写作技能的任务描述展开讨论,详见表 4-10。

表 4-10 写作技能的任务描述(部分)(Pawlikowska-Smith, 2012)

阶段	等级	任 务 描 述
1	1	写出基本的个人识别信息和少量熟悉的单词以及与即时需求相关的简单短语。
	2	写出基本的个人识别信息、文字、简单的短语和一些简单的句子,讲述与眼前需求有关的非常熟悉的信息。
	3	写出关于个人经历和日常情况的熟悉信息的简单句子。
	4	写出关于个人经历和与日常生活和经验相关的熟悉话题或情况的简短文本。
2	5	写出简短、简单到适度复杂的描述、叙述和关于日常生活和经验的、熟悉的具体话题的文本。
	6	写出简短的、适度复杂的描述、叙述以及与个人兴趣和经验相关的、熟悉的具体话题的文本。
	7	在日常的社会、教育和工作相关生活体验可预测、实用和相关的背景下,写出清晰、适度复杂的文本,以熟悉具体的主题。
	8	在日常的社会、教育和工作相关生活经验可预测、实用和相关的背景下,写出清楚、适度复杂的文本,以熟悉具体主题和一些抽象主题。
3	9	写出一些复杂的正式和非正式文本,以便在常规但要求严格的情况下提供足够的目的和任务。
	10	写出复杂的正式和非正式的文本,以扩大范围的目的和任务,主要是常规但要求苛刻的情况。
	11	写出复杂的正式和非正式文本,用于描述非常规情况下的各种目的和任务。
	12	写出复杂的正式和非正式文本,以达到与要求非常规的、技术或专业情况和任务相关的全部目的、意图和目标。

阶段 1:复制或再造(recreate)信息的能力取决于作者的阅读能力。因此,假定要复制的内容具有的简单程度不应超过作者的阅读能力。

阶段 2:再造或删减信息的能力取决于作者的理解能力。因此,假定要再造或删减的内容具有的中等复杂程度不应超过作者的阅读能力(纸质版或电子版内容)

或听力能力（口头讨论）。

阶段3：删减或总结信息的能力取决于作者的理解能力。因此，假定要再造或删减的内容具有的复杂程度不应超过作者的阅读能力（纸质版或电子版内容）或听力能力（口头讨论）。

从上表可以看出《加拿大语言能力标准》写作技能任务描述的优点在于：① 描述语都包含了四个要素，即任务主题（如个人识别信息、日常情况的）、语境（如即时需求、日常的、社会、教育和工作相关情况下）、任务难度（如简单短语、熟悉的具体的话题、抽象的、非常规要求的）和文本类型（如正式的、非正式的）。② 不同等级之间描述符层次分明，比如从等级1的"简单短语"到等级5中"叙述具体话题"、等级7中"写出适度复杂的文章"再到等级12中表述为"写出复杂的正式和非正式文本，以达到……全部目的、意图和目标"等。但是在任务描述中也有不足：① 描述语定义模糊，如对于"简单的""抽象的""适度复杂的""非常规的、技术或专业情况和任务相关的全部目的、意图和目标"等描述语没有明确的界定标准，这些描述语对不同语言能力的人来说有不同的标准。② 描述语所包含的内容不完整，在写作活动中，影响写作效果的因素还有很多，比如语法、词汇量。此外对于文本类型这一要素的描述较少，只提及"正式""非正式""非常规的、技术或专业情况和任务相关的全部目的、意图和目标"，但并未展开，比如对于哪些文本是正式文本或非正式文本，哪些文本能满足专业情况相关的所有目的等并未提及。因此在写作技能描述中，描述语应该有界定标准，应囊括影响阅读活动的所有因素并且展开说明这些因素。

4.5 《加拿大语言能力标准》的素养模型

《加拿大语言能力标准》的素养模型基于巴赫曼（1999）描述的模型和巴赫曼和帕尔默（1996，2010）描述的模型改编。它还利用塞尔斯-穆尔西亚等人（Celce-Murcia，Dörnyei & Thurrell，1995）的交流能力教学模式来评估成年移民的英语能力（CLB，2012）。《加拿大语言能力标准》每个技能的每个阶段前都对该阶段所需要的英语学习者和使用者的语言能力基本素养进行描述和规定。该标准对四种技能的基本素养的描述是一致的，因此文中这些基本素养的框架被称作素养模型，并被一一分析。《加拿大语言能力标准》的素养模型可以简称为4K＋C，4K包括语法知识、文本知识、功能知识和社会语言学知识，C指的是策略能力。其中，前两个K可以合并为系统知识，后两个K可以合并为语用知识。如图4-3所示。

图4-3详细描述了学习者在某种技能的某一阶段所应了解和掌握的知识和能力。基本的素养模型正如图中五个方面一一展示。在此笔者也将对四种技能的素养模型的具体内容进行了纵向和横向的对比分析，以听力为例（见图4-7）。

听力语法知识

阶段 1

认识：
- 解释听力文本的基本语法结构（如简单和连续的动词时态、简单模态、比较和最高级，以及简单的是/否和 wh-问题）
- 基本句法（如陈述的指示、否定或问题、词序、介词短语以及并列和从属关系）
- 与基本的个人相关事实（如地址、种族、家庭、学校环境、社区设施、共同行动、工作和职业、住房、食物、天气、衣着、时间、日历、季节、假日、活动等有关的词语、需求、购物、重量和尺寸、购买和支付方式）
- 描述人物、物体、情况、日常事件和紧急情况的词汇
- 基本的英语音韵系统、节奏、语调和其他线索（如响度、音高和语速）来解释意义

阶段 2

认识：
- 语法和句法结构解释听力文本（如完成时态、基本条件、报告语音、名词从句、关系从句、被动和主动语态、不定式和动名词）
- 与主题领域有关的词语（如一般内容；学术、职业和职业领域；以及社会参与领域）
- 与计算能力、科学、技术、社会科学、加拿大公民身份、跨文化和多元文化问题、文学等有关的熟悉的日常事实、观点、感受、想法、基本概念，可应用有关的具体、抽象和技术性语言的范围扩大（如媒体、健康、教育、职业以及金融和消费者服务）
- 英语语音系统（如声音片段、节奏和语调）来解释口头话语

阶段 3

理解：
- 复杂的语法和句法结构来解释意义的细微差别（如过去的条件、报告的言语、过去或将来完成时的被动语态、不定式的完成式、从属副词、从属连词和模式）来表达逻辑推理
- 词汇和词汇短语（如公式化语言）用于学术和专业环境中的特定主题
- 英语语音系统（如声音片段、节奏和语调）来解释口头话语

图 4-7　听力素养模型中语法知识的纵向对比

　　从上图可以清楚地看出三个阶段中"语法知识"所包含的内容大体一致，都是对语法、句法、词汇以及语音等知识的描述。但不同的是不同阶段对这些知识能力的要求是不同的，比如阶段 1 和阶段 2 要求"认识"这些知识能力，而阶段 3 要求"理解"。此外，阶段 1 要求"认识基本语法和句法结构"，阶段 2 要求"认识语法和句法结构"，阶段 3 要求"理解复杂的语法和句法结构"，等等。"文本知识"包括衔接词、文章或段落大意、作者意图等；"功能知识"包括用语言表达特定功能（如问候），用语言组织话语结构（如开场或闭幕）；"社会语言学知识"包括认识不同语体、社会文化信息、地道的表达方式和表达习惯；"策略能力"则是巧妙地使用语言达到某种目的，比如用语言不让别人产生误会，根据信息进行推测等。在听力技能的其他四方面素养能力的跨阶段纵向对比也是如此，在此就不一一举例说明。此外，在

对四项技能的素养模型进行横向对比后笔者发现，其内容基本一致，正如上文所示，但也存在些许差别，最明显的区别在于听力和阅读技能的能力要求是"认识"和"理解"，而口语和写作技能的能力要求是"产出"和"使用"。当然《加拿大语言能力标准》的作用不只是作为各种工具的参考，其对加拿大移民的归属感也有一定的作用。

4.6　《加拿大语言能力标准》的效度

关于《加拿大语言能力标准》的效度问题，虽然笔者没有搜集到专门描述其信度和效度的文章或研究，但是从其他的研究中可以分析出，加拿大语言能力标准中心是一个专门负责标准编写、实施和完善的政府组织，不仅出台了《理论框架》来证明《加拿大语言能力标准》是科学的、有据可依的，还证明了其是有效的。并且此中心的官方网站每年都发布《加拿大语言能力标准》上一年度的进展情况、取得的成绩以及存在的问题，这些都足以证明其效度和信度。

第5章
《加拿大语言能力标准》的应用

英语可分为专门用途英语（English for Specific Purposes，简称 ESP）和通用英语（General English，简称 GE），韩礼德于 1964 年提出了专门用途英语的概念。专门用途英语指与某一学科或某一职业相关的英语，是为了满足学习对象的特定需求和特殊目的而设计的英语课程（Hutchinson & Waters，1987），包括公务英语、警察英语、司法英语、护士英语、农业技术英语以及工程技术英语。专门用途英语下面根据不同的目的再分出学术用途英语和职业用途英语（English for Occupational Purposes，简称 EOP）。前者是学习技能的课程（EAP courses often have a study skills component）；后者是以职业为目的（EOP is also known as vocational purposes），职业用途英语是具有培训特色的英语（如图 5 - 1）。

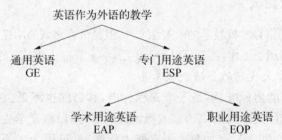

图 5 - 1 英语作为外语的教学树形图（教指委，2013）

斯特雷文斯（1988）最早提出专门用途英语四个主要特征是：① 教学目标必须能够满足学习者的特定需求；② 教学内容必须与某一个专业、职业及其实践活动密切相关；③ 教学重点落实在与特定的专业或职业相关的词汇、语法和语篇运用上；④ 必须具有与通用英语相对照的特征。专门用途英语是国际英语发展的流行趋势，而《加拿大语言能力标准》是适用于学校、工作场所、社区的综合型标准，其作用也是多方面的（CCLB，2017a；2017b）：

（1）其允许学习者使用一种共同理解的语言与求职者或就业专家谈论他或她的能力。

（2）其为工作场所培训师提供了一种基础，用于以雇主理解的语言来定制内容；使从业者更容易满足学习者或客户的需求。

（3）其让教师清楚了解学习者知道什么以及他们还需要学习什么；教师有丰富的信息来构建课程、活动、任务等，英语为第二语言的学校使用《加拿大语言能力标准》来开发课程计划或评估和定位上课。

（4）其使高等学校在录取前清楚地展示学习者可能取得的成绩，以及学习者为规划学术成功所需的信息。

加拿大语言能力标准中心每年都会发布一个年度报告来回顾上一年度《加拿大语言能力标准》在学习、工作和社区（尤其是前两个方面）的各项工作的进展情况以及优缺点。在其应用中充分体现了《加拿大语言能力标准》与专门用途英语和职业用途英语的结合，因此，本章将对其在学习和工作上的应用进行详细分析，为我国英语能力等级量表的应用提供参考。

5.1 《加拿大语言能力标准》在学习方面的应用

一个国家的语言标准只有统一该国现行的所有语言测试和教学大纲要求，才能发挥其真正的作用。本节将从测试和学习两方面探讨《加拿大语言能力标准》的应用。

5.1.1 学习测试

教学大纲就是指导学校教学的政策性文件，但是语言测试的用途却更加广泛，既可以用于学习也可以用于工作，甚至可以用于生活，本小节将从学习上的测试着手分析。

5.1.1.1 加拿大现行的英语测试工具

《加拿大语言能力标准》不是一个课程标准，其目的也不是去描述一个课程标准，但是其可以当作英语为第二语言课程设计的参考，以教授学生达到某个等级所必备的技能（CLB，2000）。《加拿大语言能力标准》是英语为二语的学习者语言能力的描述性标尺，有从初级到高级连续 12 个等级或参考点，反映了构成成人英语学习者初级、中级到高级能力的基础的知识与技能的提高。例如，学习者可能需要达到《加拿大语言能力标准》8—9 级水平才能进入主流学术课程（Lima，2010）。加拿大有关部门结合"英语为第二语言的教学与评估"要求和《加拿大语言能力标准》，制定出了各种评估工具，如加拿大语言能力标准测试（Canadian Language Benchmarks Assessment，简称 CLBA）和加拿大语言能力标准等级测试（Canadian Language Benchmarks Placement Test，简称 CLBPT）、课程指南、教材和其他辅助材料和实施指南（Janna，2005）。

《加拿大语言能力标准》评估工具的发展历程如下：1995 年，安大略省的教育

局拟定开发评估工具(Peirce & Stewart)。1996 年加拿大语言能力标准测试组织
(CLBA kit)成立。1998 年至今,加拿大语言能力标准中心不断开发新的评估工具,
于 2002 年开发了加拿大语言能力标准等级测试。《加拿大语言能力标准》针对成
人的测试和评估工具主要是加拿大语言能力测评,包括加拿大语言能力标准等级
测试、加拿大语言能力标准课堂评估(CLB Classroom Assessment)、读写能力等级
工具(Literacy Placement Tool,简称 LPT)、加拿大护士英语语言能力标准评估
(Canadian English Language Benchmarks Assessment for Nurses,简称 CELBAN)、
加拿大语言能力标准总结性评估(CLB Summative Assessment)、工作场所语言评
估(Workplace Language Assessment,简称 WLA)、加拿大学者和学员英语测试
(Canadian Test of English for Scholars and Trainees,简称 CanTest)、加拿大语言能
力标准测试、加拿大语言能力标准读写能力测试(Canadian Language Benchmarks
Literacy Assessment,简称 CLBLA)等(CCLB, 2005)。如图 5 - 2 所示,加拿大特别
注重测试工具的开发,但是也存在测试工具太多太杂的问题。

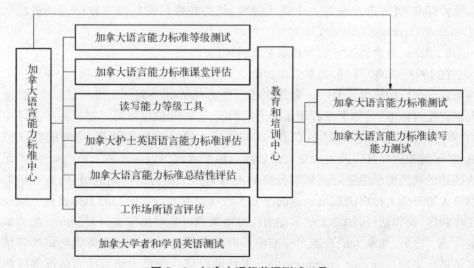

图 5 - 2　加拿大现行英语测试工具

5.1.1.2　加拿大语言能力标准测试

在加拿大实行的用于学习方面的测试主要有两个,一个是加拿大语言能力标
准测试,另一个是加拿大语言能力标准等级测试。

1993 年加拿大虽颁布了《加拿大语言能力标准》,但是单独一个量表的实施和
影响力是完全不够的。于是 1995 年在安大略省的密西沙加,教育委员会签署并开
发与《加拿大语言能力标准》文件(Calleja, 1995)草案配套的评估工具(即加拿大语
言能力标准测试),于 1996 年 4 月完成。这一耗时 4 小时的测试具备如下特征:
① 一个基于任务的评估工具;② 评估 1—8 级的英语能力;③ 通过一对一面试方

式测评英语听、说能力，测试一个客户能做什么；④ 文章意义、简答或多项选择题测评阅读；⑤ 通过真实的、生活中实用的任务测评写作。该测试在加拿大获得语言和成人培训机构的认可，并引起国际学术界的广泛兴趣。

加拿大语言能力标准测试目前的应用主要包括：① 让学习者了解他们在英语二语学习中的进步；② 作为一项能力测试鉴定语言培训项目的合格与否、是否需要评估、安排适当的培训；③ 为课程或课堂的初始设置提供便利；④ 开发项目以满足特定语言技能需求；为教师、项目管理人员和资助方提供可能的课程有效性指标（只有当课程有基于《加拿大语言能力标准》的课程大纲或大纲框架时才可用）；帮助雇主为其英语为第二语言的雇员开发合适的培训课程[①]。

但是此测试的开发与《加拿大语言能力标准》草案的实地测试是同时进行的，因此用于确定测试的初始规范是这份草案而不是修订后的《加拿大语言能力标准》文件。随着加拿大语言能力标准测试的任务被开发出来，经过实地测试，以及与《加拿大语言能力标准》文件草案中的描述符的比较，测试开发和修订的《加拿大语言能力标准》文件自此成为一个迭代过程，最终在修订的标准文件中达到最优化（Lynch & Davidson，1994）。

5.1.1.3　加拿大语言能力标准等级测试

在 1999—2000 年间，加拿大语言能力标准中心又发起了一个项目，并开发了一个基于任务的等级工具——加拿大语言能力标准等级测试。该测试基于《加拿大语言能力标准》评估学习者使用英语的程度，它的评估报告可以对应标准文件中的"听、说、读、写"四项技能（CCLB，2012），旨在通过取代传统的、全面的测试工具，来辅助偏远地区以及对加拿大语言能力标准测试培训的评估人员（assessor）无法到达的地区的学生进行测试和分级的英语为第二语言的培训人员，也意在帮助加拿大语言能力标准测试培训过的评估人员在加拿大各大中心的工作重担下减少工作积压，换句话说，加拿大语言能力标准等级测试是对加拿大语言能力标准测试的补充。之后，加拿大语言能力标准中心对加拿大语言能力标准等级测试的评估人员进行培训（assessor training），并开展活动以维持加拿大语言能力标准等级测试标准和测试的安全性（CCLB，2003，2004），此后该中心又对加拿大语言能力标准等级测试进行补充发展，有了两个新版本，该测试对应的是《加拿大语言能力标准》前 8 个等级的英文水平基准。加拿大语言能力标准中心还对评估人员进行培训，并且制定了《加拿大语言能力标准等级测试评估人员基准》（Calibration for CLBPT Assessors）来衡量这些评估人员的质量，以达到评估的准确性、标准化（CCLB，2010）。培训内容也有相应的变化，并且使偏远地区的人也能得到评估，详见《探索在偏远地区提供加拿大语言能力标准等级测试的可行性报告》

---

① 详情请参看 http://www.tcet.com/clba/uses.aspx?sel = q2&cat = services.

［Exploring the Feasibility of Delivering the Canadian Language Benchmarks Placement Test（CLBPT）in Isolated Areas］（CCLB，2012）。

加拿大语言能力标准等级测试根据《加拿大语言能力标准》的等级评定应试者在听、说、读、写方面的能力。它用《加拿大语言能力标准》等级中的前 8 个水平基准考察应试者的英文水平。详见表 5‐1：

表 5‐1 《加拿大语言能力标准》与加拿大语言能力标准等级测试对照表

《加拿大语言能力标准》	等级测试的听能力	《加拿大语言能力标准》	等级测试的说能力	《加拿大语言能力标准》	等级测试的读能力	《加拿大语言能力标准》	等级测试的写能力
未达到任何等级	听不懂英文。	未达到任何等级	无法用英文沟通。	未达到任何等级	无法用英文阅读；可能不认识 26 个英文字母。	未达到任何等级	无法用英文书写。
1	能懂一些简单熟悉的词，当别人问候你的时候，可以作出回应，需要很多帮助才能听懂别人的话。	1	能问候别人并简单介绍自己，只会说不多的几个单词，讲话时需要帮助。	1	能认字母，依靠图画识别简单的常用词汇。	1	能模仿抄写词和数字，会写几个单词。
2	能听懂一些简单熟悉的词、短语和句子，能明白浅显的关于自身的问题，需要帮助才能听懂别人的话。	2	能问候别人并简单介绍自己。讲话时使用短句。大多时候找不到想用的词，所以讲话时需要一些帮助。	2	能认字母、简单的词和有关日常生活的简单句子，依靠图画帮助阅读。	2	能准确模仿抄写词和数字。可以写几个有关自己的简短句子。
3	能听懂每天生活中常用的短句。能明白关于自身的简单对话和关于熟悉话题的简单问题，有时候需要帮助才能听懂别人的话。	3	能说一些日常生活中熟悉的简单句子。能用单词或短句回答关于自身的简单问题。讲话有时需要帮助。	3	能看懂简单的日常单词。能明白简短的日常事件中的一些基本信息，使用图画帮助阅读。	3	能写有关自己或者自己熟悉的事物（例如：家庭或者一个熟悉的地方）的简短句子。

续表

《加拿大语言能力标准》	等级测试的听能力	《加拿大语言能力标准》	等级测试的说能力	《加拿大语言能力标准》	等级测试的读能力	《加拿大语言能力标准》	等级测试的写能力
4	能理解熟悉的简单日常问题和信息。能明白其他人讲他们喜欢或者不喜欢的事情。只需要一点帮助就能听懂别人讲的话。	4	参与日常对话时能描述个人经历。能使用简短的句子，可以说明个人的偏好、自己喜欢和不喜欢的事物，在讲话的时候不需要很多的帮助。	4	能看懂很多熟悉的单词和句子。能理解有关熟悉事物的简单故事，也可以明白较长的、针对不熟悉话题的叙述表达中包含的信息。	4	能使用短句描述一段个人经历或其他熟悉的话题。

上表中，每列左边显示的数字为《加拿大语言能力标准》的等级，右边为对应的加拿大语言能力标准等级测试听、说、读、写的能力。当然每个人的四项能力不一定在同一个等级。加拿大语言能力标准等级测试是流线型的分级测试，时长最多 80 分钟，可以在小组内进行，用于让成人学习者在英语为二语的课程中开展基于任务的学习，它有四个平行版本，已对比加拿大语言能力标准测试分数进行验证。

相对于加拿大语言能力标准测试而言，加拿大语言能力标准等级测试更加侧重于评价英语为第二语言学习者的英语水平。并且后者花更少时间来评测客户不能做什么①，但是等级测试信度比不上测试，效度也不够②，(private correspondence with Jennifer McKay, Project Manager, Assessment, CCLB)。但二者也有相同之处，如有关标准都满足了课程目标和学习者的需求和兴趣，持续反馈学习者的产出，确定学习者实际需求，协助教师进行教学规划。在实际教学中用《加拿大语言能力标准》的相应指标作为评判实现情况的依据。

加拿大的测试太多，评级标准不一。有些学者表示与《加拿大语言能力标准》相结合的测试有利于统一衡量学习者和使用者目前的英语水平，也能清楚地展现之后的进步方向。但是也有人表示水平测试对教师和评估者的要求较高，并且过多的测试会使被试者产生困惑。

---

① 详情请查看 http://www.cic.gc.ca/English/resources/evaluation/linc/findings.asp.
② 详情请查看 http://www.sait.ab.ca/pages/cometosait/internationalstudents/pdf/CLBA1107.pdf.

5.1.2 其他学习工具

由于加拿大是移民国家,且官方语言是英语和法语,因此很多移民的工作、生活、学习都需要使用英语或法语。因此在学习方面除了一系列测试工具以外,《加拿大语言能力标准》也与英语教学相结合。

5.1.2.1 《加拿大语言能力标准》与《读写能力量表》

针对英语能力参差不齐的情况,加拿大语言能力标准中心制定了《加拿大语言能力标准 2000:英语为第二语言的学习者的读写能力量表》(CLB 2000:ESL for literacy learners,以下简称《读写能力量表》),专门用于衡量很多原来的文化程度达不到《加拿大语言能力标准》要求的人,以提高和衡量其读写能力,使其达到常规的英语为二语或英语为母语的人(native speakers)的读写能力。它还为英语为二语的读写教师、计划开发人员提供资源,帮助他们确定学生的发展水平,以便他们设计适当的教学活动(CCLB,2002)。

《读写能力量表》与《加拿大语言能力标准》的不同之处在于,对于读写能力的描述,前者取代了后者的前五个等级的读写能力,整合成三个区间(phase)——区间 1(等级 1)、区间 2(等级 2—3)、区间 3(等级 3—5),并增加了一个比等级 1 要求还低的基础阶段(foundation phase)(见表 5-2),其描述了在开始等级 1 的读写之前,阅读和写作技巧以及必备知识的发展区间 1、2、3 包括的阅读、写作和计算能力,区间 3 结束阶段则是过渡阶段,那些口语能力水平高的学习者可以进入更高一级的学习,那些口语能力接近读写能力水平的,将参加常规的英语为二语的课程,共同培养听、说、读、写能力(CCLB,2015a)。

表 5-2 《加拿大语言能力标准》与《读写能力量表》比较表

《加拿大语言能力标准》	《读写能力量表》
等级 5	区间 3
等级 4	
等级 3	区间 2
等级 2	
等级 1	区间 1
基础阶段	

5.1.2.2 《加拿大语言能力标准》与《"能做"描述表》

即使《加拿大语言能力标准》是基于任务的标准,在其能力描述中也附有任务范例,但这些范例远远不能详尽列举实际生活中的语言任务,因此《加拿大语言能力标准 2000："能做"描述表》（Canadian Language Benchmarks 2000：Can Do Statements，以下简称《"能做"描述表》）便得到了开发，其内容正是基于《加拿大语言能力标准》的。加拿大语言能力标准中心在得到安大略省政府的资助后按《加拿大语言能力标准》等级 3—4 的英语水平撰写了《"能做"描述表》，并在纸质和电子版信息材料上发布关于标准的信息，供学习者使用。该量表描述了处于等级 1—12 的学习者在听力、口语、阅读和写作技巧方面可以做什么。这些陈述的目的是用学习者可以理解的语言提供《加拿大语言能力标准》文档中的一些信息，了解他们所处的语言等级，换句话说，这些陈述可以帮助学习者了解他们已经完成了什么以及他们还需要发展什么（如图 5 - 3）（CCLB，2013）。

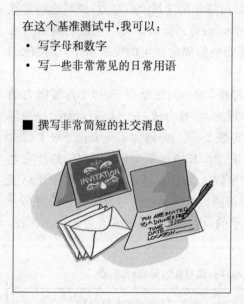

图 5 - 3 写作阶段 1 的"能做"描述语（部分）

如图 5 - 3 所示，左边是对英语学习者和使用者英语语言能力的描述，而右边是对展现这些能力的场景的描述。这样的描述语促进了英语学习者和使用者对《加拿大语言能力标准》等级的理解，也使其清楚了自身的英语能力"能做"的任务。《"能做"描述表》详见附录。

5.1.2.3 《加拿大语言能力标准》与《实施指南》

《加拿大语言能力标准》虽描述了人们在不同的英语水平上可以做什么，但它不是考试、课程或教学大纲。它没有界定意识形态、政策、内容或教学过程。它反映了明确的语言教学和学习的基本原则，并为课程和教学大纲的制定、课程规划、材料开发、资源选择、学生评估和报告提供了有用的基础信息。为了在加拿大成人英语学习者课堂有效实施《加拿大语言能力标准》，加拿大语言能力标准中心出台了配套文件，即《加拿大语言能力标准 2000：实施指南》(Canadian Language Benchmarks 2000：A Guide to Implementation：A Guide to Implementation，以下简称《实施指南》)(CCLB，2001)。它主要用于成人英语学习者和计划管理者的执业教师，该文件希望将《加拿大语言能力标准》作为课程以及课程开发和课程规划的基础。《实施指南》并非一般英语学习者的教学手册。对于希望更详细地探讨某些主题的读者，《实施指南》每章的末尾都会提供建议阅读和参考资料。这些阅读清单并非详尽无遗，因为《实施指南》的读者被认为具有作为成人英语二语教师的专业知识，并且熟悉指南中使用的常用专业术语。术语表提供了对某些读者而言可能是全新的术语。《实施指南》里面的内容详细介绍了其作用、《加拿大语言能力标准》在项目中的实施、基于《加拿大语言能力标准》的以学生为中心测试的开发、语言能力等级与学习目标的对应、《加拿大语言能力标准》和教与学的连接、教材资源的选择、基于课堂测试的制定等，指出了《加拿大语言能力标准》在教学实施中可能遇到的问题，并提出了解决方法。比如，《加拿大语言能力标准》的实施如何对教与学产生影响，以及该标准如何影响教学大纲、课程、学习单元(module)或一节课(lesson)，如何设计课堂测试，如何影响课堂以外的东西等。但是需要注意的是，实施《加拿大语言能力标准》并不意味着需要抛弃现有的一切。相反，过去成功使用的活动和资源将继续适用于《加拿大语言能力标准》的重点。只是它们可能以不同的方式被使用，并且重点有所改变。例如，在课堂中应用该标准时，对许多人来说，最大的改变可能是从关注学生学习语言转向专注于使用英语来完成任务的能力，亦或是课堂计划的重点从教师将做的事情转移到学习者将能够做的事情上。

此《实施指南》的目的是让教师相信，基准测试更有效，更适用于语言教学和项目规划，而且这是基于能力的语言教学，对《加拿大语言能力标准》的实施起到了推广的作用，标准与课程结合的挑战之一是根据任务难度和熟练程度组织任务型课程。

《加拿大语言能力标准》在学习上的应用除了上述工具外，最近在其官网也更新了很多其他的衍生品，比如课程计划(lesson plan)。这一系列的衍生品里面包含了根据不同职业来设计的不同的课程，比如有着很大区别的旅游业课程与厨师课程等。

5.2 《加拿大语言能力标准》在工作方面的应用

目前加拿大劳动力人口数量增长的70％以上是移民。到2020年，据加拿大人力资源和技能发展部数据，移民所占劳动力比例还在继续增长。斯文德表示，"在今天的工作场所，许多公司、机构、企业和其他组织正在面临越来越多的雇用语言技能人才的需求"(2003：524)。在工作方面，鉴于各个职业对语言能力要求不同，《加拿大语言能力标准》不同等级刚好可以满足雇主对潜在雇员语言能力的不同要求（CCLB，2015d）。此外，该标准还为二语培训提供框架，基本技能为新到的移民培训在特定职业所必需的技能。因此在《加拿大语言能力标准》框架的指导下，新来移民接受基本技能培训是他们在加拿大找到理想工作的必要条件。

5.2.1　工作测试

为更好地帮助移民解决就业问题，加拿大语言能力标准中心在 2001—2002 年间制定了职业英语水平测试（Workplace English Language Proficiency Assessment，简称 WELPA），目的在于结合《加拿大语言能力标准》为在英语工作场所的员工提供语言能力水平等信息（CCLB，2002）。

正如前文所示，之前的测试都只能评估等级 1—8，并没有标准化工具来评估等级 9—12 范围内的语言能力。2004 年，原名为新工作场所语言评估（New Workplace Language Assessment，简称 ELAW）的工作场所语言评估（Workplace Language Assessment，简称 WLA）应运而生，并于 2008 年在全国范围内推广，其旨在评估处于《加拿大语言能力标准》等级 7—10 的学习者的英语听、说、读、写能力。它的发展是为了评估那些受过国际教育，正在寻找就业机会和更高职位的新移民，以便使用《加拿大语言能力标准》等级 7—10 的描述语来帮助其确定自身语言能力是否合格。基于任务的工具要求客户展示在工作场合，如计算机和财务等职业领域中使用的一些语言技能。但要注意的是这些任务是通用的，并不是针对特定职业的（CCLB，2005；2006）。

工作场所语言评估包含测前筛选工具和工作场所语言评估的两个版本，确保了灵活可靠的评估。工作场所语言评估的筛选工具不是语言测试，也不可替代全面的语言测试，只能总体说明一个人的语言能力是在《加拿大语言能力标准》等级 6 水平以上或以下，是进行全面语言评估和进入适当语言培训的过程其中的一步，可帮助咨询师和客户做出合适的后续决策（CCLB，2016）。工作场所语言评估的准备是基于在 30 分钟的筛选过程中展示的口语、听力和写作能力（CCLB，2006）的。

5.2.2　其他职业工具

除了测试外，《加拿大语言能力标准》与工作相关的衍生工具还有很多，比如与旅游业相关的旅游部门语言描述（Language Profiling of Tourism Sector Occupations），与护理相关的加拿大护士英语语言能力标准评估（Canadian English Language Benchmarks Assessment for Nurses，简称 CELBAN），或者与卡车司机相关的评估等等。加拿大护士英语语言能力标准评估是这些工具当中应用时间最长的一个。

5.2.2.1　《加拿大语言能力标准》与加拿大护士英语语言能力标准评估

2000 年，为了解决加拿大护士短缺这个至关重要的问题，加拿大语言能力标准中心进行了可行性研究，主要利益相关方认为需要一种更为合适的语言能力工具来评估护理的语言和沟通需求(Catherine & Blanche，2016)。在 2001—2002 年间，该中心开始着手基于《加拿大语言能力标准》的护理职业英语语言分析(English language occupational analysis of the nursing profession expressed in CLB)，顾名思义，该项目的目的是用《加拿大语言能力标准》对加拿大的护理专业进行英语职业分析(CCLB，2002)。这个分析主要针对注册护士(registered nurses，简称 RN)、注册实习护士(registered practical nurses，简称 RPN)、注册护理助理(registered nursing assistants，简称 RNA)和持牌实习护士(licenced practical nurses，简称 LPN)。这项研究的意义在于采用《加拿大语言能力标准》的基准水平来描述加拿大国家项目中特定职业语言中的语言需求，并且由于以往国际通用的用于评估受过国际教育的护士(internationally educated nurses，简称 IEN)语言能力的英语水平考试[例如托福、雅思、密歇根英语考试(Michigan English Language Assessment Battery，简称 MELAB)]通常是为了进入高中学习，或者只是为参加测试者的四项技能打一个分数，不是基于目标语言使用(target language use，简称 TLU)，如护理分析，测试的语言要求(内容和语境)不代表护理专业，也没有对受过国际教育的护士的目标人群进行验证，因此在 2002—2003 年，加拿大语言能力标准中心制定了一个评估工具：加拿大护士英语语言能力标准评估试点(National Pilots on Canadian English Language Benchmarks Assessment for Nurses)。这是一种职业专用的英语语言评估工具，用于评估在护理环境下，母语非英语且受过国际教育的护士的英语语言水平。加拿大护士英语语言能力标准评估以听、说、读、写四项技能来评估交际能力，听、读和写三部分是以集体测试的形式进行，时长 3 小时；口语为单独测试，时长 30 分钟(如表 5-3 所示)。每人至多只有三次考试机会。在加拿大要想拿到护士执照就必须通过这个考试，即达到《加拿大语言能力标准》听力 10 级、口语 8 级、阅读 8 级、写作 7 级，而这只是在加拿大获得护士执照的其中一个步骤。目前，加拿大护士英语语言能力标准评估已经有十几年历史，是将《加拿大语言能力标准》与专门用途英语结合的很好范例。加拿大护士英语语言能力标准评估为加拿大提供了一种新的语言评估模式(Epp and Lewis，2006；Epp & Lewis，2009)，并且已经成为特定职业语言能力评估的一个成功的创新，它是目前在加拿大全国使用的唯一一种语言能力评估工具，用来评估交际语言能力。

表 5-3　加拿大护士英语语言能力标准评估时间安排

小组测试(3 小时)	听　力
	阅　读
	写　作
口语测试(30 分钟)	口　语

　　与其他测试相比，加拿大护士英语语言能力标准评估在听力部分的特点在于其听力材料都是真实发生在医院或诊所的视频或音频。这些真实的场景，尤其是视频，会使对话更加真实，考生也更容易理解，但是这种测试的局限性也在于考点必须准备音频和影像设备。考试其余科目与其他考试大同小异（CCLB，2016）。

5.2.2.2　《加拿大语言能力标准》与基本技能

　　除了加拿大护士英语语言能力标准评估以外，加拿大还有很多基于《加拿大语言能力标准》的不同职业的特定评估标准，比如卡车司机、厨师评估标准，这些评估都真正做到了《加拿大语言能力标准》与职业用途英语的结合。但是职业种类多样，对语言能力的要求也不尽相同，因此不可能做详尽性研究，只能研究这些职业的通用语言基本技能。1993 年，加拿大、澳大利亚、英国和美国开展了一些项目和研究，旨在确定和描述促进在工作场所和生活中取得成功的关键能力。1994 年，加拿大人力资源部门（Human Resources Development Canada，简称 HRDC）进行了基本技能研究项目（Essential Skills Research Project，简称 ESRP），目标是确定和编制对所有职业成功至关重要的技能和能力。为了描述和记录这些技能，基本技能研究项目的项目组设计了一组《基本技能量表》，其描述语源自国际成人识字能力调查（International Adult Literacy Survey，简称 IALS）和《加拿大语言能力标准》，借鉴了澳大利亚的《关键素养能力》（Key Competencies）、美国的《基本素养》（Necessary Skills），以及英国的"成人识字和基本技能"（Adult Literacy and Basic Skills）。量表中的基本技能包括与识字有关的技能（即阅读、写作、文档使用和计算能力），但其不仅包括思维技能、口头交流、计算机使用/数字技能，还包括与他人合作以及与不断学习相关的技能。他们为学习所有其他技能提供了基础，使人们能够更好地准备、获得和维持工作，适应并成功地工作①。在这九个基本技能中（阅读文本、文档使用、写作、计算、口头交流、思考能力、与他人合作、计算机使用、持续学习），只有四个与语言能力建构直接相关。因此这四个技能可以和《加拿大语言能力标准》进行比较，如表 5 - 4 所示：

表 5 - 4　《加拿大语言能力标准》技能与四个基本技能的联系

《加拿大语言能力标准》	基 本 技 能
口语	口头交流
听力	
阅读	阅读文本
写作	写作
阅读和写作	文档使用

① 　详情请参看 https://www.canada.ca/en/employment-social-development/programs/essential-skills/definitions.html.

　　加拿大语言能力标准中心进行了多项研究和开发项目，以结合两项国家技能标准——《加拿大语言能力标准》和加拿大人力资源和社会发展部门（Human Resources and Social Development Canada，简称 HRSDC）的《工作场所基本技能》（Essential Skills for the Workplace）。这两个标准的结合有助于更好地了解新移民和移民需要达到他们的就业目标的技能。

　　这个比较框架的功能如下：

　　（1）在加拿大有很多帮助移民提高语言水平的英语和法语二语培训课程，上文的"比较框架"可以帮助英语为第二语言的教师高效地根据基本技能的要求选择适当的课程内容，以便让移民快速学习到胜任工作场所的英语技能；

　　（2）通过帮助该领域普遍地理解第二语言技能和专业知识与其他已建立的技能标准的相关性，支持新移民和移民成功融入工作环境；

　　（3）为了方便识别语言和其他技能，移民和新移民需要达到基本技能的要求才能确保顺利地工作；

　　（4）支持创建职业语言分析；

　　（5）与基本技能描述和国家职业标准结合使用时，支持适当的工作准备、培训和职业规划，以描述可能在特定职业中所需的语言能力和相关任务的范围。

　　然而，需要注意的是该框架不是用作等价表或保持一致性的。该框架应为低风险应用设计（比如课堂材料的选择、初步验证研究结果支持此有限应用）。因此从业者应避免使用比较框架来进行高风险活动（例如选择评估任务、制定测试规范或建立工作场所选择标准）。

　　除了上述这些在工作方面的衍生品外，近几年《加拿大语言能力标准》官网中还更新了一些职业用途的新工具，比如《职业语言分析》（Occupational Language Analysis）等一系列的文件，里面包括了很多种职业的基本信息，如职业描述、一定等级的语言能力（听、说、读、写）等。

第 6 章
《中国英语能力等级量表》的研究

在我国的量表制定前就有很多学者做了相关研究,如杨惠中、桂诗春(2007)提出要制定亚洲统一的英语语言能力等级量表,指出在制定亚洲统一英语语言能力等级量表时宜采用定性分析与定量分析相结合的做法,从语言交际功能、语言技能等方面对语言能力等级量表的每一个级别制定详尽、准确、直观、便于用户使用的描述,同时从词汇量、阅读速度、听力材料语速、语言材料难易度等方面对每一等级提出定量指标作为补充。2014 年 10 月,我国启动了《中国英语能力等级量表》的建设工作,旨在为我国英语教学、学习、测评提供参考框架以及一个统一的衡量标准(刘建达,2015a;2015b)。《中国英语能力等级量表》共划分为 9 个等级。其中,1—2 级大致对应小学水平,3 级对应初中,4 级对应高中,5—6 级对应大学,7 级对应英语专业,8—9 级对应高端外语人才。量表既描述我国英语学习者水平的现状,也为未来划定了参考标准。

图 6-1 是以"中国英语能力等级量表"为主题词在中国知网进行文献搜索展示出的可视化统计结果(分析日期为 2017 年 12 月 16 日),足以体现近年来有非常多的专家学者致力于《中国英语能力等级量表》的研究与探索。

该图既是以"中国英语能力等级量表"为主题词的"关键词共现网络",也是《中国英语能力等级量表》经常出现的研究论文的关键词。可以大概分为几类:① 等级量表框架,如概述语、维度等;② 外语能力量表的内容,如听力、词汇等;③ 量表的拓展,如测试、学习等;④ 量表的比较研究,如《欧框》等。可以看出很少有学者研究《加拿大语言能力标准》对于我国量表的启示,以及对于教学等方面的启示,至少在上述的检索条件下没有显示这个结果,这也就说明从《加拿大语言能力标准》视角研究其对我国的启示有一定的必要性。

图 6-2 是我国对于《中国英语能力等级量表》研究的学科分布饼状图,可见该量表在各界尤其是外国语言文学界引起了相当大的重视,其中著名学者有朱正才、杨慧中、何莲珍、刘建达、金艳等。

对于理论基础,专家们倡导我国英语能力等级量表应以交际语言能力模型为

级别

维度

词汇深度

词汇知识 词汇广度

阅读理解

语言能力等级量表

等级

描述语

《欧洲共同框架》

量表制定流程

英语学习

中国英语能力等级量表

描述语库

英语口语能力

外语能力等级量表

外语能力测评体系

招生制度改革

系统功能语言学

八级考试汉译英

图 6 - 1 《中国英语能力等级量表》相关研究关键词(来源于 CNKI 关键词共现)

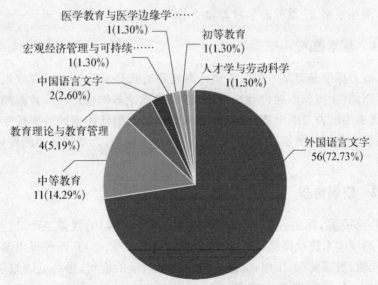

医学教育与医学边缘学……
1(1.30%)

初等教育
1(1.30%)

宏观经济管理与可持续……
1(1.30%)

人才学与劳动科学
1(1.30%)

中国语言文字
2(2.60%)

教育理论与教育管理
4(5.19%)

外国语言文字
56(72.73%)

中等教育
11(14.29%)

**图 6 - 2 国内对《中国英语能力等级量表》研究的
学科分布**(来源于 CNKI 研究学科分布)

基础，以使用为导向（use-oriented）对语言能力进行科学的描述或评价，用明确、直观的描述语对语言能力各等级进行"能做"描述，经过效度论证，保证量表本身有效、可行，使量表涵盖不同层级的语言学习者和使用者，满足不同用户的需要，在我国英语学习、教学、测评之间架起一座连通的桥梁（刘建达，2015a）。

量表通常是先对语言能力进行综合性的描述，然后根据语言学习者和使用者能力水平的实际情况和社会需求程度，详略有别地分技能描述各种能力，即听、说、读、写、译及其语言行为。描述语可以国内现有课程标准、教学大纲、考试大纲，国外语言能力标准为文献基础；此外，还可通过采样的方法补充必要的描述语，利用问卷调查的方式确定典型的语言活动。

一个语言能力量表的效度界定为量表能测量到目标语言能力的程度（朱正才，2016），并且效度比信度更重要。量表效度实际从量表设计之初就已埋下了伏笔，而且贯穿于量表研制的始终（Messick，1989；Kane，2006；2012）。把效度研究前移至量表和测验的开发期，而不是仅满足于事后验证，这已是国际同行的共识（朱正才，2016）。

6.1 《中国英语能力等级量表》概述

《中国英语能力等级量表》从多维度描述英语能力，全面界定我国英语学习者使用英语进行交际必须达到的标准，详细列出学习者应掌握的各种英语知识、能力以及语言使用策略，注重英语学习者和使用者各项技能的协调发展。

6.1.1 基本信息

外语能力标准是对某一国家或地区在特定时代语言政策或教育政策的反映，是面向运用的《中国英语能力等级量表》建设的理论基础（韩宝成、常海潮，2011）。构建《中国英语能力等级量表》是建设我国外语能力测评体系的首要任务，该能力等级量表能为我国英语学习、教学和测评提供参考框架，为外语能力测评体系提供统一标准。

6.1.2 研制背景

2014年10月，我国启动了《中国英语能力等级量表》的建设工作，旨在为我国外语能力测评体系建设提供统一标准，为我国英语教学、学习、测评提供参考框架，起到"车同轨、量同衡"的作用，促进各阶段英语教学的衔接，提高英语教学和考试的质量与功用，进而提升国家外语教育水平和学生外语能力（刘建达，2015a；2015b）。

根据量表或标准的研制目的,世界上的语言能力量表或标准大致可以分为三大类:① 描述学生语言学习目标的量表,② 作为考试级别或定级尺度的量表,③ 评定不同人员语言水平的量表(韩宝成,2006:443),我国的外语能力量表同时涵盖了这三种类别。

6.1.3　目标人群

《中国英语能力等级量表》广泛适用于各种英语学习者和使用者。由于量表对语言能力的清楚界定和描述,它在学习目标制定、学习结果测评、课程设置、教学/考试大纲编写、教材编写、教育政策制定、评定不同人员的语言水平等方面都发挥着巨大的指导作用。

对英语学习者而言,可以参照量表对自己的英语能力水平进行准确定位或诊断,并针对自己的实际情况制定明确的学习目标,对学习进展进行自我评估,确立学习目标,帮助学习者记录学习轨迹,选择适合的学习材料,参加适当级别的水平能力测试。这些都将有助于学习者提高自主学习的能力。

对英语教学而言,量表对教学各环节工作都具有指导意义,如:帮助教育机构根据学习者的需求、动机、个性和潜能组织教学;帮助教育机构依据量表制定英语课程教学大纲;帮助教师制定明确、详细、切实的教学目标,并选择合适的教学方法;帮助教材编写单位编写合适的教材;帮助教师、学校设计检测学习计划的评估办法和工具等。

在英语能力测评中,量表将有助于英语学习者进行自评;英语教师和教学机构可以开展学习者英语能力测评,以评估教学效果;考试机构可以参照量表设计开发考试项目,对考生能力水平进行清晰准确的评价,并提供信息翔实的证书。基于不同目的开发的英语考试可以通过与量表进行衔接来实现考试结果之间的可比性(刘建达,2015a)。

6.1.4　指导原则

《中国英语能力等级量表》的编制立足于我国国情和现状,英语教学和测评的实际情况,以及现代先进的语言教学、学习和测试理论,从社会需求、时代发展的新需求出发,注重量表的科学性、实用性和可操作性,以科学严谨的学术态度,力求服务教育、服务考试、服务社会。科学性要求量表的制定必须基于先进的语言能力和心理测量理论,采用科学的研究方法;实用性要求量表对英语学习、英语教学和英语测试等相关工作具有切实的指导意义和促进作用;可操作性要求制定量表所采用的理论、方法和手段必须可在当前条件下实现,制定出的量表便于教学和测评机构、学习者和其他用户理解、接受和使用(刘建达,2015)。

6.2 《中国英语能力等级量表》的结构框架

《中国英语能力等级量表》将"语言能力"定义为运用语言理解和表达意义的能力，即语言使用者运用语言知识、非语言知识及策略，参与特定情境下某一话题语言活动时表现出的语言理解能力和表达能力，是一种实践能力。语言活动总是在一定领域内进行。虽然领域不可尽数，但与英语学习相关的主要有个人、公共、工作和教育领域（Council of Europe，2001）。个人领域指个人家庭关系和个人社会活动范畴；公共领域包括所有日常社会交往，包括商务和民事关系、公共服务部门、在公共场地进行的文化和娱乐活动、与媒体的关系等等；工作领域指所有与职业相关联的场合；教育领域指正规学校和培训机构。

话语/文本是话题内容的载体，即语言学习者和使用者理解、表达意义时所用的口头或书面语言材料。根据语言功能理论，文本可划分为描述文本、说明文本、指示文本、论述文本和叙述文本五大类（Watkins & Knapp，2005），此外量表还考虑了图表文本。图 6-3 是量表建设中整个语言能力框架的示意图。

外语能力量表的结构可从横向和纵向两个维度展开分析。横向结构即量表的描述性参数框架（descriptive scheme），体现量表运用的语言能力理论，界定量表的描述对象和描述范围。纵向结构即量表中描述语的"典型特征系统"（salient feature system），反映不同能力等级的区别性特征，也是量表等级的划分依据。

《中国英语能力等级量表》初步划分了初、中、高（A，B，C）三大级别共 9 个级别的英语能力水平。A 等（A1—A3）为初级，对应义务教育阶段的学习者英语水平；B 等（B1—B3）为中级，对应高中和高等教育阶段的英语学习者水平；C 等（C1—C3）为高级，对应高等教育英语专业学习者和精通英语者的水平（教育部考试中心，2014）。量表共有 86 张能力表格（1 张语言能力总表八张分技能总表、69 张分项能力表格、8 张自我评价表）。能力总表包括语言能力总表，以及听力理解能力、阅读理解能力、口头表达能力、书面表达能力、组构能力、语用能力、口译能力和笔译能力等八方面的分技能总表。其中，笔译和口译能力量表填补了国内外外语能力量表尚未包含翻译能力的空白。69 张分项能力表格是对上述 8 张分技能总表的详述。其中第一部分是从运用的角度对组构知识进行描述，被称为组构运用能力。从学习的角度对策略进行描述，称组构知识学习策略。组构知识运用能力包括语法知识运用能力和篇章知识运用能力。第二部分是语言理解能力和语言理解策略，这一部分的理解能力和理解策略分别从听力和阅读的理解能力和策略两方面来进行。第三部分是语言表达能力和语言表达策略，这一部分的表达能力和表达

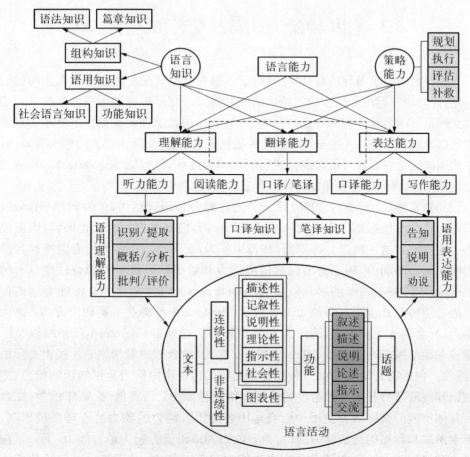

图 6-3 《中国英语能力等级量表》框架（刘建达，2015a）

策略分别从口语和写作的表达能力和表达策略两方面来进行。第四部分是语用知识与语用能力。语用知识分为功能知识和社会语言学知识。语用能力指语言学习者和使用者结合具体语境，运用各种知识和策略，理解和表达特定意图的能力，包括语用理解能力和语用表达能力。第五部分是翻译能力和翻译策略。翻译能力包括口译能力和笔译能力。翻译策略包括口译策略和笔译策略。《中国英语能力等级量表》最后一部分是 8 张自我评价量表，自我评价量表用于语言学习者和使用者对自身英语能力水平的判断或诊断，包括组构知识运用能力、听力理解能力、书面理解能力、口头表达能力、书面表达能力、语用能力、口译能力和笔译能力等方面。达到某一能力等级的英语学习者和使用者应具备该等级及以下所有等级所描述的能力，该等级不再重复描述其以下等级的能力。此规则适用于量表中所有能力表。

6.3 《中国英语能力等级量表》的理论基础

我国的英语学习环境有其特殊性，必须根据实际情况对语言能力做出明确的界定，并对语言运用和语言学习给出清晰的解释。交际语言能力模型反映了人们对交际语言能力及其相关方面的基本认识，为外语教学和测试提供了基本的理论指导(刘建达，2018)。《中国英语能力等级量表》也是以交际语言能力模型为基础，采用面向运用的方法对语言能力进行科学的描述或评价(刘建达，2015b)，即该模型是面向运用的《中国英语能力等级量表》建设的理论基础。

乔姆斯基(Chomsky，1965)区分了语言能力和语言运用，但海姆斯(Hymes，1972a)认为乔姆斯基的理论忽视了语境的作用，没有考虑社会文化因素，因而提出了交际能力这一概念。海姆斯(1972b)认为，交际能力指本族语者能准确且恰当使用语言的能力，语言能力包括语法能力和话语的可接受性和合适性。卡纳尔(Canale，1983)和卡纳尔和斯温(Canale & Swain，1980)认为交际能力应该包括语言能力和社会语言学能力。卡纳尔(1984)又把范畴扩大到四个方面：语法能力、社会语言学能力、话语能力和策略能力。巴赫曼(Bachman，1999)以及巴赫曼和帕尔默(Bachman & Palmer，1996；2010)结合外语教学进一步提出交际语言能力，包括语言知识(能力)和在具体交际语言使用中恰当运用知识的能力，把知识和技能区分开来。巴赫曼的模型包括三种能力：语言能力、策略能力(在含有具体情境的交际语言使用中恰当运用各种语言能力的能力)、心理生理机制，把卡纳尔和斯温的语法能力、社会语言能力和话语能力归为语言能力，下分组构能力和语用能力。组构能力分为语法能力和篇章能力；语用能力则包括功能能力和社会语言学能力。策略能力把语言知识、语言使用者的知识结构、语境结合在一起，在决定达到表达目的最佳方法时起到评估、策划、执行的作用。心理生理机制主要指语言使用的渠道(如视觉和听觉)和模式(如接受和产生)(刘建达，2017；2018)。

《中国英语能力等级量表》把语用能力分为语用理解能力和语用表达能力，前者指理解说话人或作者的意图，后者指表达说话或写作意图。依据交际语言能力理论(Bachman，1990；Bachman & Palmer 2010)，语言知识被定义为为了顺利完成理解和表达所需要的组构知识和语用知识。组构知识指的是遣词造句以及布局谋篇的知识；语用知识指的是语言学习者和使用者在具体语境中恰当使用话语完成交际目的所需的知识。策略指语言使用者完成一项语言交际活动时所采取的有组织、有计划、目标明确的行动步骤。具体而言，该步骤可以分解为以下几个子步骤：规划、执行、评估与补救。

6.4 《中国英语能力等级量表》的编排表达模式

面向运用的语言能力等级量表把语言使用作为描述方向,主要描述不同能力水平的语言学习者和使用者的典型语言行为,即在特定的情境下调动各种能力能完成不同的交际任务。这种量表通常先对语言能力进行综合性描述,然后根据语言学习者和使用者能力水平高低的实际情况和社会需求程度,详略有别地分技能描述各种能力,包括听、说、读、写、译,及其语言行为等。作为一种实践能力,语言能力可分为不同级别,不仅受制于人们对各种知识和策略知识的掌握程度,更依赖于对各种知识和策略的运用能力。我国量表的描述遵循每条描述语,包括行为、标准、条件三部分的模式(刘建达、彭川,2017)。

据语言教学和社会发展的实际需求,《中国英语能力等级量表》在交际语言能力理论框架(Bachman,1999)下构建了基于运用的语言能力模型(刘建达,2015a;朱正才,2015)。能力描述不仅包含了语言能力(语言理解能力和语言表达能力),还包含了语用能力、语言知识、翻译能力,并且每项能力都和语言使用策略紧密联系(如图 6-4 所示)。策略指语言使用者完成一项语言交际活动所采取的有组织、有计划、目标明确的行动步骤。具体而言,该步骤可以分解为以下几个子步骤:规划、执行、评估与补救,本节将按照《中国英语能力等级量表》编排顺序对能力描述框架进行详细剖析。

6.4.1 组构知识运用能力和组构知识学习策略

依据交际语言能力理论(Bachman,1999;Bachman & Palmer,2010),我们把语言知识定义为"为了顺利完成理解和表达所需要的语言组构知识和语用知识"。组构知识指的是遣词造句以及布局谋篇的知识;语用知识指的是语言学习者和使用者在具体语境中恰当使用话语完成交际目的所需的知识。组构知识运用能力包括语法知识运用能力和篇章知识运用能力,从学习的角度对策略进行的描述被称作组构知识学习策略。语法知识运用能力是指语言学习者和使用者对语言知识的掌控能力,是语法知识和策略能力的结合,特别指在测试或语言使用情境中将语法知识准确地用于表达意义的能力。语法知识运用能力包含语音系统和书写形式知识运用能力、词汇知识运用能力以及句法知识运用能力。篇章知识包含将口头或书面话语连接在一起形成语篇的方式和手段,是关于篇章连贯性和联系篇章中各部分之间语义关系的知识。篇章知识运用能力主要包含修辞或会话知识运用能力和衔接知识运用能力。在组构知识运用能力中每个分项能力量表的每个等级的能力描述中都包含了"理解和表达能力",比如"词汇知识运用能力"的第 1 级(见表 6-1)。

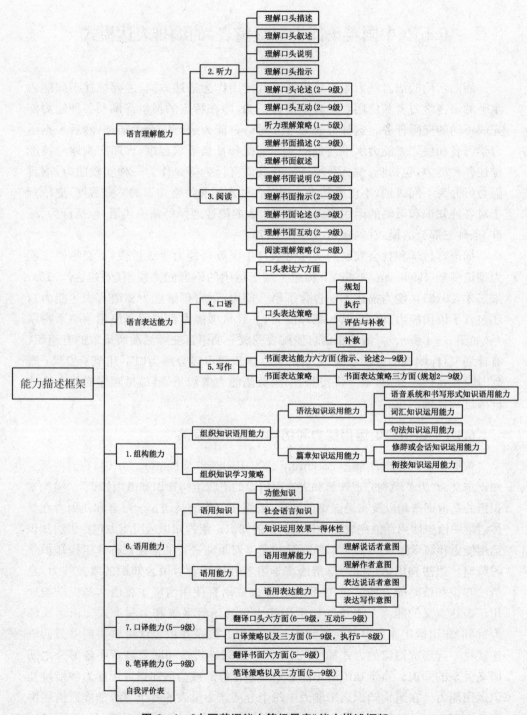

图6-4 《中国英语能力等级量表》能力描述框架

在描述完语法知识运用能力和篇章知识运用能力后,还有一个组构知识学习策略量表。组构知识学习策略是英语学习者和使用者在具体环境下有意识地选择和运用的动态性观念和行为,组构知识学习策略量表是对英语学习者和使用者的语法和语篇两方面能力的行为和观念的描述,比如此策略量表第 9 级所示:"能通过广泛阅读或实践,如阅读英语专业书籍、小说、英语报刊,看英语电影、电视、戏剧或进行学术写作等,有意识地积累和更新英语语言知识。能自行梳理和学习关于英语语法的理论知识。"

表 6-1 "词汇知识运用能力"的第 1 级

能了解常见词汇的反义词,如 big、small。
能了解单词是由字母构成的,如 pen 是由 p-e-n 组成。
能将常用名词和动词与其对应的事物和动作建立关联,如将 tiger 与其所指动物进行关联。
能根据视觉提示(如图片、动画等),说出单词和短语。
能掌握日常的固定表达,如 Good morning!
能掌握常见名词的单复数形式。
能使用有关个人、家庭和学校的基本词汇。

从表中的描述语如"能了解""能掌握"可以看出表达的是语言学习者和使用者的"理解能力";而"能使用""能将……建立关联"表达的是语言学习者和使用者的"表达能力"。

6.4.2 语言理解能力和语言理解策略

语言理解能力指语言学习者和使用者理解话语意义的能力,包括理解口头语言信息的能力(听力理解能力)和理解书面语言信息的能力(阅读理解能力)。不管是口头的、书面的信息,还是以图表、图形等形式呈现的信息;不管是通过讲授、阅读还是观看等方式,理解都是知识的迁移(Anderson & Krathwohl, 2001:54)。听力理解能力作为一种综合认知能力,由与听力活动相关的识别、提取、概括、分析、批判、评价等认知能力组成。听力理解能力量表包括理解口头描述、理解口头叙述、理解口头说明、理解口头指示、理解口头论述、理解口头互动六个方面。听力理解策略包括规划、执行、评估与补救等方面,只对第 1—5 级进行综合描述,达到第 6 级及以上能力的学习者和使用者即具备第 1—5 级的能力要求。此听力策略量表对英语学习者和使用者在使用听力能力时的观念和行为活动进行了描述,比如第 1 级中的"能借助说话者的手势、表情、语气等判断说话者的情绪"。

阅读理解能力是语言学习者和使用者作为读者阅读并处理书面材料时，运用各种知识（包括语言知识和非语言知识）和策略，围绕所读材料建构意义的能力，包括识别与提取书面信息的能力、概括与分析书面信息的能力、批判与评价书面信息的能力。阅读理解能力量表包括理解书面描述、理解书面叙述、理解书面说明、理解书面指示、理解书面论述、理解书面互动六个方面。这六方面与听力理解能力的六方面是一致的。但是因能力水平处于基础阶段的语言学习者和使用者较少接触对书面描述、说明、指示、论述、互动材料的理解，因此在描述、说明指示和互动这三个表中只有2—9级，论述只有3—9级，这表明即使是同一种能力，其不同方面对能力仍有不同要求。阅读理解策略包括规划、执行、评估与补救等方面。阅读理解策略量表对第2—8级进行综合描述，不列第1级（涉及很少）和第9级（要求同第2—8级）。

6.4.2.1　听力理解能力

听力理解能力是语言能力的重要组成部分。基于运用的听力能力模型把听力理解能力看成语言学习者和使用者作为受话人，运用各种知识资源（包括语言知识和非语言知识）与策略，实时建立目标话语的抽象表征，并利用抽象表征完成特定认知任务的能力，见图6-5。人们更关注听力理解的认知过程，把听力理解能力看作语言学习者和使用者作为受话人在接受并处理一个或数个讲话人的口头信息时，运用各种知识和策略建构意义的能力。

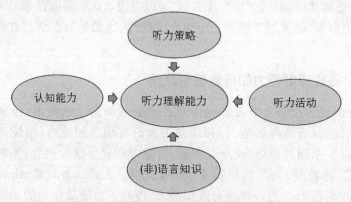

图6-5　基于运用的听力能力模型（何莲珍、陈大建，2017）

听力能力描述语的横向参数框架描述语的参数框架也可称为分类框架，是量表的横向架构，涵盖描述某个级别某种语言能力需要考虑的全部要素。因此，语言能力的构建是建立描述语参数框架的依据。根据基于运用的听力理解能力模型，听力能力主要包含认知能力、听力策略和（非）语言知识三大要素，因而听力能力量表从这三个层面出发，全面描述听力理解能力。听力描述语参数框架如图6-6（何莲珍、陈大建，2017）所示。

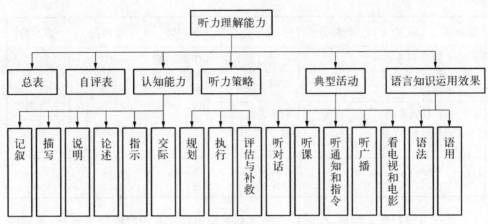

图 6‐6　听力描述语参数框架(何莲珍、陈大建,2017)

在现实生活中,中国英语学习者接触或参与的听力活动纷繁复杂,这些听力活动按照交际功能大致可以分为记叙、交际、论述、说明、指示、描写六大类,因此听力认知能力量表包含 6 个分量表(见表 6‐2)。同样,听力策略和语言知识运用效果也可以细分,前者包含规划、执行、评估与补救分量表,后者包含语法、语用等分量表。从语义结构来看,听力认知能力描述语包含认知行为、听力材料标准和附加条件三个基本要素,其中前两个是必要成分,最后一个为非必要成分。

表 6‐2　听力活动级别分布(何莲珍、陈大建,2017)

级别	记叙类	交际类	论述类	说明类	指示类	描写类
1	简单陈述;绘本故事;动画片	简单对话;简单提问;寒暄或问候		简单介绍	简单指令	口头描述
2	故事	电话	讲话;辩论		指路;操作指令	
3	广播节目;英语电影	简短对话;正式谈话	发言;论述	简单讲解	广播通知	
4	生活情景剧;新闻报道;轶事和游记;寓言故事;话剧	与英语母语者面对面交谈;职场面试	演讲;讲座;文献或影视剧评论	天气预报	公告	
5	幽默故事;小说;英语歌曲	商务谈判	学术报告;讨论;访谈	纪录片;科普讲解;访谈	使用操作说明	
6	新闻广播		会议发言	博物馆讲解;网络公开课		

级别	记叙类	交际类	论述类	说明类	指示类	描写类
7	体育赛事报道；现场新闻报道		学术辩论；专业技术报告	操作指南；服务说明；电视广告		
8	诗歌朗诵；长篇故事；电视访谈	学术讨论；群体采访	时事评论；法庭、公共策略辩论		实验步骤	
9	戏剧和文学作品		政治辩论；复杂论述	现场解说；学术报告		

从听力材料特征维度、理解目标维度和附加条件维度的分析结果来看，不同级别听力认知能力描述语的典型特征梯度较为明显，并且跨交际功能类别呈现出一定的系统性。就话题而言，初级英语学习者能够听懂的话题局限于周围事物或日常生活等领域，中级英语学习者通常会接触到社交、职业、旅行、社会热点等话题，高级英语学习者则能理解包含专业技术知识的各类话题。各等级描述语之间关于语速的描述比较系统，按级别由低到高依次为：语速缓慢、语速较慢、语速正常和语速较快。就语音特征而言，初级和中级英语学习者都要求听力材料发音清晰、语音标准，高级英语学习者则能听懂带有一定口音的材料或某种方言。就词汇短语层面而言，初级英语学习者能够听懂简单或常见用词的材料，高级英语学习者能够听懂含有术语、生僻词、俚语等的材料。就内容结构层面而言，初级和中级英语学习者都要求材料结构清晰，高级英语学习者则能听懂结构复杂、观点隐晦、专业性强、含有隐喻或双关等修辞、概念抽象的材料。就理解目标而言，初级英语学习者以理解时间、地点、人物及说话者的意图、情感、态度等基本的事实性信息为主，中级英语学习者以理解大意、观点、重要细节等为主，高级英语学习者则以理解抽象概念、关键信息、隐含意义、文化背景等为主。附加条件也是限制条件，即听者能在何种条件下完成听力任务。初级英语学习者须借助图片、手势或重复才能听懂材料；随着听力能力提高，中级和高级英语学习者逐渐摆脱了这些限制条件，甚至能在有噪声干扰、环境嘈杂的情况下听懂目标语内容。听力描述语在听力材料特征维度、理解目标维度和附加条件维度等方面的典型特征具体如表 6-3 所示（何莲珍、陈大建，2017）。

范德格里夫特（1997）把听力理解策略分为元认知策略和认知策略。元认知策略适用于各个听力任务，认知策略则因具体听力活动而异。元认知策略主要包括四个方面：① 规划：在进行听力任务前，对听力过程中可能遇到的情境或困难做出预测，并规划出合适的应对方案，如明确任务目标，确定注意力重点，对可能的问题进行准备等；② 审视：在听力任务过程中，不断地对自己的理解进行检查、对比

表6-3 听力描述语典型特征

级别	语 题	语 速	语 音	词汇短语	内容结构	理 解 目 标	附加条件
1	周围事物;儿童游戏;人物外表;服饰;个人信息	语速缓慢	发音清晰	简单用词		物体、家庭成员、数字、颜色等信息;问候语、道别语	借助图片、手势
2	日常生活;交通出行;手工操作		语音标准	常见词汇		时间、地点、事件、人物关系、爱好等信息;说话者意图	重复
3	购物;工作;熟悉的产品、国家、地区、动物等	语速较慢		正式用语		事物特征(如商品价格、材质)信息;人物、事件的逻辑关系;观点、态度、情感等	
4	社交、职业话题;个人兴趣相关话题;旅行、风土人情、名胜古迹;天气					主旨大意;论点与论据;言外之意;说话者立场	
5	社会热点问题;社会文化;专业相关问题	语速正常			结构清晰	重要细节;人物行为动机;歌词大意;观点合理性	噪声干扰
6	时事政治;公共政策;心理、环境描写			专业词汇;生僻词	结构复杂;观点隐晦	特定信息;信息的主次关系;重要概念;蕴含的哲理	环境嘈杂
7	经济、政治、历史文化等话题	语速较快	略带口音	专业术语、俚语	专业性强;含有隐喻、双关	抽象概念;关键信息;隐含意义;得体性	几乎不需要本族话者重复或解释
8	广泛话题		地区方言、口音较浓;多种英语变体	大量专业术语	内容复杂;大量抽象概念	韵律、节奏;社会影响	
9	体育赛事			俗语、行话		典故、双关语所指的文化所指;说服论策略;工作发展;事态正式原理	高端论坛、学术会议等正式场合

和修正,如对材料大意进行审视和修正,对语音语调进行合理修正,对前后文关系进行修正等;③ 评估:对听力结果进行完整性和准确性评估,发现与规划阶段的异同,寻求补救措施;④ 发现问题:对造成听力失败的原因进行反思,寻求改进的补救方法等。

而认知策略主要包括:① 推断:利用听力材料的内容来猜测不熟悉的词汇意思、预测事件结果、补足丢失信息,包括运用语音语调推理、关联词汇猜测、背景声音推理、事件关系推理等;② 演绎:利用先验知识和外部知识来对听力材料进行预测或者填补丢失信息,包括联系个人经验、利用常识、利用学科知识、逻辑思维、头脑风暴、想象联想等;③ 归纳总结:在听力过程中做头脑中或书面上的归纳总结;④ 翻译:找到复杂概念的对应母语翻译,便于理解和记忆;⑤ 重复:重复记忆关键细节信息;⑥ 做笔记:记录主要线索以帮助理解等。

6.4.2.2 阅读理解能力

英语阅读能力量表包含 1 张总表(9 个等级的认知能力和阅读策略)、6 张阅读认知能力分量表(9 个等级的理解书面记叙、描写、说明、论述、指示和交际能力描述)和3 张阅读策略量表(9 个等级的规划、执行、评估与补救策略描述)(曾用强,2017)。

基于阅读能力的维度分析和语言能力的宏观定义,专家们认为阅读能力包含阅读认知能力和策略。阅读认知能力指语言学习者和使用者阅读并处理书面材料时,运用各种知识(语言知识、非语言知识)和策略围绕材料构建意义的能力,包括识别与提取、概括与分析、批判与评价书面信息的能力。识别与提取书面信息的能力指语言使用者基于阅读材料,准确辨认、复现具体信息的能力。概括与分析书面信息的能力指语言使用者整体把握阅读材料,在比较、总结的基础上厘清信息要素关系并作出合理推断和预测的能力。批判与评价书面信息的能力是指语言使用者运用已有知识对阅读材料的内容、形式、风格及意图等作出反思、评判的能力,图6-7概括了英语阅读认知能力的结构。

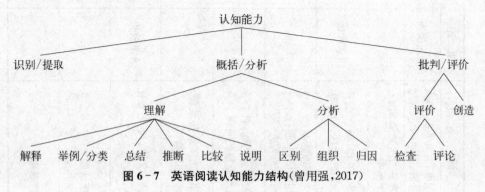

图 6-7 英语阅读认知能力结构(曾用强,2017)

大多数外语能力量表的描述语是对语言行为目标的表述。一条行为目标描述语一般包含行为主体(audience)、行为动词(behavior)、行为条件(condition)和表现程度(degree)四大要素(钟启泉、崔允漷,2008：106)。

表 6 - 4　阅读能力描述语的参数（曾用强，2017）

主要参数类型		参　数　项　目
文本类型	记叙	绘本故事、儿歌、童谣、故事、寓言、人物轶事、人物传记、小说、日记、诗歌、戏剧等
	描写	（人物、地点、场景等）描写文、散文
	说明	应用文、科普短文、说明书、报纸杂志、数据图表类材料、学术报告（调研报告）等
	论述	议论文、演讲稿、社会评论、时事评论、学术文献等
	指示	指示类短文、标识、交通指南、操作指南等
	交际	应用文、对话、书信等
话题类别		人、事、物、景、日常生活、社会生活、文化、科技、人文、时事热点、哲理等
认知能力	识别/提取	提取、找出、识别、罗列、指出等
	概括/分析	区分、辨别、归类、比较、解释、分析、总结、概括、推论、预测等
	批判/评价	评价、批判、判断、辩解、欣赏、赏析等
内容结构	语言结构	词义、句子结构、篇章结构、语言特征、修辞手法、语言得体性等
	显性信息（内容）	细节信息、具体信息（内容）、故事梗概、主要信息（内容）、主旨大意、关联信息等
	隐性信息（内容）	隐含信息（内容、意义）、写作意图、作者观点或态度、美学价值等

　　阅读理解策略指读者怎样理解一项任务，利用什么样的上下文线索，在不能理解课文时采取的策略（Block，1986），是读者为了充分理解文章，在预测、确认或解决可能出现的问题时所进行的认知活动（Aarnoutse & Schellings，2003）。阅读理解策略是通过书面方式读懂语言信息而采取的规划方案、执行手段、评估措施与补救方法。阅读理解策略与听力理解策略的基本步骤相同，不再赘述，不同之处在于获取信息的手段：前者通过眼睛看，后者通过耳朵听。

　　阅读能力量表的最大特点是并不"迎合"现有各教育阶段的实际英语水平，而是前瞻性地引导英语阅读能力的未来发展趋势，涵盖阅读文本类型、语言特征及话题分类等的层次发展要求，尤其是阅读认知能力和策略的发展目标。

6.4.3　语言表达能力和语言表达策略

　　语言表达能力是指语言学习者和使用者运用语言表达意义的能力，包括口头表达能力和书面表达能力。口头表达能力具体表现为说话人在分析情境、参与者、表达目的、交流渠道等语境因素的基础上，恰当地运用语言知识和交际策略，有效地完成口语交际任务，实现交际目的。口头表达能力量表包括口头叙述、口头描述、口头说明、口头论述、口头指示、口头交流六个方面。口头表达策略指语言学习者和使用者在完成口语交际任务时运用的交际策略，包括规划、执行、评估与补救等方面。书面表达能力通过不同的写作功能、目的和情境相互作用反映，主要体现为语言学习者和使用者撰写不同功能文本的能力。书面表达能力量表包括书面叙述、书面描述、书面说明、书面论述、书面指示和书面互动六个方面。第1级的语言学习者和使用者较少涉及表达书面指示、书面论述的能力，因此指示和论述表不列第1级，指示表未列第9级，其要求同第2—8级。根据书面表达的特点，书面表达策略包括规划（构思）、执行（撰写）和评估与补救（修改）三个方面。第1级的语言学习者和使用者较少涉及书面表达中规划策略的运用，故执行（撰写）表不列第1级。

6.4.3.1 口头表达能力

口头表达能力指语言学习者和使用者通过口头语言的方式（即说出）向一位或数位听众发表讲话或陈述，以传达自己的信息的能力（Bachman & Palmer，1996）。这种能力既包含说话人内在的语言知识，又涉及口语在具体场合中的使用。口语活动具有其独特性，如交互性、动态性、即时性等。口语量表的制定遵循三项基本原则：第一，立足中国国情，服务于中国的英语教学和测试；第二，制定便于师生理解、运用的等级描述；第三，以语言运用为导向，关注口语交际活动和显性文本特征，开展实证研究，验证量表效度。

量表采用"能做"描述语（can-do descriptor/statement）描述具体交际情境下的语言运用，而不是抽象的语言能力。因此，口语量表建设以描述语库为基础，既关注口头交际活动和完成活动所需的交际策略，也关注口语文本特征，通过描述语分级和分类的问卷调查、专家判断等大量定量、定性研究，实现描述语的量表化，这是制定语言能力等级量表的核心任务。

口语量表的描述语分类操作性框架设有三级参数。第一级参数为框架的三个主要维度，即口头交际活动、口头交际策略和口语文本特征。第二级参数将交际活动分为口头表达和口头交流，将交际策略分为规划、执行、评估与补救策略，将文本特征分为语言、语篇和语用特征。第三级参数是构建分量表的具体参数，共有17项分类（见图6-8）。

抽象的语言能力主要表现在具体语言运用之中，因此口语量表细致地描述各类口头交际活动。根据口语文本体裁对应的交际功能（Halliday，1978；Martin & Rose 2003），口语量表描述以下口头交际活动：口头叙述（如个人经历、历史事件）、口头描述（如自然场景、人物心理）、口头说明（如报告）、口头论述（如演讲）、口头指示（如指令、程序）、事务性交谈（如谈判）和非事务性交谈（如聊天）。策略能力是语

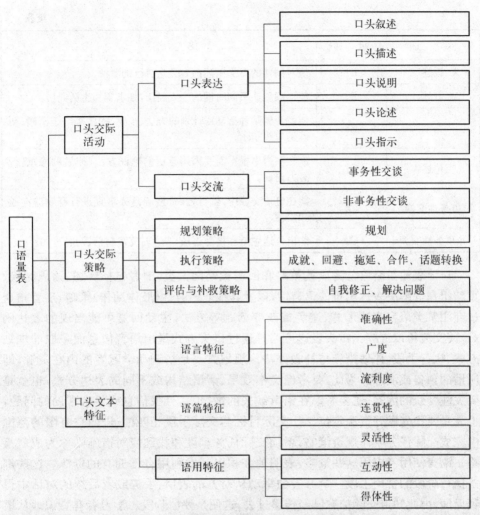

图 6 - 8 口语量表描述框架(金艳、揭薇,2017)

言能力的重要成分,口语文本特征对教学和测试具有重要的现实意义。各个级别的口头交际活动描述语示例如表 6 - 5 所示。

表 6 - 5 口头交际活动各级别描述语示例(金艳、揭薇,2017)

类 别	级 别	描 述 语
描述	A1	能口头介绍自己的基本情况,如姓名、年龄和出生地等。
说明	A2	能在有提示的情况下,简单说明常见物品的用途。
指示	A3	能在完成小组合作任务时,用简短的口头指令分配角色任务。

续表

类　别	级　别	描　述　语
论述	B1	能对同伴的口头阐述内容表达自己的看法。
叙述	B2	能详细叙述不同时期的个人经历，如求学和生活经历。
指示	B3	能就开展某种活动或计划的方法、步骤、程序等给予清晰、明确的口头指示。
论述	C1	能在演讲中根据需要采用合适的论证方法（如举例等）进行有力论证。
事务性交谈	C2	能在电话交谈中，就行程、价格等商务事宜进行有效的沟通和协调。
非事务性交谈	C3	能出色地主持和接受访谈，表达时充满自信、谈吐自如。

　　口语表达策略可分为成就策略和回避策略两大类，前者包括转述、语码转换、重新组句等解决表达困难的语言性，以及其他非语言性（肢体动作）策略，后者指通过弃用某类语言表达形式、避免或改变话题等方法，主动回避可能出现的表达困难，使交流得以继续。口头表达策略是通过口头方式说出语言信息而采取的规划方案、执行手段、评估措施与补救办法。规划方案是指调动学习者的内在资源，即所谓的预备或演练。为此，要考虑文本效果、话语结构或不同的表达方式，也就是要关注受众的因素；还要考虑在语言缺失的情况下，寻找信息或寻求帮助的问题，也就是要预先做好资源定位。让交际目标与交际手段相匹配、进而在有限的范围内完成交际任务叫作规避策略；增加交际任务难度和找到应对措施则称为成就策略。语言使用者应用这些策略，表明他在积极开发利用自己拥有的资源。这些都是执行阶段的常用手段。学习者的举动从对方的表情、手势或者后续的对话中得到反馈，由此知道交际信息已经传递过去，这便是评估阶段。学习者有意识地从语言和交际两方面检查自己的表达能力，找出自己惯有的错误并加以纠正，这就是补救阶段。

6.4.3.2　书面表达能力

　　写作认知活动的理论和实验研究产生了多个有关写作过程的认知活动模型（Fitzgerald 1987；Scardamalia & Bereiter 1991；Kellogg 1988，2001；Hayes 2012），简称为写作认知模型。从写作过程来看，所有写作无一例外都包含生成（观点形成过程）、转换（从观点到文本的语言生成过程）和修改（编辑和检查文本过程）三个子过程（Beard et al. 2009：18）。从结构来看，写作认知模型研究一致认为模型含有构思、撰写和修改三个要素（Alamargot & Fayol，2009：25）。然而由于研究视角、关注焦点等各异，不同模型在结构、功能、要素名称等方面都存在不同程度的差异，模型的结构图示也都比较复杂。为了提高写作认知过程描述的一致性和可操作性,有学者在相关研究的基础上构建了写作认知模型(见图6-9)。

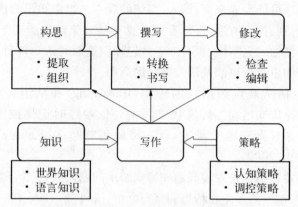

图6-9 写作认知模型(邓杰、邓华,2017)

写作过程总体而言按"构思—撰写—修改"的顺序进行,但在具体写作过程中三种活动通常交织进行,一般都是边构思、边撰写、边修改。根据写作认知模型,写作过程中的每个环节都包含两项主要认知活动且运用认知与调控策略。书面表达策略与口头表达策略的基本步骤相同,不同之处在于获取信息的手段:前者通过手写,后者通过口述。

表6-6 写作策略框架(邓杰、邓华,2017)

写作活动		认 知 策 略	调 控 策 略
构思	提取	捕捉要点:围绕话题展开想象、联想、推理等	自我规划:制定目标、明确对象、预判效果等
	组织	厘清思路:明确先后、主次、层级等逻辑关系	素材积累:查阅/摘录/补充文献、咨询/访谈、记录灵感等
撰写	转换	生成语言:同义替换、句式变换、使用主题句/衔接手段/修辞手法等	自我监控:实施构思计划、分配注意排除干扰等 实时交互:提问、澄清、确认、迂回等
	书写	促进表述:列要点、拟提纲、打草稿、画结构图等	工具利用:联想输入、图文编辑、扫描识别、语音识别等
修改	检查	发现问题:复读、审读、诊断、预演(讲稿)等	自评与他评:自我评价、同伴互评、教师批改等 自我调整:重新规划、调整语气/态度/情感等
	编辑	解决问题:纠正错误、调整结构、润色文字等	自动功能:语法/拼写改错、批量查找/替换、自动转换等

构思过程主要包含从长时记忆中提取知识形成观点和组织观点两方面的认知活动。就构思的认知策略而言，提取知识的关键在于捕捉要点，围绕话题展开联想、想象和推理，尽可能形成全面、深入、系统的观点。组织知识的作用在于厘清思路，使观点主次有别、排列有序、层级分明。这些认知策略的运用不仅有助于提升内容的丰富性和结构的完整性，也有助于减轻知识提取的认知负荷，从而提高写作的速度和效率。构思过程也涉及调控策略的运用。

撰写过程包括从观点到语言的转换（translating）和从语言到文本的书写（transcribing）两种认知活动。转换和书写主要依赖短时记忆或工作记忆，都要消耗认知资源，并且撰写难度越大，认知资源消耗越多（Kellogg，1988，1990；Alamargot & Fayol，2009）。

修改过程主要包括检查发现问题和编辑解决问题两种认知活动。修改既可能发生在撰写之后，也可能发生在构思和撰写之中；既可能是标点、拼写、语法等的表层修改，也可能是意义、结构、写作风格、修辞手法等的深层修改；既可能是为了改正错误，也可能是为了改善表达效果（Fitzgerald，1987）。

6.4.4　语用知识和语用能力

语用能力是在某社会情境中恰当使用语言的能力（Taguchi，2009），对外语环境下有效交际起着非常重要的作用。语用知识分为功能知识和社会语言学知识。功能知识指语言学习者和使用者通过识别和选择恰当的话语，将语言形式与其潜在目的相匹配，表达其交际目的的知识。语言使用的得体性是交际能力的一部分，指语言运用是否与特定语境相符，符合程度如何。换句话说，它不仅注重完成任务的能力，还注重任务完成的效果。语用能力指语言学习者和使用者结合具体语境，运用各种知识和策略，理解和表达特定意图的能力，包括语用理解能力和语用表达能力。语用理解能力包括理解说话者意图和理解作者意图的能力。理解说话者意图能力指在特定交际活动（以口语为主）中对具体言语行为所蕴含的话语意图做出解读的能力；理解作者意图指对作者在特定交际性文体（以信件为主）中所表达的写作意图的理解能力。理解作者意图表仅列第1—6级，第7级及以上的语言学习者和使用者具备第1—6级的能力。语用表达能力是说话人或写作者运用语用知识，根据不同交际场合及交际意图灵活选择相应话语，得体地表达意图的能力。表达说话意图的能力指在特定交际活动（以口语为主）中恰当表达某一言语行为及其意图的能力；表达写作意图的能力指在特定交际性文体（以信件为主）中恰当表达某一写作意图的能力。表达写作意图表仅列第1—6级，第7级及以上的语言学习者和使用者具备第1—6级的能力。

6.4.5　翻译能力和翻译策略

"翻译"就是把一种语言文字的意义用另一种语言文字表达出来（现代汉语词

典,2012)。当交际双方使用不同语言进行交互(interact)时,需要翻译作为沟通的媒介(mediation),翻译过程是理解和表达共同参与的过程,是跨文化语际中介活动,为不能直接进行跨语际沟通的交际者提供服务。翻译能力包括口译能力和笔译能力。翻译策略包括口译策略和笔译策略。口译能力是指通过口头表达形式,调用语言知识和策略将一次性的源语听力文本转换为目标语文本的跨文化语际中介能力。口译能力量表包括翻译口头叙述、翻译口头描述、翻译口头说明、翻译口头论述、翻译口头指示、翻译口头互动六个方面。因口译活动涉及的能力要求不同,翻译口头叙述、翻译口头描述、翻译口头说明、翻译口头论述、翻译口头指示只列第 6—9 级,翻译口头互动只列第 5—9 级。口译策略是指在口译学习和实践中,为解决问题或提升口译效果运用的技巧、方法或行动,包括规划策略、执行策略、评估与补救策略。口译策略、口译规划策略和口译评估与补救策略包含第 5—9 级,但口译执行策略未列第 9 级,其要求同第 5—8 级。口译策略是指通过口头方式将交际内容对应地翻译出来使用的规划方案、执行手段、评估措施与补救办法。这个程序不仅包括规划,还需要研究着手完成翻译任务的方式。规划方案是指组织和最大限度地利用现有资源。具体做法有调动先前的知识、选定翻译载体、预备词汇等。在口译过程中,译者在翻译的同时应该能预测随后的话语,即使前后两端要翻译的话相对应。译者应该记下事物的指示方法以丰富自己的词汇,并创建事先约定的"意义岛",这样能增强处理语言信息的能力,提高预测的效果。另外,译者也要运用技巧,适度规避翻译难点和翻译"卡壳"现象,但同时不能放松预测的能力,即弥补缺陷。上述过程就是执行手段。评估阶段主要针对交际行为和语言能力,旨在检查译文与原文的一致性和语言使用的连贯性。笔译是以源语文本为输入对象,目标语文本为输出产品的跨文化语际中介。笔译能力是指语言学习者和使用者在交际参与过程中表现出来的语言应用能力。笔译能力量表包括翻译书面叙述、翻译书面描述、翻译书面说明、翻译书面论述、翻译书面指示、翻译书面互动六个方面,六个方面的能力量表包含第 5—9 级。笔译策略是指在笔译学习和实践中,为解决问题或提升笔译效果运用的技巧、方法或行动,包括规划策略、执行策略、评估与补救策略。三个方面的策略量表包含第 5—9 级。笔译策略与口译策略有很多相似之处。主要差别在于前者是通过书面方式表现出来的,有时间斟酌推敲,讲求信、达、雅。

　　《中国英语能力等级量表》中所指的"语言能力"是广义的综合语言能力,笔译能力也属于此范畴之中。笔译能力包括翻译涉及的两种语言的交际语言能力(包括纯语言能力、社会语言学能力和语用能力)以及笔译策略能力,还包括综合语言能力框架下的百科知识、笔译专业知识、心理能力(如动机、焦虑等)以及职业能力(如职业道德)(白玲、冯莉、严明,2017,2018)。量表中笔译能力的构成要素包括双语交际能力、翻译策略能力、翻译知识、百科知识、心理生理主体因素、工具使用与研究能力六个子能力维度(见图 6 - 10)。

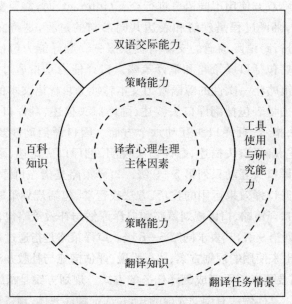

图 6-10 翻译能力构念图（白玲、冯莉、严明，2018）

此外，翻译能力还受到译者心理生理主体因素的影响。译者心理生理主体因素包括认知因素、态度因素、心理运动机制和译者信念（PACTE，2003）。认知因素是指译者通过感知翻译目标、记忆翻译信息、理解翻译要求，注意翻译动态，从而实现对翻译资源的分析与整合，运用其批判性思维和创造性思维对翻译过程进行逻辑推理。态度因素则指译者自身对翻译问题持有的强烈的求知欲，在翻译过程中表现出的顽强的毅力、充沛的精力、高度的自信以及优秀的抗压能力，能够不断地通过自我激励，最终完成翻译任务。

笔译能力量表旨在描写不同翻译水平的英语学习者的笔译能力，在笔译教学和笔译评价等方面具有可操作性。在拟定的笔译量表参数框架中，笔译能力以交际功能作为分类角度，以叙述、描写、说明、论述、指示、互动六大功能为基本参数（Halliday，2014；刘建达、彭川，2017），从典型笔译翻译活动中体现该功能典型特征。笔译策略能力可按过程分解为以下分项：规划、执行、评估与补救，与人类认知过程相符。

从上述各项技能的编排模式中可以看出，几项能力的编排是不一样的，这一点与《加拿大语言能力标准》中按照"社交互动、劝说、指令和信息"这四方面来编写的方式有所不同。听力包含了认知能力、听力策略和（非）语言知识；口语包含了口头交际活动、口头交际策略与口语文本特征；阅读包含了文本类型、认知策略和内容结构；写作包含了写作认知能力和策略；笔译包含了双语交际、翻译策略、翻译知识、百科知识、心理生理主体因素、工具使用以及研究能力。

6.4.6 自我评价量表

对于英语学习者来说,经常要反思的几个问题包括"我现在的英语水平怎样? 我希望我的英语水平提高到什么程度? 我怎么才能实现我的英语学习目标?"等 (Little,2005)。英语学习者首先要弄清楚自身现有英语水平所处的级别,要具备自我评价、自主学习的能力。量表为英语学习者提供了自我评价标准,自我评价量表用于语言学习者和使用者对自身英语能力水平的判断或诊断,包括组构知识运用能力、听力理解能力、书面理解能力、口头表达能力、书面表达能力、语用能力、口译能力和笔译能力等方面的自我评价量表。口译和笔译两个自我评价量表只包含第5—9级,其他能力自我评价量表都包含了9级。每一个学习者现有的英语水平不同,学习目标也不同,能力要求也不同。例如,简单的日常交流对语言能力要求较低,而外交层次的交流则需要较高的语言能力和交流技能。量表可通过描述语支持学习者进行自我评估,提供以学习者为中心的语言学习方法,鼓励自主学习 (Runnels,2016)。

6.5 《中国英语能力等级量表》的信度和效度

在《中国英语能力等级量表》的研制过程中,研制团队首先依据描述语可适用的对象的现状,分9个级别进行实地的问卷调研,然后利用现代测评理论和统计方法对这些数据进行统计分析,结合访谈、工作坊等质性调研手段来判断描述语属于哪个级别。最后,来自全国的各类专家、学者从未来英语学习、国家经济社会发展对外语的需求等方面进行一系列的探讨和论证,确定每条描述语的最后级别(刘建达,2017),这样确保量表既利于现状,又面向未来。量表首先对语言能力进行科学的描述,利用定性和定量分析相结合的方法对语言能力进行等级划分,采用"能做"描述的方式撰写描述语,明确、直观地对语言能力的整体、各分技能以及各等级进行描述,注重科学性、实用性和可操作性相结合(刘建达、彭川,2017)。

第7章

《加拿大语言能力标准》与《中国英语能力等级量表》的比较及启示

同样是两个国家的语言能力量表,《加拿大语言能力标准》和《中国英语能力等级量表》在很多方面都有相似之处,但是也有很多不同之处。相对于比较成熟的《加拿大语言能力标准》而言,《中国英语能力等级量表》在内容和应用上的发展可以向前者学习和借鉴,因此本章将主要从内容和应用这两方面对两者进行比较,分析讨论《加拿大语言能力标准》的优点与不足,并从中发现其对《中国英语能力等级量表》的启示。

7.1 《加拿大语言能力标准》的优点和不足

本篇第4章和第5章已经对《加拿大语言能力标准》的内容以及应用做了详细剖析,从中能看出其优点和缺点,本节将在内容和应用上就这些优缺点进行进一步剖析(见表7-1)。

表7-1 《加拿大语言能力标准》优点和不足的比较表

	内　容	应　用
优点	综合型量表	应用范围广
	结构清晰、便于理解和适应	与很多测试相结合
	描述语详细,提供了实现这些能力所需的具体交际条件,如交际的目的、交际场景	与很多职业相结合
	基于任务,每个能力每个等级都提供了任务参考	很多配套文件和衍生品
		每年都更新年度报告,追踪最新发展情况

续表

内　　容	应　　用
忽视了综合能力,如语法结构、词汇、语音、文化	单个衍生品不完善、不系统
基于任务,却未明确说明如何完成任务	衍生品之间的区别度不高
描述语的精准度存在一定问题:同一描述语在同一能力的同一等级中重复表述;同一描述语在同一能力的不同等级中的描述中有缺失现象;不同能力阶段描述语重复;描述语没有明确界定	

(第一列纵向合并单元格标注:不足)

7.1.1　《加拿大语言能力标准》的优点

本小节将对《加拿大语言能力标准》的优点从内容和应用两方面来分析。

首先,在内容上,《加拿大语言能力标准》是一个可以应用于学习、工作和社区的综合型量表,因此其内容的涵盖面很广,与学习、工作和社区场合中需要的语言能力相关。其次,它的理论基础适合当今语言的发展趋势。《加拿大语言能力标准》的理论基础是交际语言能力,强调用语言完成交际任务,而不是简单的理论学习,它不仅强调语言能力也注重语言策略。这一点与目前社会上的英语发展趋势相同,并且很多其他国家的语言能力标准(比如《欧框》)也采用了这一理论基础。再次它结构清晰,将四个语言技能(听、说、读、写)分为 12 个等级,3 个阶段,并进行分别描述,这种先分能力,再分等级,然后将每个等级的不同方面进行详细描述的编排表达模式便于语言学习者和使用者理解,也便于他们根据此量表对自己语言能力的不同技能所处的等级进行定位,发现自己在每种技能的某些方面的长处或者短处。此外,《加拿大语言能力标准》的描述语十分详细,每种技能的每个等级都包括了如下几个方面:能力概述、能力描述、交际特征和能力描述范例以及任务范例。这些要素呈现了语言学习者和使用者在真实世界中实际完成交际任务时所展现的能力,实现这些能力所需的具体交际条件(如交际的目的、交际场景、参与者、话题、时间限制、任务长度、所需的帮助等)、完成交际的特点以及举例说明某些语言任务。最后,《加拿大语言能力标准》的能力描述是基于任务的,每种技能的每个等级描述都提供了任务参考,有利于目标人群对量表的理解和使用,也与其理论基础的目的相一致,即用语言完成交际任务。

其次,在应用方面,由于《加拿大语言能力标准》是一个统一学习、工作和社区的综合型量表,因此其应用范围很广,而且与这些方面的很多行业的不同领域相结合产生了很多衍生品。在学习方面,《加拿大语言能力标准》与当地的教学大纲相结合,既指导当地的英语教学,也指导了当地的学习测试。在工作方面,《加拿大语言能力标准》与具体的职业相结合,形成一些工作场所的测试或者指导性文件,将语言与专门的职业相结合符合当今社会英语发展的趋势。例如加拿大护士英语语言能力标准评估就是以《加拿大语言能力标准》为基础的针对加拿大护士的职业测试，顺利通过此项测试是取得加拿大护士执照的必经之路。《加拿大语言能力标准》与学习、工作和社区的紧密结合不仅促进了全民英语能力的提高，也有利于提高其国民的职业素养。《加拿大语言能力标准》是一个可持续发展型量表，一直处于不断完善中，它从第一版到最新版已经存续了十几年，在此期间，加拿大语言能力标准中心对量表不断进行完善和补充，出台了一系列配套执行文件，比如《"能做"描述表》《实施指南》等，这些配套文件对于《加拿大语言能力标准》的实施具有很大的辅助作用，也促成了它如今的成功。此外，《加拿大语言能力标准》还是一个与国际接轨的量表，与很多国际测试接轨（比如托福、雅思等），得到国际测试的认可对该标准的发展以及其国际地位的提高至关重要，也有利于增强国内群众对其作用的认识。《加拿大语言能力标准》目前依然在不断更新。加拿大语言能力标准中心每年都发布新的年度报告，追踪《加拿大语言能力标准》及其衍生品的最新发展情况，总结上一年度发展情况，并对下一年度的发展做出计划，展示取得的成就并发现存在的不足，及时研究出解决方案。这种不断地完善和修正，而不是一味否定过去的发展模式值得我国量表研制者学习。

7.1.2 《加拿大语言能力标准》的不足

在本小节，笔者将从内容和应用上分析《加拿大语言能力标准》的不足之处。

首先，在内容上，《加拿大语言能力标准》只强调交际能力，而未描述语言学习者的综合能力，比如具体语法结构、词汇、语音、文化等，这就导致该标准忽视了一些基本的语言能力，因而欠缺了对一些语言综合能力的描述。它虽然描述了在某种能力的某个等级需要具备的某种素养（如世界知识等），却并没有在语言能力的描述中明确提出学习者在学习过程中，对英语的态度、动机、价值观、信念、认知方式、风俗习惯等方面的进步或改变。《加拿大语言能力标准》是基于任务的量表，但其中只说了哪些任务，没描述如何去完成这些任务（如图7-1），即使有附加一些如语境、条件的内容，也没有描述如何去完成这些任务，或表明完成的效果如何、以何种形式来完成，比如是否听懂或讲出笑话，是否写得出符合审美的文章等。换句话说，《加拿大语言能力标准》是为了完成任务而设定任务，并没有达到实际上需要的交际效果。比如"写"的第1级任务描述显示"识别字母、数字、少量单词以及与日常物品和紧急需求相关的非常简短的短语"（recognize letters, numbers, a small number of words and very short, simple phrases related to everyday objects and immediate needs)，这里只说明了任务名称，没有给出任务范例。此外，在内容描述上还有一些问题：① 同一描述语在同一等级中重复表述。这一问题体现在三方面。例如，在听力等级1中，在"与他人交谈、理解指令、完成任务和理解信息四个方面"(interacting with others, comprehending instructions, getting thing done, and comprehending information)中都重复描述了"用适当的语言或非语言方式表示理解"(indicates comprehension with appropriate verbal or non-verbal response),以及"显示出听力等级 1 中的优势和不足,正如能力概述所示";有些任务范例也在重复使用前面的描述语;此外所有的描述语都重复了前面"能力描述"中的"演示优势和弱势"(demonstrating strengths and limitations),例如"演示听力等级 1 的典型优势和弱势,如能力描述所列"(如图 7-1)。② 同一描述语在同一能力的不同等级的描述中有缺失现象。这个问题主要体现在两方面,一方面在于前一等级中的某些描述语在后一等级就没有表述了,这就对读者造成理解上的困扰,即这一等级是否具备上一等级所有的能力,比如在阅读能力的描述中,"使用双语词典"只出现在前五个等级中,在等级 6—12 中此描述便消失了,这是否说明等级 6—12 的英语学习者不需要或者不能够使用双语词典;另一方面,任务范例不够完整,只给部分描述语提供了相应的范例。比如在听力等级 1 中的能力描述有"识别要求重复的请求",任务范例为"听某人的介绍,若需要,要求重复",但是能力描述"以语言或非语言形式表示理解"却没有任务范例。四项技能的同一个阶段描述语是完全相同的,这也不甚合理,因为即使四项技能处于同一个阶段,这四个技能的能力所及范围也不一致,也就不能体现不同技能的差异性。描述语没有明确界定,标准模糊。比如没有对"简单""要求较高""语速较快"等描述语进行精确界定。

任务范例

指导家庭或公司。

指导新同事如何在工作中使用设备、机器或系统,如复印机或咖啡机,或如何通过电话系统转接电话。

指导同学如何注册课程。

图 7-1　口语等级 5 的任务范例(CCLB, 2012)

其次,在应用上的不足,即使有丰富的衍生品,但是在内容上《加拿大语言能力标准》并没有得到太多的补充,特点是多、杂、泛。虽然涉及的范围很广,但是并不深入,有些标准并不实用。如《"能做"描述表》目的是为学习者或指导者提供更详细的参考,以明白自己所处的等级需必备的能力,以及下一步进步的方向。但其中描述的任务和完成任务的条件跟《加拿大语言能力标准》中描述的内容相重合,没有更加详细或者更加丰富的解释或举例,内容上与标准中的"任务范例"没有很大的区别。另外,虽然测试多样,但不完整。例如,加拿大语言能力标准测试和等级测试二者能测评的语言能力只局限在《加拿大语言能力标准》等级 1—8 的水平,无法测评处于等级 9—12 学习者的英语能力，即没有一个测试能够衡量《加拿大语言能力标准》全部 12 个等级。《加拿大语言能力标准》各种测试工具种类繁多，但是每一个工具的广度和深度还存在很大的不足。针对上文提到的缺点，为了《加拿大语言能力标准》发展得越来越好，在此笔者提出一些不成熟的建议。建议主要从以下两个方面来改进：① 理论框架；② 描述内容。

首先，《加拿大语言能力标准》是基于交际语言能力理论的语言能力量表，交际语言能力强调的是语法知识、语篇知识、功能知识、社会语言学知识和策略能力五个方面的知识和策略，但是该标准并没有将此理论框架融入自身的标准中。因此关于理论的框架是将《加拿大语言能力标准》的内容根据其理论框架进行调整，或者找更合适的理论分析，而不是为了有一个理论框架而套上一个框架。理论框架的作用就在于指导量表的研制，而不仅仅是为了使量表看起来有理有据。

其次，《加拿大语言能力标准》的描述内容应当：① 更加精确，比如"较复杂"等概念模糊的描述词应尽量量化，避免一味重复。在能力综述中已经提及的描述语就不需要再在任务中反复提及，尤其是在任务并没有更新的时候，因为这会导致整个量表内容冗余。由于每种能力的等级是循序渐进的，因此要避免某种能力中的能力描述突然出现或消失在某个等级中，这会让学习者产生困惑——是否只有在某个等级才能具备某种能力。② 除了强调完成一些任务以外，应加强学习者综合能力的提高，如语法的正确使用、正确的发音、理解人的肢体语言以及文化意识等，这些都属于语言能力中必不可少的部分。③ 除了将每种能力分级描述以外，《加拿大语言能力标准》也应该加入四种能力的综合能力，因为每个人的四种能力不可能都处于同一个等级，但是，仍然应该界定处于某个等级的学习者大概具备怎么样的素质。不应该单纯地描述阶段 1 能完成简单的，阶段 2 能完成较简单的，阶段 3 能完成较复杂的，阶段 4 能完成复杂的语言交际和沟通任务，却又没有描述如何去完成这些任务，或表明完成的效果如何或者以何种形式来完成，比如是否能听懂或说出何种程度的笑话等。

7.2 《加拿大语言能力标准》与《中国英语能力等级量表》的比较

前文剖析了《加拿大语言能力标准》和《中国英语能力等级量表》的内容构成以及《加拿大语言能力标准》的应用，此节将对两者在内容和应用上进行比较，比较框架见表 7-2。由于《中国英语能力等级量表》刚发布几年，在实施方面还有所滞后，因此本表不对两者的应用方面进行比较归纳。

表 7－2　《加拿大语言能力标准》与《中国英语能力等级量表》的比较框架

			《加拿大语言能力标准》	《中国英语能力等级量表》
内容	研制目的	相同点	都是英语能力的衡量标准，不是英语教学大纲或测试	
		不同点	针对移民	针对国内所有英语学习者和使用者
	理论基础	相同点	都是基于交际语言能力	
		不同点	能力量表框架与理论框架不一致 理论框架包含：语言能力、策略能力和心理生理机制	能力量表框架与理论框架一致 理论框架包含：语言能力、语言知识和策略
	编排表达模式	相同点	都分能力描述，且都包含听、说、读、写四种能力	
		不同点	每种能力的 12 个等级都分别从社交互动、劝说、指令和信息四个方面描述。	除了听、说、读、写四种能力外，还包含口译、笔译、语用和组构共 8 种能力和策略；不一定每种能力都包含 9 个等级，且对每种能力从能力和策略两方面进行描述
	内容描述	相同点	都包含了语言能力和策略；且以"能做……"描述	
		不同点	基于任务 包含的任务完成条件更多，但是没有包括语法、语音等要素描述语模糊	基于使用 包含的语言活动限制条件少，却有单独的量表对非语言能力进行描述 描述语有明确界定
应用	学习上		待完善	
	工作上		待完善	

7.2.1　内容的比较

　　从前文对《加拿大语言能力标准》和《中国英语能力等级量表》总体的比较可以看出，这两者有很多共同点和不同点，在此小节中笔者也将根据上文的几个方面来比较二者内容的异同，并对《中国英语能力等级量表》今后的发展和完善提出相关建议。

7.2.1.1　研制目的的比较

本小节将比较《加拿大语言能力标准》与《中国英语能力等级量表在研制目的方面的异同》。

表7‑3　《加拿大语言能力标准》与《中国英语能力等级量表》研制目的的比较表

	《加拿大语言能力标准》	《中国英语能力等级量表》
相同点	为层次不一的英语能力提供衡量标准	
	不可取代英语测试或者教学大纲	
不同点	统筹学习、工作、社区的综合型语言能力量表	为我国英语教学、学习、测评提供参考框架
	对象是移民（移入加拿大的群体）	对象是国内全体英语学习者和使用者

从上表可以看出二者都是层次不一的英语能力的衡量标准，而不是英语教学大纲或测试。但是在研制目的上，《加拿大语言能力标准》是一个统筹学习、工作、社区的综合型语言能力量表，用于评估移民者层次不一的英语能力。而《中国英语能力等级量表》旨在为我国外语能力测评体系建设提供统一标准，为我国英语教学、学习、测评提供参考框架，促进各阶段英语教学的相互衔接，提高英语能力教学和考试的质量与功用，进而提高国家外语能力水平和学生外语能力（刘建达，2015a，2015b）。由此可以看出二者的区别，前者是一个综合性的量表，后者主要侧重于教学以及测试。当然二者的目标群体也不同，前者针对的是移民群体中学习、工作和社区的英语能力群体，即社会各界人士；而后者主要适用于各种英语学习者和使用者。由于量表对语言能力的清楚界定和描述，它对学习目标制定、学习结果测评、课程设置、教学/考试大纲编写、教材编写、教育政策制定、语言水平评定等方面都有参考意义。因此从功能上来说，前者的统筹范围，或者说影响力会更大一些。

7.2.1.2　理论基础的比较

本小节将比较《加拿大语言能力标准》与《中国英语能力等级量表》在理论基础方面的异同。

表7‑4　《加拿大语言能力标准》与《中国英语能力等级量表》理论基础的比较表

	《加拿大语言能力标准》	《中国英语能力等级量表》
相同点	基于交际语言能力	
不同点	理论框架包含：语言能力、策略能力和心理生理机制	理论框架包含：语言能力、语言知识和策略
	能力量表与理论框架不一致	能力量表与理论框架一致
	理论框架位于每种能力的每个阶段描述前	理论框架与能力量表内容融为一体

从上表可以看出在理论基础上,二者有很多异同点。首先,相同点是二者都以交际语言能力为理论基础。但即使在同一理论基础的指导下,二者的切入点也不同。《加拿大语言能力标准》是在巴赫曼提出的交际语言能力框架,即语言能力、策略能力和心理生理机制指导下,从细分出来的五个方面(语法知识、语篇知识、功能知识、社会语言学知识和心理生理机制)入手来构架整个量表的。它的最初理论框架与能力标准研发是同步的,而最新的《理论框架》甚至晚于最新版《加拿大语言能力标准》三到四年才发布,从时间上推算后者的编写没有在很大程度上依靠交际能力理论。此外,《加拿大语言能力标准》的理论框架是交际能力的五个方面,位于每种能力的每个阶段描述前,然而整个能力标准四项技能所采用的编排表达模式却是:社交互动、劝说、指令和信息。而《中国英语能力等级量表》将交际能力分为语言能力、语言知识和策略三方面,并且从该量表中可以看出,其中的每种能力也是以这三方面为指导框架。

7.2.1.3 编排表达模式的比较

本小节将比较《加拿大语言能力标准》与《中国英语能力等级量表》在编排表达模式方面的异同。

表 7-5 《加拿大语言能力标准》与《中国英语能力等级量表》编排表达模式的比较表

	《加拿大语言能力标准》	《中国英语能力等级量表》
相同点	都包含听、说、读、写四种能力	
	都分能力描述	
不同点	每种能力 12 个等级,每 4 个等级为一个阶段	每种能力 9 个等级,每 3 个等级为一个阶段
	听、说、读、写 4 种能力	听、说、读、写、口译、笔译、语用和组构 8 种能力和策略
	每种能力都分等级,各等级都从社交互动、劝说、指令和信息等方面进行描述	每种能力 9 个等级都从语言能力和语言策略等方面进行描述
	每种能力 12 个等级都有描述	每种能力 9 个等级不一定都有描述,如口译和笔译两种能力和策略都只包含 5~9 级

从上表可以看出两个量表都包含听、说、读、写这四种能力,并且每种能力都分开描述。但是二者在编排表达上的不同点更加突出:①《加拿大语言能力标准》对听、说、读、写四种能力进行分别描述,共有 12 个级别,每 4 个等级为一个阶段,在每个阶段前都对这个阶段的能力上的基本要求,即素养模型,从交际语言能力的几个方面进行描述,比如语法、篇章等。然而《中国英语能力等级量表》是从组构知识运用能力、

语言理解能力(听和读)、语言表达能力(说和写)、语用知识和语用能力、翻译能力(口译和笔译)这五个方面对其能力和策略进行描述的。它将每种能力划分出 9 个等级，每 3 个等级为一个阶段，每种能力的量表都描述了该能力的所有等级。②《加拿大语言能力标准》中每种语言能力的每个等级都从社交互动、劝说、指令和信息等方面进行描述。而《中国英语能力等级量表》的每个能力量表都是从能力和策略上进行描述的，不仅涉及语言能力，还有语用能力和组构能力。③ 在《加拿大语言能力标准》中每种能力 12 个等级都有描述，但是在《中国英语能力等级量表》中，由于某些能力对于英语能力的要求不同，不一定每种能力都有 9 个等级的描述，如口译和笔译两种能力和策略都只包含 5—9 级。④ 二者每种能力的每一个等级的描述编排结构也不一样。《加拿大语言能力标准》首先是分四种能力，其次分 12 个等级，再次对 12 个等级的四个方面(社交互动、劝说、指令和信息)进行详细描述；而《中国英语能力等级量表》也是先划分五个方面的能力，其次对每个方面的能力再进行细分，比如语言理解能力分为听力和阅读理解能力，再次对细分的能力从六个方面(记叙、描述、说明、论述、指示、交际)分 9 个等级(如果有)进行详细描述。最后对能力所对应的三个策略(规划、执行、评估与补救)分 9 个等级(如果有)进行描述(如表 7-6)。

表 7-6 《加拿大语言能力标准》与《中国英语能力
等级量表》听力描述量表结构的比较表

《加拿大语言能力标准》 听力描述量表结构	《中国英语能力等级量表》 听力描述量表结构
听力 等级 1 • 社交互动：…… • 劝说：…… • 指令：…… • 信息：…… 等级 2 • 社交互动：…… • 劝说：…… • 指令：…… • 信息：…… 等级 3 ……	听力理解能力 • 记叙(1—9 级)：…… • 描述(1—9 级)：…… • 说明(1—9 级)：…… • 论述(1—9 级)：…… • 指示(1—9 级)：…… • 交际(1—9 级)：…… 听力理解策略 • 规划(1—9 级)：…… • 执行(1—9 级)：…… • 评估与补救(1—9 级)：……

从上表可以看出，二者在能力等级的描述编排上有很大的区别，《加拿大语言能力标准》是先纵向分等级，再横向分方面描述；而《中国英语能力等级量表》是先横向分方面，再纵向分等级描述。当然二者的编排都是合理且有科学依据的，但是从应用上来看，似乎《加拿大语言能力标准》在应用上更占优势。对于一个英语学习者，尤其是初学者来说，达到一种能力的六个方面并掌握其策略的难度较大，比

如一名小学 1 年级学生可能描述能力达到 1 级,却没有论述的能力,因此不清楚该学生听力理解能力应界定为几级。因此《中国英语能力等级量表》的编排可能会给英语学习者和使用者英语水平的界定造成困难。

7.2.1.4 内容描述的比较

本小节将比较《加拿大语言能力标准》与《中国英语能力等级量表》在内容描述方面的异同。

表 7 - 7 《加拿大语言能力标准》与《中国英语能力等级量表》内容描述的比较表

	《加拿大语言能力标准》	《中国英语能力等级量表》
相同点	都包含了语言能力和策略	
	都是以"能做"的形式呈现能力	
不同点	提供了实现这些能力所需的具体交际条件,如交际的目的、交际场景、参与者、话题、时间限制、任务长度、所需的帮助等	提供了交际场景、话题、难易程度、文本类型
	不包含语法、语音等语用知识	有单独的组构知识运用能力量表,包含语法知识运用能力和篇章知识运用能力
	基于任务的	基于使用的

从上表可以看出二者在内容描述上的相同点在于两个量表里面都包含了语言能力和语言策略,且都是以"能做"的形式呈现语言能力,但是《加拿大语言能力标准》中的语言策略没有与能力量表相结合,而是体现在阶段描述前的素养模型能力描述中。它与《中国英语能力等级量表》在内容描述上更多的是不同:①《加拿大语言能力标准》在各个等级的描述中,在对体现学习者总体语言能力的语言行为进行简要的描述之后,提供了实现这些能力所需的具体交际条件,包括交际目的、交际场景、参与者、话题、时间限制、任务长度、所需的帮助等。而《中国英语能力等级量表》中每种能力的每个等级都包含了交际场景、话题、难易程度、文本类型。② 前者是基于任务的,后者是基于使用的,因此前者的描述中有大量的任务以及任务范例,后者描述形式为"能……"。③《加拿大语言能力标准》只针对交际能力,而未描述语言学习者的综合能力,比如具体语法结构、词汇、语音、文化等等;而《中国英语能力等级量表》中有组构知识运用能力量表,包含语法知识运用能力(语音系统和书写形式知识运用能力、词汇知识运用能力和句法知识运用能力)和篇章知识运用能力(修辞或会话知识运用能力、衔接知识运用能力),以及语用知识和语用能力量表,语用知识包含功能知识和社会语言学知识,语用能力包含语用理解能力(理解说话者意图和作者意图)和语用

表达能力(表达说话意图和表达写作意图)。换句话说,后者不仅包含了语言能力,还包含了语言知识和语言策略,这些都是完成语言任务必不可少的要素。④《加拿大语言能力标准》中的描述语比较模糊,比如"语速适中""语速较快"等;而《中国英语能力等级量表》听力理解能力量表中对语速快慢进行了界定:英语语速较快标准约为140—180 词/分钟;英语语速正常约为 100—140 词/分钟;英语语速较慢约为 80—100 词/分钟;英语语速缓慢约为 60—80 词/分钟。口译能力量表的界定为:英语语速较快约为 140—180 词/分钟;英语语速正常约为 100—140 词/分钟;汉语语速较快约为 160—220 字/分钟;汉语语速正常约为 120—160 字/分钟。

7.2.2　应用的比较

相对于其他的量表来说,《加拿大语言能力标准》最大的一个亮点在于其后续不断地更新,有《理论框架》《"能做"描述表》等对语言能力量表的内容进行更加丰富的解释,这些对于量表的理解和使用都起到至关重要的作用。此外,加拿大语言能力标准中心以及其他加拿大的组织机构还不断地将学习、工作、生活中需要的其他标准以及测试,比如加拿大护士英语语言能力标准评估、加拿大语言能力标准等级测试等与量表相结合,让《加拿大语言能力标准》作用的影响力达到最大,真正做到对学校的教材大纲有影响,对就业有指导作用,并且取代国内各种水平参差不齐的测试工具。与其他量表一样,《加拿大语言能力标准》还与国际测试雅思、托福接轨,扩大了自身的知名度和可推广度。

2013 年加拿大语言能力标准中心专门制定了《"能做"描述表》(CCLB, 2013),该描述表是以《加拿大语言能力标准》等级 3—4 的语言水平进行编写的,用于指导指导人员和学员对已经取得的量表等级加以解释,并为之后的能力发展提供指导。其图文结合的方式也使受众更加清楚该等级应完成什么样的任务,详见图 5-3。

另外,正如前文提到《加拿大语言能力标准》与学习、工作、生活方面都有很多联系,有很多延伸的标准或者测试,比如加拿大语言能力标准测试、加拿大语言能力标准等级测试。但是这二者能测量的语言能力只局限在量表的等级 1—8,未涉及如何测评处于等级 9—12 的学习者的英语能力。《加拿大语言能力标准》各种测试工具种类繁多,但是每一个工具的广度和深度还存在很大的不足。由于《中国英语能力等级量表》发布时间尚短,在应用方面还有待今后时间的检验。

7.3　《加拿大语言能力标准》对《中国英语能力等级量表》的启示

建立我国外语能力等级量表是提升国家软实力的需要,是深化考试招生制度改革的需要,是促进我国外语教育教学的需要,是促进科学选才、教育公平的需要,也是构建终身学习体系的需要。

7.3.1 内容的启示

《加拿大语言能力标准》是一个非常完整的语言能力量表,后续的每年都有更新,衍生品也十分多样和健全,尽管它存在各种各样的不足,但不可否认,《加拿大语言能力标准》以及其他的一些量表对《中国英语能力等级量表》有着十分重要的启示。但是学习国外的东西并不意味着一味地照搬,应当基于《加拿大语言能力标准》的优点进行学习,并想出办法规避其缺点。

7.3.1.1 立足国情

第一,《加拿大语言能力标准》基于加拿大国情,并根据社会需求变化不断进行调整,每年都有对其使用情况的报告,这可以给我们一定的启示。我国须立足于中国国情和现状,根据我国英语教学和测评的实际情况,基于现代先进的语言教学、学习和测评理论,从社会和时代发展的新需求出发,注重量表的科学性、实用性和可操作性,以科学严谨的学术态度,力求服务教育、服务考试、服务社会(刘建达,2015a)。

第二,加拿大政府意识到如果教育机构、雇主、学习者使用同一个标准化框架,那么对移民语言能力的评估和分级就会变得简单。为满足这些需求,所有利益相关方创建了《加拿大语言能力标准》这一方便使用的工具。这和我国《中国英语能力等级量表》创立的初衷是一致的,但我国与欧美不同,量表的出发点不是为以英语为母语的学习者和使用者服务的,而是为英语为二语的学习者和使用者服务的,这是我们需要注意的。

第三,加拿大有多种外语能力考试,这些考试自成一体,名称、等级、标准各不相同,社会上使用起来很不方便,从这里我们可以得到的启示是,要用我国的《中国英语能力等级量表》来统一我国的英语测评体系。

7.3.1.2 理论与量表融合,与时俱进

第一,要借鉴《加拿大语言能力标准》强调以学习者为中心、基于使用的特点,以任务为基础、结合社区、生活、工作、学习的理念(蒙岚,2014)。鉴于《中国英语能力等级量表》的理论基础也是交际能力理论,因此理论一定要在量表中有体现,要以理论指导量表的编写(刘建达、韩宝成,2018)。理论框架的作用仅在于指导量表的研制,而不仅仅是为了使量表看起来有理有据。语言能力也要分为综合能力和专业能力,拥有一定程度的综合能力才能达到专业能力的要求。

第二,加拿大语言能力标准中心用了 20 多年的时间来对此量表进行不断制作、修改和完善,其中调查民意后的修改以及理论框架的发布尤为重要,因为这表明《加拿大语言能力标准》的制作是一个透明的、科学的过程,并且有据可依,在研

制过程中受到大众的关注，因此在它公布实施后，也自然而然地更容易为大众所接受。我国的《中国英语能力等级量表》还有很长的路要走，在修改和完善的过程中尤其需要用民意调查的方法。这样才能让《中国英语能力等级量表》更接地气、发挥更大作用。

7.3.1.3　整合语言能力和非语言能力

第一，在内容上，语言能力包括语言理解（听、读）和语言表达（说、写），还有语用能力（比如口译、笔译）。不仅如此，语言能力还应包含非语言能力和策略，换句话说，就是只有在特定情境中运用某种或多种语言能力才会表现出来的那种能力。这一点《加拿大语言能力标准》做得还不到位，我国需对此引以为戒，因此，我国量表中对这些非语言能力的描述就是重难点，比如在语用能力中的社会语言学知识第2级规定的"初步了解英美语音的主要差异"，第3级规定的"初步掌握一般社交场合用语的文化规约"等都体现了我国量表对于非语言知识的重视。交际活动、语言知识和策略运用的描述是三条最基本的量表制定路径（朱正才，2015）。《中国英语能力等级量表》要符合我国对英语的需求。我国现阶段处于文化繁荣的时期，也是对外传播中国文化的黄金时期，因此我们的语言技能不仅有听、说、读、写，还有译（包括口译和笔译），以便将中国博大精深的传统与现代文化发扬出去。这在《中国英语能力等级量表》等级的第5级中已经开始体现。

第二，《加拿大语言能力标准》给我们展示了三个语言使用环境：学习、工作和社区场所。我国量表中非语言能力的任务设计也考虑了这一点，在语用能力中就对特定语境这一点进行了限制。比如在语用能力中的社会语言学知识第1级规定的"了解日常交际场合的基本礼貌用语"，第2级规定的"了解非正式信函的写法"等。

7.3.1.4　采用"能做"描述语

在量表任务或者语言能力的描述方面，《加拿大语言能力标准》只列出了任务，但没有明确如何完成及完成的效果。因此在《中国英语能力等级量表》的完善中，不应该像《加拿大语言能力标准》提出的任务那样，只提出完成怎样的任务，也应注明完成的效果，以及完成任务的要求。正如个人标准与质量办公室（2014）提到的，每条描述语应包含三个要素：① 表现，即语言行为本身；② 标准，即语言表现的内在质量；③ 条件。比如语法是否正确，语音是否标准，表达是否地道流畅等，这些都是衡量语言能力不可或缺的部分。另外能力描述词也应该尽量准确，而不是使用"较困难"这类十分模糊的形容词。量表应该采用"能做"描述语，描述具体交际情境下的语言运用，而不是抽象的语言能力。这一形式在《加拿大语言能力标准》和《欧框》等中都有应用，但要注意避免和前者犯同样的错误，"能做"描述语不应该只是重复描述语而已。并且，除去口头语言和书面语言之外，我们也要强调肢体语言和意识形态（如跨文化意识等），只有将英语学习到这种程度才能应对国际化给我们带来的挑战。

7.3.1.5　能力描述方面的启示

此外，《中国英语能力等级量表》在其能力描述方面也能从《加拿大语言能力标准》中得到一些启示。我国的量表在正式发布前，也做了很多完善工作。

1. 听力方面

在听力方面，有学者研究发现，部分学习者认为描述语存在清晰度、逻辑性和确定性的问题，因此我们在这方面的描述语也尽量做到了语意清晰、通俗易懂、更加简洁，避免冗余和过多的专业术语（张洁，2017）。并且正如上面所说，在听力方面的描述也尽量做到了不仅包括语言能力，还包括非语言能力以及策略。此外，《中国英语能力等级量表》已经吸取《加拿大语言能力标准》描述语的教训，详细描述须完成的任务的难度，比如听力的语音材料或者对话的语速、发音及正式程度。《中国英语能力等级量表》的听力能力量表基本上遵照了以下八个维度：听力活动、话题、语速、语音、词汇短语、内容结构、理解目标、附加条件（何莲珍，2017）。

2. 口语方面

在口语方面，描述语建库需要考虑描述语的代表性，选取合适的样本，并根据建库目的，确保结构合理。其次，描述语撰写、修订、审定和翻译需要遵循一定的语言规范。最后，描述语撰写和修改过程中应有针对性地增强研发者的语体意识，使其了解、注重描述语的语言特点和规范（揭薇，2017）。并且和听力描述语一样，也要用便于学习者和使用者理解的通俗易懂、简洁的语言。此外要注意的是，我们目前的大学英语四六级、英语专业四八级，都没有对口语有明确的要求，只有四六级达到一定分数的学生才能参与口语考试，这也就在无形当中给学习者一种口语不重要的暗示。因此我们应该加大英语能力测试中对口语的关注度。《中国英语能力等级量表》的口语量表已经包含了口头交际活动、口头交际策略和口语文本特征（金艳，2017），可以证明我们已经注意到了《加拿大语言能力标准》的一些不足。

3. 阅读方面

在阅读方面，听、说、读、写、译五项能力中，我国学习者最擅长的就是阅读，这也是我国许多专家学者经过试验得出的结果。但是我们在这方面也存在缺点，我国学习者的阅读主要集中在应试考试的阅读材料上，但是当阅读真实生活中的阅读材料，比如英语原版报纸或书籍时，却遇到很大困难。其部分原因在于：① 我们平时的阅读材料是经过专家或学者筛选过的，语言也并不是从英文原版中摘抄或节选的；② 每个测试所涉及的阅读话题都差不多，学习者或应试者平时只要多积累相关词汇便可以应对；③ 材料不符合顺应时代要求的英语思维或文化，即使向学习者介绍了材料背景知识，他们也不一定理解，即使理解了也不一定能内化，或者是这些背景知识早就已经过时，毕竟对多数人来说，外国人的思维或文化离自己的生活还是有一定距离的。因此在阅读能力的描述方面就要对国外的近况、文化等有所要求，并且吸取《加拿大语言能力标准》的教训，对于阅读材料的种类也应该随着能力等级的升高有所区别，比如初级的可能是日常对话，高级的可能会涉及欣赏英文原版小说或者戏剧等，并不是仅仅局限于一些正式的文本。总而言之，《中国英语能力等级量表》基本上在文本类型、语言特征及话题分类三个方面都表现出了随着能力和等级的不同而产生的不同（曾用强，2017）。

4. 写作方面

在写作方面，《中国英语能力等级量表》写作量表的描述语来源有很多，主要是国外量表，如图 7-2 所示。既然是参考其他量表，就要取其精华，去其糟粕。我国的量表也积极融入时代的特点，目前的写作不仅是笔头上的，也包括其他的方式，如电脑写作等。并且每个等级的语言描述都包含语言行为、标准以及条件。

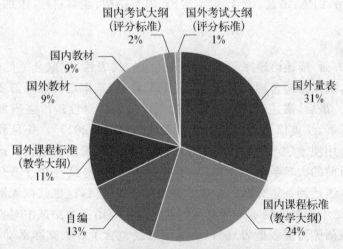

图 7-2 《中国英语能力等级量表》写作策略
初始描述语来源分布（邓杰，2017）

5. 翻译方面

在翻译方面，《加拿大语言能力标准》没有体现。这一方面的能力是国外其他量表所没有的，但是翻译能力符合我国目前的文化交流大背景，是我国文化输出的必然要求。因此，在这一方面需要做出更多的努力。翻译分为笔译和口译，涉及双语交际能力、翻译策略能力、翻译知识、百科知识、心理生理主体因素、工具使用与研究能力六个子能力维度（白玲，2018），这些都是完成翻译必不可少的部分，因此在翻译能力的描述语中也基本包含了这些。

7.3.1.6 提高《中国英语语言能力等级量表》的认可度

提高全民特别是专业人士、一线教师对《中国英语能力等级量表》的认可度，有助于做好该量表的推广工作,《加拿大语言能力标准》正是因为在加拿大国内的推广工作进行得非常好,才使其适用范围如此之广。要提高认可度,首先就要让人们知道这个量表的存在,并且看到这个量表的价值,比如跟国际认可的语言测试托福和雅思等的接轨,使《中国英语能力等级量表》的某个等级对应这些测试的某个分数段才有利于人们对这个量表的使用和推广,也有利于我国英语走上国际化的道路,目前我国的量表也已和这些测试机构建立了合作关系。此外,还应加大对一线工作教师的培训,使英语教师具备较高的语言评估能力(蒙岚,2014)。

7.3.1.7　提高信度和效度

量表研制一定要注重信度和效度,量表的科学性是经过专家学者的实地调研与考察,并经过试运行得出的成果。《加拿大语言能力标准》在信度和效度上的经验值得我们学习,其1996年的第一版到2012年的最新版经过了长达16年的修订与完善。此外,在加拿大语言能力标准中心每年发布的上一年年度报告中,包含了《加拿大语言能力标准》在上一年的实施状况、取得的成就和存在的不足以及下一年度的计划等。因此量表后续的更新与发展也是非常重要的,新事物的产生与发展必定会遇到各种阻碍,那么专家们要做的事情就是不断地对量表进行更新,而不是所谓的"改革"——把以前的东西完全否定,出台一个全新的量表。我们要在第一版量表的基础上进行不断完善和修改,使之更全面、更科学。

7.3.1.8　提高教师素质

《中国英语能力等级量表》对我们英语教师也提出了新的挑战,为了应对这些挑战,英语教师们应做好以下准备:① 教师应储备好四个方面的知识:英语语言知识、英语语言的应用技能知识、培养学生学习策略的知识和跨文化交际的知识。② 教师要相信学生的自主学习能力,并在适当的时候给学生鼓励、帮助和指导。教师应体现较高的组织能力,既要保证口语交际的顺利进行,又要防止训练过程的失控,使口语课成了单纯的策略训练课。同时,教师在不同的教学阶段,还应分别起到观察者(observer)、顾问(consultant)、督促者(prompter)和评价者(evaluator)的作用。③ 教师应系统学习外语教学理论:如语言学、教育学、教育心理学等。④ 教师应培养学生能被人理解的、有效交流的语言能力。⑤ 教师应为学生设计各种真实的交际语境(如询问地址、出生日、年龄、电话号码;时间、日期、金钱、学校环境、教室物品、社区设施、日常表现;工作和职业、婚姻状况、家人、住房、食品的喜好;天气、衣着、季节等),布置各种真实的交际"任务",让学生在真实的交流中学会流畅地、全面地、自动地使用相关的、适当的固定表达、语法和词汇。⑥ 教师应培养学生对特定的学校、工作场所和社区情境的"脚本"(scripts)和相应的口语话语格式的了解。⑦ 教师应培养学生习得相关的元语言和元认知知识和技能:怎样及如何陈述,怎样最好地记忆短语和表达式。⑧ 教师应培养学生恰当的、有效的非言语交际行为能力。⑨ 教师应培养学生的团队合作精神，学会在组内合作解决口头语言问题和作出决定。⑩ 教师应熟练运用多种教学模式和教学手段，尤其是多媒体和口语课堂教学相结合的教学模式（鄢家利，2007）。

7.3.2 应用的启示

前文提到，目前国际社会的英语教学流行趋势是将英语与专业学科相结合，发展专门用途英语。它又被细分为学术用途英语和职业用途英语。1980 年在我国国家教委（今教育部）的支持下，《公共英语教学大纲》正式颁布，这是改革开放以来的第一个大学英语教学大纲，它把大学英语教学定位在专门用途英语领域（李荫华，1987）。经过多年的发展，2013 年 1 月，高等学校外语专业教学指导委员会制定了《上海市大学英语教学参考框架（试行）》（下称《框架》）（教指委，2013），明确规定"专门用途英语"和"学术用途英语"是上海高校大学英语教学的主要内容，提出了"提高学生用英语直接从事本专业学习、工作的能力，并使其在专业领域具有较强的国际交往和竞争能力"这一新的大学英语教学目标。上海有 26 所高校积极响应，经过前期准备工作，2013 年 9 月，以专门用途英语为核心的大学英语改革试点工作正式开始。

2018 年，经国家语委语言文字规范标准审定委员会审定通过，《中国英语能力等级量表》由教育部、国家语言文字工作委员会正式发布，将作为国家语委语言文字规范自 2018 年 6 月 1 日起正式实施。量表规定了中国英语学习者和使用者的英语能力等级，描述了各等级的能力表现特征，目的是为我国英语测评、教学和学习作参考。但是要提高国民的英语能力水平，一个单独的外语能力标准是不够的，还要有很多配套的学习和工作测评体系和工具，换句话说就是将《中国英语能力等级量表》与学习和工作相结合。

然而，由于目前我国还很少有将外语能力标准与专门用途英语相结合的案例，因此我们需要向在应用方面相对成熟的国外量表学习。从第 5 章所论及的《加拿大语言能力标准》在学习和工作上的应用可以看出，该标准的应用非常广泛，且与专门用途英语的结合十分紧密，值得我国量表学习。因此本小节将从其在专门用途英语的两个方面：学术用途英语和职业用途英语的应用中的经验进行分析，为《中国英语能力等级量表》与专门用途英语相结合提供建议。

7.3.2.1 学习应用的启示

《中国英语能力等级量表》在学习应用的启示可分为以下两方面。

1. 出台与国际接轨的学习测试

我国大学英语四六级考试应该与国际测试（比如托福）接轨。当下将我国四六级考试的分数和国外量表（如《加拿大语言能力标准》）的某个等级相对应的研究并不多见，但是从上述分析来看，《加拿大语言能力标准》对我国的外语能力标准又极具参考性,因此笔者在综合分析前人研究的基础上,探究了我国大学英语四六级考试和《加拿大语言能力标准》相对应的一个关系。

　　大学英语四六级考试作为国内较为权威和标准的大规模英语考试,主要针对已经完成高中基础阶段学习后的在校大学生,对他们的语法结构和词汇用法的掌握及运用程度进行考核。通过大学英语四六级考试来检验他们的英语水平是否合格,也是国内大部分企业机构进行英语水平衡量及人才选拔的重要依据之一。因此为促进四六级考试走出国门,国内有很多专家学者都对主要的英语测试进行了比较,如中国的大学英语四六级和托福(见图 7-3):

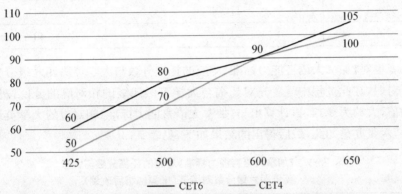

图 7-3　大学英语四六级与托福分数对照(来源网格)

　　1) 四级与托福

　　① 四级达到及格线 425 分,则托福基本能达到 50 分;

　　② 四级达到中等分数线 500 分,则托福基本能达到 70 分;

　　③ 四级达到中上等分数线 600 分,则托福基本能达到 90—100 分;

　　④ 四级达到 650 分以上,则托福基本能达到 100 分以上。

　　2) 六级与托福

　　① 六级达到及格线 425 分,则托福基本能达到 60 分;

　　② 六级达到中等分数线 500 分,则托福基本能达到 80 分;

　　③ 六级达到中上等分数线 600 分,则托福基本能达到 90—105 分;

　　④ 六级达到 650 分以上,则托福基本能达到 105 分以上。

　　加拿大政府为帮助更多人移民到加拿大,因此在语言方面组织移民和就业服务中心(Immigration and Employment Services Incorporation)将各种世界主流的测试与《加拿大语言能力标准》进行对比分析和匹配,让移民在未参加加拿大语言能力标准测试的情况下,清楚地知道自己处于哪个语言能力等级,从而更有针对性地报考《加拿大语言能力标准》等级考试。表 7-8 是南安普敦大学对《加拿大语言能力标准》等级和托福分数所做的对比:

表 7-8 《加拿大语言能力标准》等级与托福分数对照表（来源网络）①

水 平	《加拿大语言能力标准》等级	托 福 分 数
高级 2	9＋	113＋
高级 1	8	100
中级 2	7	77
中级 1	6	68
初级 2	5	61
初级 1	4	41
无	3－	40－

笔者也对《加拿大语言能力标准》对应的托福分数与大学英语四六级分数分数进行了对照，在此过程中笔者先对托福与大学英语四级的相对应的分值按比例取出平均值，大约为 0.14，再计算出与《加拿大语言能力标准》相对应的大学英语四级的分数，六级亦是如此，最后得出的结果如下（见表 7-9）：

表 7-9 《加拿大语言能力标准》对应的托福分数与大学英语四六级分数对照表（来源网络后改编）

托福分数	41	61	68	77	100	113
大学英语四级分数	292.9	435.7	485.7	550	N/A	N/A
大学英语六级分数	273.3	406.7	453.3	513.3	666.7	N/A
《加拿大语言能力标准》水平	初级 1	初级 2	中级 1	中级 2	高级 1	高级 2
《加拿大语言能力标准》等级	4	5	6	7	8	9

注：N/A 表示已经超出了大学英语四六级考试的分值。

从上表中我们可以得出的结论是：第一，国内大学英语水平测试能检测出来的学生的语言能力是有限的，大学英语四级最高分能对应的等级低于《加拿大语言能力标准》等级 8，大学英语六级最高分低于《加拿大语言能力标准》等级 9，测试更高级的语言能力是超出大学英语等级考试评估范围的。这些都充分体现了大学英语等级测试的不足，进而也影响到我国学生英语能力的提高，因为国内没有更高的衡量标准。

---

① 详情请见：http://www.itc-canada.com/language_equivalency_charts.htm，2017/8/23download.

这表明我国目前的大学英语等级测试是不完善的,无法测量完整的语言能力等级,并且如上所述,大学英语四六级对口语的重视程度较弱,是不利于外语学习者综合能力的全方位发展的。因此,目前《中国英语能力等级量表》已与国际著名等级考试,如托福、雅思建立合作关系,旨在提高我国外语能力量表的国际认可度和实用性。此外,专家们也正在研发与《中国英语能力等级量表》相配套的统一英语测试体系,不只是测试工具,还要整合我国各阶段各项英语考试,以避免各种考试自成一体,产生名称、等级、标准各不相同的乱象,对学生和老师的使用造成不便。量表的研制应评价综合语言运用能力,将《中国英语能力等级量表》与学习测试相结合,以满足毕业、升学、就业、出国等多元化需求。此外,不仅要在国内各个测试之间建立对应关系,我国的量表还要与国内外著名的等级测试工具之间建立合作对接关系。

4.0	4.5	5.0	5.5	6.0	6.5	7.0	7.5	8.0	8.5	9.0	雅思

0—31	32—34	34—45	46—59	60—78	79—93	94—101	102—109	110—114	115—120		托福

低于 A1		A1	A2	B1	B2	C1	C2	《欧框》
		基础使用者		独立使用者		熟练使用者		

1	2	3	4	5	6	7	8	9	《中国英语能力等级量表》
			E				A		

图 7‑4 《中国英语能力等级量表》与国外著名量表和等级考试对接图

2.《中国英语能力等级量表》在其他学习应用上的启示

第一,《加拿大语言能力标准》在学习的应用上不仅有测试,还有很多其他的与学习有关的工具。比如对于英语能力不足的学习者制定了《读写能力量表》,为衡量这些群体的英语能力提供了工具,并且此量表在加拿大得到广泛认可。在作者阅读完《中国英语能力等级量表》后,意识到我国目前还有很大一部分群体不能达到量表对于英语学习者和使用者的要求,并且这种情况会随着地域差异而更加明显,尤其是在经济和教育水平比较低的农村或偏远地区。此外《中国英语能力等级量表》中有些能力对英语能力的要求相对较高,比如口译和笔译,这两种能力只有5—9级,在量表中给出的原因是"由于口译(笔译)能力建立在一定的双语能力基础上,口译能力总表的初始级别定为第 5 级……",这表明我们很多的英语学习者和使用者的英语能力未达到翻译的基本要求,那么在达到翻译能力要求之前,这些英语学习者和使用者的翻译学习目标和进步方向是不明确的。这对《中国英语能力等级量表》的启示在于,我们也应该学习加拿大的《读写能力量表》,为未能达到

《中国英语能力等级量表》初始能力等级的英语学习者和使用者提供一个指导性文件，以供其参考，指导其进步和提高。

第二，《加拿大语言能力标准》有配套的《实施指南》，目的是为了指导其在教学上的实施，比如开发课程大纲、编写教材、制定测试等，面向的人群主要是学校或者教育机构、教材编写者等教育专业工作者或者相关人员，目的是为了方便《加拿大语言能力标准》在课堂上的应用。而《中国英语能力等级量表》的目标是统筹教学、学习和测试，因此将其与这三方面相结合是必不可少的。然而由于我国的《中国英语能力等级量表》于 2018 年 6 月 1 日才开始实施，在实施过程中必定会遇到各种问题，比如如何将其与课程大纲、测试等结合的问题。并且目前社会上大多数人对于《中国英语能力等级量表》的本质还不太了解，误认为其是取代大学英语四六级的测评工具，或者是取代《教学大纲》的政策性文件。这些现象都表明有必要出台一个官方的《实施指南》，一方面可以增强社会人士对于《中国英语能力等级量表》的认识与了解；另一方面可以有效地指导该量表在教学、学习和测试上的实施。采用简单易懂的说明性文件对使用《中国英语能力等级量表》的教师或者学生进行指导，让学生和教师清楚该生处于哪一个英语水平，并确定今后的学习方向。

第三，《"能做"描述表》是为《加拿大语言能力标准》等级 3—4 语言能力水平的学习者编写的语言任务描述性文件，文件形式包含文字和图片，内容是以简单的语言描写的四种语言技能（听、说、读、写）的 12 个等级的语言任务，目的是供英语能力水平较低的英语学习者和使用者参考，指导其了解自己目前所处语言能力水平，即能完成怎样的语言任务，以及下一步提高的方向，之后可以完成怎样的语言任务。这样的任务描述方式以及语言表达方式对于英语初学者，尤其是学生，有很大的指导作用，并且也让他们更加了解《加拿大语言能力标准》。我国目前的外语能力量表虽然有中文版，且大多描述语是"能……"，但没有一些典型的例子给读者以更直接的感受，这可能造成一种错觉，让读者误以为自己能达到或者达不到某个语言等级。因此笔者在此呼吁我国《中国英语能力等级量表》也应该出台一个配套的补充性文件，并且以英语范例的形式展现出来，给读者更直观的感受。

第四，除了从《加拿大语言能力标准》的教育类衍生文件中得到启示外，我们从其学术用途英语应用上也获得了启示：①《中国英语能力等级量表》应与学校教材和大纲相结合。虽然该量表既不是教材大纲，也不是教材政策，但其可以作为一个"标尺"，指导不同地区，甚至不同学校的教材和课程。比如某校大一年级的教材大纲应处于《中国英语能力等级量表》的中级（4—6 级）水平，应参照这个能力范围进行设计。②《中国英语能力等级量表》应与特定学科相结合。学术用途英语又细分为通用学术用途英语（English for General Academic Purposes，简称 EGAP）和专门学术用途英语（English for Specific Academic Purposes，简称 ESAP）。前者主要训练学生各科通用的学术口语交流能力和学术书面交流能力，如听讲座、做笔记、报告展示、撰写文献综述和课程论文、参加学术讨论等能力。后者是以某一特定学科的特定语言(如金融、法律、工程、医学等)为内容的英语教学,但主要注重这一学科的特定语言(如词汇、句法、篇章、体裁)和工作场所交流技能的教学。为确保学生在课堂上学习的知识具有一定的实用性和科学性,首先要保证这些课程使用的教材和授课方式的真实性。以商务英语这一学科为例,其对学生听、说、读、写、译方面的语言能力,以及语言活动和语言策略的要求和培养都应符合《中国英语能力等级量表》的要求。其次要能够给学生和老师提供真实的、科学的教材和教学环境。授课的教材应取材于真实的商务活动材料,不只是专家凭理论和经验设计的文本。要为学生和老师提供尽可能真实的商务活动场合和授课环境。授课教师要参加过真实的商务活动,并有专业的商务背景知识。

7.3.2.2 工作应用的启示

《中国英语能力等级量表》在工作应用的启示可分为以下两方面。

1. 多样化的工作测试

统一的测评体系并不意味着只有一个测试系统,而是不同的测试系统采用一个共同的标尺,也就是语言能力量表。目前我国的英语测试主要是针对在校学生的英语能力水平测试,社会人士能参与的英语测试大多是国外的英语等级考试,如托业、剑桥商务英语考试等。因此我国英语测试的受众群体需要进一步扩大,不仅针对在校生,也应包括社会各界人士。但是与针对在校生的英语测试不同的是,用于工作场合的英语测试要求更高。即使不同岗位之间对英语能力要求都有共通之处,但这仅限于基本技能,每个岗位对英语能力都有特殊要求,比如法律英语和医学英语对从业人员的要求就大相径庭。因此我们也需要多样化的测试来帮助不同职业或岗位衡量其从业人员的英语能力。《中国英语能力等级量表》为各类英语考试提供能力层级定位的参照,通过将不同考试的分数和等级与量表对应,帮助社会更好地理解不同考试的结果,促进多种学习成果的沟通互认。并且这些测试也应该是基于《中国英语能力等级量表》的衡量标准和指导原则,以便不同测试之间能够建立对应关系,真正做到"车同轨、量同衡"。

以加拿大护士英语语言能力标准评估为例,它是一种职业特定的英语语言评估工具,创立于 1994 年,至今已有二十几年历史,用于评估在护理环境下,非英语为母语的、受过国际教育的护士的英语语言水平。其独特之处在于它是目前加拿大全国唯一的语言能力评估工具,用于评估交际语言能力,使每项技能与《加拿大语言能力标准》水平相匹配,并针对考生的口语和写作的产出技能(productive skills)的优势和弱点提供具体的个性化反馈。加拿大护士英语语言能力标准评估测试四项技能:以听、说、读、写来评估交际能力,听、读和写三部分是以集体测试的形式进行,时长 180 分钟;听力为单独测试,时长 30 分钟。每人至多只有三次考试机会。在加拿大要想拿到护士执照就必须通过这个考试,这意味着达到《加拿大语言能力标准》听力 10 级、口语 8 级、阅读 8 级、写作 7 级（Speaking，CLB Benchmark 8；Listening，CLB Benchmark 10；Reading，CLB Benchmark 8；Writing，CLB Benchmark 7），而这只是在加拿大获得护士执照的其中一个步骤。将语言与具体职业联系在一起，发展职业用途英语，符合目前的全球英语专门用途化的发展趋势。因此除了应与学术用语英语结合以外，《中国英语能力等级量表》在后续实施过程的应用中也需要与职业用途英语测试相结合。

目前我国英语学习者能参加的职业用途的英语测试有美国的托业、英国的剑桥商务英语考试等，但是这些测试不能广泛地为我国的特定职业所用。虽然我国也有很多职业测试，比如中小学教师资格证国家统一考试（简称 NTCE）、注册会计师考试（Certified Public Accountant Exam，简称 CPA）、国家司法考试（National Judicial Examination，简称 NJE）等，但是将英语与职业相结合的测试却很少。这不利于我国全民提高英语能力，也不利于全民综合素质能力的全面发展。

因此，对不同职业的从业人员展开英语水平测试，能提高其对英语能力的重视，也能提高全民的英语能力水平。为此国内专门组织了"中国专门用途英语委员会"，很多专家学者还开展了专门用途英语跨学科论坛，主张将多种专业相结合，如医学和英语翻译，甚至是将工作中的不同领域（比如葡萄酒业、冶金业）中的专用术语与英语相结合。并且，随着时代的变化，职业种类也在变化，因此在今后《中国英语能力等级量表》也会与更多职业相结合，以适应时代的需求。

从加拿大护士英语语言能力标准评估对《加拿大语言能力标准》的应用中得到启示，笔者对我国职业测试有以下几点建议：① 通过专家研究或民意调查，研究出针对某职业的职业测试的必要性和可行性。② 邀请国内外相关领域专家学者从事该项目研究，制定测试框架、内容、形式等。需要注意的是 a. 针对所有职业的英语能力水平测试必须是基于《中国英语能力等级量表》的，涉及的内容不仅有语言能力，还有语言知识和语言策略等。换句话说，测试包括的内容应该与我国量表的内容是一致的，除了听、说、读、写、译以外，还有组构能力、语法能力、语言策略等。b. 职业水平测试的标准应与《中国英语能力等级量表》的等级有对应关系，且不同的职业水平测试对英语能力的各个方面的要求有所不同，比如医生和护士考试对应试者的英语能力要求不同，对医生英语能力的要求可能会高于对护士的要求。c. 制定过程中，邀请一定数量的组织或个人作为被试者进行实验，对控制组和实验组进行定性和定量分析，保证研究结果以及测试工具的信度和效度。d. 培训一定数量的专门的测试人员，指导测试的开展。e. 在部分地区、行业和学校开展试点工作，检验该测试的信度与效度。f. 及时收集测试的后期反馈信息，对测试形式或内容进行更新与完善。这项工作非常重要，用于保证测试跟上时代发展的步伐。

2. 其他工作应用的启示

当今社会上有各种各样的职业，并且随着时代的变化和进步，会有相应的职业兴起和被淘汰，因此除了将语言能力量表与具体的职业相结合，还应该制定出一个涵盖所有职业所必需的技能的能力量表，并将其与语言能力量表相结合，目的是为了让各个职业的工作人员的英语能力都能得到规范，正如加拿大的基本技能和《加拿大语言能力标准》是相辅相成的：《加拿大语言能力标准》提供了应包含在新人培训中的广泛语言技能框架，而基本技能则提供了有关特定职业基本技能要求的信息，并涵盖了各行各业要求的 9 个基本技能：阅读文本、文档使用、写作、计算、口头沟通、思考能力、与他人合作、计算机使用和持续学习。其目的是涵盖对所有职业成功至关重要的技能和能力，为各个行业的英语基本能力提供参考。这给我国的启示是在工作方面有各种职业，各种职业需要不同的测试体系或标准。根据矛盾共性与个性的辩证关系，共性寓于个性之中，个性又受共性的制约，换句话说，各个职业要求的能力有所不同，但是也有相同之处，比如共通的基本语言技能。因此我国需要学习加拿大将《加拿大语言能力标准》与基本技能相结合这一经验，将《中国英语能力等级量表》与职业用途英语通用能力相结合，这有利于待就业的、但未选择就业方向的群体提高其自身的英语能力以及基本职业素养，为就业打下坚实的基础。《中国英语能力等级量表》在与各职业相结合的同时，不应仅仅局限于语言能力，也应对各职业通用基本技能有所要求，以规范社会工作者的基本语言能力。

最后，《中国英语能力等级量表》在应用上除了上述启示以外，还要注意的是其正处于实施阶段的前期，在未来实施过程中一定会遇到各种各样的问题，而对于这些问题的反馈和处理，对该量表后期的完善与发展十分重要。因此在此过程中应广泛听取民意，通过实施问卷与访谈对《中国英语能力等级量表》进行修改，使之更完善、更科学。此外，还应开发出更多语种版本的《中国英语能力等级量表》，使之与国际接轨，得到国际社会认可。

第8章
小　结

《中国英语能力等级量表》实施时间不久，在内容和应用上尚需完善，因此可以借鉴其他国家成熟量表的经验。本篇的研究对象是《加拿大语言能力标准》，在对其的内容和应用两方面进行分析后发现，该量表对我国《中国英语能力等级量表》的实施、内容的完善及应用的开展具有很大的参考价值。此外，对这两个量表的内容和应用进行对比分析后，笔者得到很多启示。

8.1　研究发现

经过对《中国英语能力等级量表》和《加拿大语言能力标准》的内容与应用的分析以及比较研究之后，笔者得出以下研究发现。

第一，笔者对国内外关于《加拿大语言能力标准》的研究进行分析后发现，关于该标准的相关研究较少，并且双方的研究重点不同。国外学者更注重对量表衍生品的研究和开发。在国内，只有少数学者对《加拿大语言能力标准》的内容与理论略有提及，鲜有学者对其应用进行深入研究。由于我国《中国英语能力等级量表》的实施时间尚短，因此笔者对成熟的《加拿大语言能力标准》文件及其应用进行了深入研究，以期为我国量表今后的应用提供启示。

第二，笔者对《加拿大语言能力标准》的结构框架、理论框架、编排表达模式、信度与效度以及衍生品等进行了详细的分析和研究。也从这几方面对《中国英语能力量表》的内容进行分析，然后把这两个量表进行比较分析，发现二者在内容和应用上有很多相同之处，但也有很多不同之处。首先，在内容上的相同之处在于：① 都是英语能力的衡量标准，不是英语教学大纲或测试；② 都基于交际语言能力理论；③ 都分能力分等级对语言能力进行描述；④ 都包含听、说、读、写四种能力；⑤ 都包含语言能力和策略；⑥ 都以"能做……"为描述语对语言能力进行描述。不同之处在于：① 二者的目标人群不同，前者针对移民，后者针对我国国民；② 二者基于交际语言能力的不同方面,前者是基于语言能力、策略能力和心理生理机制这三方面,后者是基于语言能力、语言知识和语言策略这三方面;③ 前者在编排上是先分能力,再分等级和等级的不同方面,每种能力有 12 个等级,而后者是先分能力,再分不同能力的不同方面,再分等级,大多数能力的不同方面为 9 个等级,有些能力等级不全,比如口笔译能力的几个方面只有 5—9 级;④ 后者对于语言策略和非语言能力的重视程度远高于前者。

第三,对两个量表比较分析后,笔者总结了《加拿大语言能力标准》的优点与不足。总得来说,《加拿大语言能力标准》是一个完整且详细的量表,内容详细,对听、说、读、写四种能力进行了分阶段、分等级的描述,描述语中也有任务范例以及任务范例的完成条件等。此外,它还有很多配套的衍生品,与学习、工作和社区中使用的测试等工具紧密结合,将其作用发挥到最大,每年都发布年度报告,追踪报道《加拿大语言能力标准》的最新发展情况与未来发展计划。但是,在内容上,可能是因为这些任务范例不能做到详尽地列举,因此《加拿大语言能力标准》的任务范例涵盖面不广,只局限在几个方面;并且在听、说、读、写这四个方面都存在一个相同的问题,即描述语精准度不够;另外虽然其衍生品众多,但也存在很多问题,比如多而泛等,这容易对使用者造成困惑。

第四,基于对《加拿大语言能力标准》优势与不足的深入分析,笔者结合《加拿大语言能力标准》和《中国英语能力等级量表》比较的结果以及前人对我国量表的相关研究,尝试提出《中国英语能力等级量表》今后发展的一些建议:① 在内容方面,需要立足国情;理论与量表融合,并与时俱进;整合语言能力与非语言能力;采用"能做"描述语;提高《中国英语能力等级量表》的认可度;提高信度和效度以及提高教师素质。② 在应用上我国需要出台一些与国际接轨的学习测试和一些应用在学习上的其他工具。比如学习加拿大的《实施指南》《"能做"描述表》和《读写能力量表》,为《中国英语能力等级量表》的实施,以及语言能力还达不到《中国英语能力等级量表》门槛的英语学习者和使用者提供一定的指导。在工作上需要多样化的职业测试,但是也需要一个类似基本技能要求的、对不同职业的基本语言技能进行规范的文件。在制定基于《中国英语能力等级量表》的工作或学习型测试工具时,应遵循以下步骤:首先,进行专家研究或民意调查,研究出针对某职业的职业测试的必要性和可行性。其次,邀请国内外相关领域专家学者从事该项目研究。再次,在制定过程中,邀请一定数量的组织或个人作为该项目的控制组和实验组,展开定性和定量研究。然后,培训测试人员,指导测试的开展。之后,展开试点工作,检验该测试的信度与效度。最后,及时收集测试的后期反馈信息,对测试形式或内容进行更新与完善,以保证测试跟上时代发展的步伐。需要注意的是:① 针对所有职业的英语能力水平测试是基于《中国英语能力等级量表》的,涉及的内容不仅有语言能力,还有语言知识和语言策略等。② 职业水平测试的标准与《中国英语能力等级量表》的等级有对应关系，且不同的职业水平测试对英语能力的各个方面的要求有所不同，比如医生和护士考试对应试者的英语能力要求不同，对医生英语能力的要求可能会高于对护士的要求。

8.2　研究不足

从前文可以看出，笔者经过比较《加拿大语言能力标准》与《中国英语能力等级量表》，发现了后者在内容和应用上可以进一步完善的几个方面，但是此研究也存在一定的不足。

第一，由于时间、经验和搜集到的资料所限，对《加拿大语言能力标准》本身的研究可能还不够全面彻底。即使是在阅读大量相关文献和研究之后所得出的关于国内外对《加拿大语言能力标准》研究现状的总结和启示，仍可能不尽完善。目前国内鲜少有《中国英语能力等级量表》应用的经验，也少有对其应用方面的研究，因此在应用方面得出的启示仅供有关部门参考。

第二，由于时间限制，我国的外语能力量表实施时间不久，新的外语测评系统尚未发布，因此缺少对两者在应用方面的对比，笔者无从借鉴前人对《中国英语能力等级量表》应用的研究，因此只能在学习研究其他量表的基础上，结合我国的特点，提出对我国量表的建议，建议的有效性还有待进一步验证。

8.3　对未来研究的建议

对于未来的《中国英语能力等级量表》研究，笔者希望今后的学者能弥补本书研究因为时间和经验上的原因而存在的一些不足。此外，希望之后的学者能够针对完善和修订后的《中国英语能力等级量表》以及其完善的英语测评体系和其他工具，根据最新应用情况，对该量表的应用和内容方面提出更加具有时效性的、更成熟的建议，确保《中国英语能力等级量表》的与时俱进。

英国篇

第1章
英国语言教育政策的研究背景

本章将从英国语言教育政策的研究意义、主要研究问题和组织架构三方面展开，介绍英国语言教育政策的研究背景。

1.1   英国语言教育政策的研究意义

虽然英语在当今世界舞台上已经有了不可或缺的地位，但作为母语为英语的英国来说，语言学习仍然十分重要。尽管英国拥有悠久历史文化传统，但其语言教育也面临着师资匮乏、学习人数减少等困境。为解决这些问题，英国政府根据本国国情实施了一系列的语言发展战略。因此对英国语言教育政策进行研究可以总结英国在语言政策中的有效措施，为我国外语教育政策提供经验和启示。

外语教育政策的制定是国家大政方针的重要组成部分，该政策的恰当与否不仅关系到国家的政治、经济、科技发展，而且关系到国家的安全、文化传统的传承以及下一代整体素质的提高。一个合适的外语教育政策的制定需要综合多种因素，从宏观到微观多层面、多方位地权衡利弊。世界上许多国家对本国的语言政策包括语言教育政策都非常重视，有丰富的研究成果和文献资料，他们的经验和教训非常值得我国教育主管部门借鉴（柯飞等，2006）。本篇拟对英国语言教育政策的宏观层面（历时发展及地区政策）及微观层面（课程政策）进行全面深入的探讨，并通过共时和历时比较分析，总结出其语言教育政策的经验与教训，为我国制定出既切合当前经济、文化发展需要，又符合外语教学特点和教育规律的改革方略提供参考。通过对英国语言能力标准和语言课程政策的研究为我国外语教育政策和课程的设计提供有益的借鉴和经验。

1.2　英国语言教育政策研究的主要问题

本篇将从宏观和微观角度探讨英国的语言教育情况，并计划通过解决以下问题来实现研究目的：

（1）从宏观的角度来看，英国的语言政策是什么？① 从时间角度来看，英国语言政策是如何发展的？② 从空间角度来看，英国各地区的语言政策是什么？

（2）从微观角度来看，英国的语言课程政策是什么？① 在学校，外语课程政策是如何设计的？② 在学校，学生的外语能力水平用什么标准衡量？

（3）英国的语言教育政策对中国有什么启示？

1.3　英国语言教育政策的组织架构

本篇的组织架构如图1-1所示：

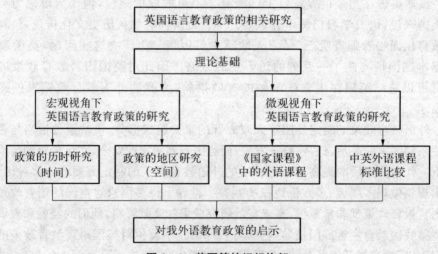

图1-1　英国篇的组织构架

第 2 章
英国语言教育政策的相关研究

英国外语教育政策的相关研究可以分为国外研究和国内研究,本章将分别展开论述。

2.1 国外研究动态

在大多数政治实体中,语言政策(language policy)是组织、管理和操纵语言行为的主要机制,因为它包括对于语言的决策及语言在社会中的运用。通过语言政策,可以对该语言使用的时间、地点、条件予以规定(Elana,2006)。国外关于英国语言政策的研究可以分为语言政策层面研究和《国家课程》政策层面研究。

2.1.1 语言政策层面的研究

一些学者对英国某一时间段内的语言教育政策进行了回顾。乌苏拉(Ursula,2011)对 2000—2010 年的英语语言教育政策和语言教育状况进行了研究。他分析了英国 2000—2010 年的中小学语言教育政策,并将政府政策和举措、学校和高等教育层面的实践、英国的语言学习话语三方面结合起来解释了现行的语言教学实践。汤普森(Thompson,2004)主要对英国学校系统中 5—16 岁(义务教育阶段)学生的英语教学进行了研究。他简要介绍了 1944—2003 年间主要的语言政策文件。

丹尼斯(Dennis,1995)对语言政策制订过程进行了研究。他的研究目的是调查英国和法国如何制定语言政策,并在一定程度对每个国家政策制定过程和政策进行对比。他主要研究了政策过程本身在语言问题上的运作。

还有一些学者只关注某段教育时期,如小学教育和高等教育。亨特总结了 2005 年以来的研究、关键问题和对初级现代外语的教育政策和实践的挑战(Hunt et al,2005)。迈克尔重点研究高等教育的外语教育。他对英语高等教育中现代外语(modern foreign language,简称 MFL)的健康状况进行了全面审查,同时回顾了其在 2000—2008 年的发展情况，以便就如何实现长期可持续性发展并维持现代外语在高等教育中的活力提出建议（Michael，2009）。

2.1.2 《国家课程》政策层面的研究

多尔蒂（Daugherty，1995）对 1987—1994 年《国家课程》评估政策进行了述评。凯利（Kelly，1990）对《国家课程》进行了批评性述评。他述评了《国家课程》的含义、关键阶段的组成部分、政策的影响及历史背景，还对学生的反应、教师的作用进行了评价。考克斯（Cox，2014）探讨了《国家课程》带来的挑战和机遇。他研究了教师和家长对《国家课程》的看法，分析了《国家课程》的教学、课程和评估问题并提出了一些推广和学习《国家课程》的可能性。

迈克尔（Michael，1993）以了解《国家课程》的意义为目的，从政治角度出发对《国家课程》进行了评估。他认为，《国家课程》和国家测试的教育背后存在一种意识形态偏见。

一些学者对英国小学教育中的《国家课程》评估的发展和后果进行了研究。其中有些文章是审查关于自 1988 年以来英国《国家课程》评估的研究和其他证据的。证据表明，到 2000 年，《国家课程》测试成绩有所提高，然后趋于稳定。研究证据揭示了在英国实施"高风险"国家评估系统后的一些消极后果，结论是更加强调适当的形成性评估战略将有利于学生发展。文章还建议更换具有抽样系统的高风险评估系统，以评估全国的教育进展（Wyse & Torrance，2009）。国外对《国家课程》的研究主要是批判性研究，很少有针对外语课程的研究。

2.2　国内研究动态

总体来说，我国关于美国和欧盟多国的语言政策探讨较多，但是对当代英国语言教育发展和语言政策的研究比较少。笔者对英国外语教育政策的国内研究进行了梳理分析，发现其主要包括语言政策层面的研究和《国家课程》层面的研究。

2.2.1 语言政策层面的研究

英国具有代表性的语言政策是《全民的外语：生活的外语——外语教育发展战略》（Languages for All：Languages for Life. A Strategy for England，以下简称《外语教育发展战略》）。对该政策的研究主要分两个方面。有学者从政策制定的背景、基本理念、发展目标、实施方案等方面入手进行评析，讨论英格兰的《外语教育发展战略》对我国外语教育改革的启示（程晓堂，2006）。有学者则从后殖民时代英国语言教育的多元文化认同出发来研究《外语教育发展战略》，并提出后殖民时代英语言教育的政策呈现多元文化认同的趋势(潘章仙,2010)。该学者主要通过中国外语教育发展价值的思考,提出多元文化认同是用一种开放和宽容的态度去认识、接受和欣赏不同的文化。

英国的全称为大不列颠及北爱尔兰联合王国,是由英格兰、苏格兰、威尔士和北爱尔兰组成的联合王国。由于四个地区分别有相对独立的政府,因此不同地区的教育体制也有所差异。我国针对英国各个地区语言政策的单独研究很少,曾有学者对不同地区、不同类型学校的双语教育进行过比较(蒋又兰,2006)。该学者对不同地区的双语教育进行了对比,分析了威尔士中小学双语教育存在的问题,并结合我国的情况对我国民族双语教育提出建议。也有学者介绍了英国各个地区的义务教育制度,对英国各地(英格兰、苏格兰、威尔士和北爱尔兰)为促进语言学习所实施的战略政策进行分析,总结英国在语言教育政策中的有效措施,并从政策制定和执行层面研究了这些措施对我国外语政策的启示(王雪雯,2014)。由于此前的研究所选的政策文件比较陈旧,因此笔者选定了较新的文件,对目前的外语教育更具指导意义。

还有学者对英国语言学习存在的问题以及英国对此采取的措施进行分析,总结了英国语言战略规划对我国语言战略规划的借鉴意义(谢倩,2015)。该学者分析了英国语言教育现状及面临的挑战:外语学时短、地区发展不平衡、政策差异大、外语学习人数大幅减少以及外语语种有限。针对语言教育所面临的问题和挑战的相关研究对提升我国外语教育质量具有重大的意义。我国可以从英国语言教育面临挑战时所采取的措施中吸取经验教训。

2.2.2 《国家课程》层面的研究

本节将围绕英国《国家课程》政策的研究展开论述,包括对其发展历程、外部环境、评价政策和新《国家课程》的研究。

2.2.2.1　发展历程的研究

国内学者从不同角度对《国家课程》的发展和演变进行过探究,有的从课程政策的价值变迁对 1988 年至今的中小学课程政策进行研究(刘志慧,2014)。该学者以时间为轴将英国中小学课程政策分为 1988—1997 年、1997—2007 年、2007—2014 年三个阶段。每一时期的课程政策研究遵循从价值背景、政策内容、价值取向的逻辑结构,自然形成"形而中""形而下""形而上"的三位一体的价值问题。

有学者从政策实施背景、政策意识形态、政策形成过程及政策实施效果对1976—1988 年英国《国家课程》政策进行研究(田颖,2011)。该研究发现英国虽然在社会形态、文化习俗以及价值观念等方面与我国大相径庭,但是它注重继承原有的传统,在这一点上与我国注重文化继承的传统相似。英国在课程内容的选择上,曾经长期存在着重人文轻科技、重理论轻应用的弊端,这也恰恰与我国部分观念对课程内容设置的负面影响不谋而合。英国在课程内容方面的改革之路，对我国的课程改革有一定的借鉴意义。

国内关于英国课程改革的研究大部分集中在 20 世纪末至 21 世纪初，以 1988 年课程改革和 2002 年课程改革为主，材料相对陈旧，大部分都是关于英国教育概况和课程标准的整体分析，专门针对外语，特别是英语的研究很少。在仅有的相关研究中，主要偏向课程标准、教材建设、教学模式方面的研究；国内研究偏重对课程标准的历史梳理及经验介绍，缺乏对我国和英国外语类课程的比较研究。

2.2.2.2　从外部环境出发对《国家课程》的研究

另外一些研究从外部环境入手，分析了英国《国家课程》政策的出台和实施机制、目标和价值取向。如研究英国国家课程实施过程中存在的问题及英国所采取的应对措施（易红郡，2004；杜晓敏，2001；郜晖，2002）。他们从价值观和课程目标入手对英国《国家课程》进行过研究。罗生全（2013）则详细介绍了英国《国家课程》的发展机制，即《国家课程》形成的社会机制，包括历史事件的影响、不同利益群体的博弈、不同政党的教育政策等。

2.2.2.3　评价政策的研究

英国《国家课程》评价政策不是指评价《国家课程》的政策，而是指评价学生学习《国家课程》成绩状况的政策。该政策的出台以《1988 年教育改革法》的颁布为标志。英国最初的《国家课程》评价政策以发挥评价的教育功能为宗旨，在此基础上形成了标准参照的表现评价体系。

有学者介绍了英国《国家课程》评价政策的演进（陈霞，2003；李才静，2016）。陈霞对 1988—2003 年间英国几次重要的《国家课程》评价政策的实施、修订和框架等方面进行分析，得出英国《国家课程》评价政策演进的特点以及英国《国家课程》评价政策 14 年的发展为我国制定课程评价政策的启示。李才静则详细分析了 1988—1990 年、20 世纪 90 年代、21 世纪初和 21 世纪前 10 年这四个阶段英国《国家课程》评价方案，总结出其演变趋势和发展走向。三十几年来，英国《国家课程》评价发生了巨大的变革，逐渐走上了传统评价与新评价形态相融合并向新评价形态转换的道路，这为我国中小学课程教学评价提供了重要借鉴和启示。

2.2.2.4　对新《国家课程》的研究

面对国际学业评价不理想的情况，英格兰教育部自 2013 年开始了新一轮中小学国家课程和学业评价改革。2013 年 9 月，教育部颁布了基础教育开展课程改革的一个纲领性指导文件《英格兰国家课程——框架文件》(The National Curriculum in England：Framework Document)，该文件于 2014 年 9 月起在英格兰实施。

自新《国家课程》实施起，我国学者也开始了对其的研究。有学者对 2014 年《国家课程》的基础教育进行了述评（黄丽燕、李文郁，2014；吴晓玲，2016）。黄丽燕和李文郁详细介绍了新《国家课程》的制定背景、框架；吴晓玲则对英格兰地区中小学新修订的课程与学业评价政策的制定背景、政策研制方式、政策的内容以及政策实施中的问题方面进行了述评。有学者则专门针对某一学科(如英语)进行了研究(黄志军,2015),该作者分析了英国新修订的《国家课程》框架的背景、总体特征和各领域的具体特点,得出了对我国语文课程标准修订的启示。可见,英语国家课程框架对我国语文教育的借鉴意义,可从侧面给我国研制语言教育政策提供指导。但是对新《国家课程》中关于外语课程的研究尚不多见。还有学者进行了对比研究(郭爵湘,2015),该学者对英国历史上几次重要的《国家课程》改革文件进行了对比分析,并对 2014 版《国家课程》所含的所有学科标准信息及变化进行了详细论述。这种历时对比分析可以清晰地看出课程改革的发展和进步方向。

第3章
英国语言教育政策的相关理论

本章主要介绍与本篇相关的基本概念及理论依据。

3.1 语言教育政策的基本概念

语言政策是指人类社会群体在言语交际过程中根据对某种或者某些语言所采取的立场观点而制定的相关法律、条例、规定、措施等,本节将从语言政策和语言教育政策方面展开论述。

3.1.1 语言政策

语言政策是政府正式通过立法、法院决定或政策来确定语言的使用方式,培养满足国家优先事项所需的语言技能,以及确定个人或群体使用和维护语言的权利的政策。

在大多数政治实体中,语言政策是组织、管理和操纵语言行为的主要机制,因为它包括关于语言及其在社会中的用途的决策(Shohamy,2006)。通过语言政策可以对合法化使用该语言的时间、地点、条件予以规定。因此,语言政策能够作为不同意识形态之间持续博弈的操纵工具。这些操作发生在多个层次和多个方向上,特别是在特定语境和社会地位中使用和学习某些语言(例如言论和学习的权利)的合法性,它们的形式(语料库),以及如何使用它们(发音、词汇、语法、流派等)。语言政策也指指定这些语言行为的特定文档、法律、法规或政策文件。

语言政策试图在语言使用方面在社会中发出指令,并且有助于解决一些冲突。例如,语言政策可以规定在全球、全国、地方、区域或其他社会中应获得地位和优先权的语言,以及哪些语言将被视为官方的、正确的、标准的和全国的语言;它还可以帮助边缘化和消失的语言复兴合法化,如土著语言,以及社会认为对其经济和社会地位而言重要的语言,如英语等商务语言。

3.1.2 语言教育政策

语言教育政策(language education policy,简称 LEP)是指在教育机构中创造事实上的语言实践的机制,特别是在集中式教育系统中。语言教育政策被认为是一种赋予和操纵语言政策的形式,因为当局通过正规教育将意识形态转化为实践。然而,有时语言教育政策也被用作自下而上的草根机制来谈判,被要求和引入替代语言政策。因此可以通过语言教育政策将意识形态变为实践或将实践转化为意识形态。具体来说,语言教育政策指的是在家庭语言(以前称为"母语")以及外语和第二语言的学校和大学的具体背景下执行语言政策决策。这些决定通常包括以下问题:在学校教授和学习哪些语言?什么时候(什么年龄)开始教这些语言?它们应该教多久(学习的年数和时间)?由谁(谁有资格教,谁有权或义务学习)和如何(哪些方法、材料、测试等)教?

在大多数具有集中式教育系统的国家,有关语言教育政策的决策由中央机关,如政府机构、议会、教育部、地区和地方教育委员会和学校制定。在所有这些情况下,语言教育政策都是执行国家语言政策议程的机制。语言教育政策由政治实体以自上而下的方式实施,通常只会受到非常有限的阻力,大多数学校和教师都会遵守。这些政策通过教师、教材、课程和测试得到加强。对于官僚,语言教育政策为其提供了一个非常有用的机会来行使影响力,因为他们可以通过语言执行各种政治和社会意识形态。因此,当政治实体授予语言或语言在社会中处于特别优先地位时,这种语言政策的实施会被尤其体现在教育上。

3.2 英国语言教育政策的理论依据

本节将主要介绍英国语言教育政策的理论依据,包括教育政策学理论、语言经济学理论、语言生态学理论和语言交际理论。

3.2.1 教育政策学理论

联合国教科文组织认为教育政策就是阐述教育发展的重点方向、目标和方针,发展所依据的基本原则以及选择的方法,其中包括四个阶段:教育政策的制定、执行、分析及评估。制定阶段是最关键的,政策制定得好,所有教育问题就迎刃而解;政策制定得不好,不但教育问题不能解决,可能还会带来新的问题,造成不良的后果。

语言教育政策是教育政策的一部分,在社会不同的发展时期,要制定不同的语言政策和语言规划来适应。但语言不仅仅是交际的工具,它也是文化的容器和身份的象征。语言的这三种功能要求不同的政策来保证，这就使得语言政策的制定者在制定政策时，不得不均衡考虑各个因素间的相互关系。在不同的历史时期，语言政策的重点也会有不同。对于一个新成立的国家，语言的交际功能和象征功能就要强于文化功能，而在一定时间之后，为了长远的可持续发展，国家内部各民族的均衡发展就显出其重要性了。语言政策和语言规划中的这种转变实为社会变化的一种反映(谢倩，2011)。

语言规划大多由政府一级的组织来进行，涉及社会的许多领域，因此是一种宏观的规划，而教育领域的语言规划与其相比范围要小得多，可以看作是一种微观的规划，教育方面的语言规划因此可以看作是一种特殊的语言规划。从微观、宏观的角度看，教育领域语言规划不仅应该考虑和遵循一般语言规划的流程，如预规划—调查—报告—政策制定—实行—评估，也应该考虑这一过程与宏观的教育政策的关系，需要对语言教育政策进行政策分析，评估语言教育政策的内容及过程。通过分析确立语言教育政策的决策主体、语言教育政策内容和政策执行的效果反映政策决策者和政策对象的价值观念。对语言教育政策进行评价，不仅需要考虑内部评价也需要考虑外部评价，保证政策制定的预评价、政策执行评价和后评价。

一般教育方针的制定、修改、废除都必须严格遵循法定程序，经过科学分析和缜密的论证之后才能开展。一国教育方针要具有权威性、政策性、规范性、导向性。单是教育方针本身文字简洁、明确，还难以保证人们对其全面理解、正确执行，因此还需要在教育方针之外再配制一个有利于人们理解和执行该方针的指导性文件，配以具体操作和实施的指导性文件。制定语言教育政策纲要的同时，也需要考虑制订可以操作的、具体的、可实施的语言教育政策指南。这种指导性文件应该类似于国家其他重要法律所配制的实施细则，既要对外语教育方针作全面、正确、详尽的解释或说明，同时也要提出实施外语教育方针的一般原则、一般要求和如何在各级各类教育中贯彻执行这一方针，明确具体要求、具体方法与具体途径等。有了这种指导性文件才有可能保证语言教育政策的方针不被任意发挥和曲解，有利于教育方针的具体操作和实效产生。

今日的国际社会发展日益复杂化、多元化，信息化和知识经济成为未来经济发展的主导因素，教育在社会中地位越来越重要，要建立民主、科学和透明的决策机制，在政策制定上需要有战略性的思维。

3.2.2 语言经济学理论

语言经济学(Economics of Language)是基于西方人力资本学、教育经济学的一门新兴的边缘交叉学科，其理论观点为我们进一步认识语言与收入、语言与人力资本、语言与经济发展，解释与学习和使用外语有关的各种现象提供了一个崭新的视角。

　　语言经济学,作为一门边缘学科,其历史可以追溯到 20 世纪 60 年代中期。语言经济学的开创者是美国加州大学洛杉矶分校经济学教授马尔沙克(Jacob Marschak)。他在进行"信息经济学"研究时揭示了语言的经济学本质。他提出了语言的四个经济学性质:价值(value)、效用(utility)、成本(cost)和效益(benefit)。他认为经济学与探求语言方面的最优化(optimality)有着密切的关系,对这四个方面的分析及其相互关系的探讨成为语言经济学的重要内容(Marschak,1965)。语言的最优化包括有:指代亲和性(indication-friendliness)、信息性(informativeness)、可描述性(describability)和创造性(creativity)。语言经济学在吸收了人力资本理论和教育经济学研究成果的基础上,通过定量定性分析,将语言和经济的关系进一步系统化、理论化。其主要观点可以概括为:第一,语言是可以用来补充和取代其他类型资本的人力资本(human capital),是获得其他人力资本知识和技能的工具性资本。语言的"资本性"是经济时代的必然产物。所谓人力资本,指的是凝集在劳动者身上的知识、技能及其所表现出来的能力。它对生产起促进作用,是生产增长的主要因素,也是具有经济价值的一种资本。把语言界定为一种人力资本是语言经济学家的创举。第二,学习外语是对人力资本生产的一种经济投资。人们学习外语的部分原因是受经济因素的影响,即考虑学习外语的"投资费用"和学成语言后的"投资预期效益"。用一种或多种外语进行交流的语言技能被越来越多的人视为一种高含金量的"语言资本",因为预期回报高,所以人们对投资外语学习乐此不疲。第三,语言的经济价值有高低之分,主要取决于该语言在各种任务、各种职业中的使用程度,而使用程度又受到该语言的供求法则的支配。第四,语言的经济效用取决于诸多因素。这包括劳动力市场的急需程度、交易市场的应用多寡、消费心理取向、人际交往的频率等等(徐启龙,2010)。

　　如何在众多选择中确定一项语言政策? 原则上说,政策分析家会去证实和评估每一项选择所带来的影响。这些影响被称作语言环境的净价值元素。第一个相对容易的步骤是,评估每一项政策选择所产生的个人净市场价值(net private market value)。它是指在市场上能观察得到的、因不同个体自然而然产生的影响。例如,政策要求雇员掌握三门外语,相应地,社会上所有懂三门外语的人的工资就上涨,起码是短期内上涨。当然,这种高收入的背后隐藏的是高成本投入或高支出。比如,学外语所付出的额外时间、精力和投入的资本以及付高额的税等等。这些支出都从收入中扣除,目的是实现个人净市场价值。其次是评估社会市场价值(social market value)。它是所有社会成员个人市场价值的总和。由于其外部形式的多样性,社会市场价值的计算要复杂得多。如果外部因素是积极的(或消极的),社会市场价值就会随之表现为超过(或低于)个人市场价值(张忻,2007)。

　　由于语言可以带来经济价值,英国各地区在制定语言政策时也考虑到了外语的经济优势。例如,英格兰鼓励高校与当地机构合作,支持学校语言教学从而为学生提供更多的工作机会，同时还鼓励雇主优先考虑有外语技能的员工。北爱尔兰的外语战略有一部分是专门为了经济繁荣而鼓励学习语言。

3.2.3　语言生态学理论

当代西方生态学为语言生态学理论的产生提供了理论空间。语言生态（language ecology）这一术语首次出现于20世纪60年代，而生态（ecology）这一概念早在19世纪中叶就已出现，由德国生物学家海克尔提出，指生物"存在的所有条件"，即"生物与周边环境的关系"（Steffensen，2007）。海克尔提出这一概念考虑的是人类生存的自然环境，并没有把语言包括在内。20世纪60年代中叶，美国人类语言学家沃格林首先把"生态"这一概念引入语言领域，创造了"语言生态"这一术语（Voegelin et al.，1967）。沃格林认为语言学家不该只注意特定一种的语言，而应该注意特定的一个区域，不该只注意这一区域的几种语言，而应该注意这一区域的所有语言（Voegelin，1964）。20世纪70年代初，美籍挪威裔社会语言学家豪根在沃格林语言生态概念的基础上，创立了系统的语言生态学（Haugen，1972）。他认为，"语言生态"这一术语包含两个层面，一个是"语言与环境的关系"，另一个是"语言与环境关系的研究"，前者是后者的研究对象，而"语言生态学"可以定义为：对语言与其环境相互作用的研究（Haugen，1972）。语言环境是指使用这一语言的社会，也就是语言生态，它包括心理和社会两个方面。豪根指出，由于语言只是存在于说话人的大脑里，语言只能通过说话人相互联系以及说话人与自然相互联系发挥其功能。因此，语言生态的一部分是心理的，即一种语言在使用两种或多种语言的说话人的头脑里与其他语言发生相互作用。语言生态的另一部分具有社会性，即语言与使用这一语言的社会的相互作用。

将生态研究的视角引入语言学，可以追溯到19世纪的语言学家施莱赫尔的研究。他认为语言有机体与自然有机体有诸多相似点，语言发展的规律跟生物的进化进程类似。美国斯坦福大学的豪根是最早提出并使用"语言生态"这一概念的人，他对语言生态的定义持"特定语言与所在族群、社会、文化及地理环境相互依存、相互作用的生存发展状态"观点，并将语言环境与生物生态环境作隐喻类比。著名的克里奥尔语专家穆尔哈斯勒在他的《生态语言学，语言多样性，生态多样性》一文中指出，语言生态学的关键概念是多样性及功能性的相互关系。在语言生态系统中，语种数量的多少，每一语种的功能强弱对语言生态的稳定也是至关重要的。健全的语言生态是多种语言共存并与社会环境相互作用的动态平衡体系，其最显著的特征是语言的多样性。语言的多样性包括语种的多样性、词汇的多样性和语用形式的多样性。健全的语言生态系统对语言的生存发展有重要意义。语言规划本质上就是语言生态的规划，只有从语言生态的高度和广度对语言进行规划，才能维护语言的多样格局，才能保障文化的多元并存，才能促进文明的持续发展。

因此有学者认为语言生态规划是人类社会所需要的最为合理、科学的语言规划（蔡永良，2014）。

在全球化和信息化的时代，语言的交际功能日益被以英语为代表的少数强势语言所替代，而许多少数民族语言、区域语言和土著语言在日渐消亡，如果我们对这些语言的消亡听之任之，整个语言生态系统将日渐崩溃。语言多样性反映了人类数千年来对复杂环境状况的适应性，语言生态的失衡不仅会扼杀其他语言的发展动能，而且也会导致整个人类思维的惯性僵化，最终导致人类的知识环境及其生命力受到威胁。保持语言的生态平衡需要人类的参与，语言的维持、演变、消亡和扩展都需要国际组织和各国政府的共同努力，鼓励民族语言和各种语言的学习。

英国的外语教育政策秉承欧盟的教育理念，以多语言主义来衡量语言能力。英国四个地区的语言战略可以总结为"1＋1＋1"模式，即"英语＋地方语言＋欧洲语言"模式。英国除了英语外，还存在一些本土语言，如盖尔语、威尔士语、爱尔兰语等。英国政府鼓励各地人民学习本土语言并把它们放在与欧洲语言同样的地位。这种做法避免了语言消失，维护了英国的语言生态。

3.2.4　语言交际理论

语言交际理论主要涉及语言交际能力，巴赫曼将语言交际能力定义为包括知识或能力以及执行或执行能力的技能，他描述了交际语言能力的框架，包括三个组成部分：语言能力、策略能力和实施所需的心理生理机制的能力（Bachman，1990）。

语言能力：语言能力可以分为组织能力和语用能力两种类型。组织能力包括参与控制语言的正式组织能力，用于创建或识别语法正确的句子，理解它们的命题内容，并命令它们形成文本。这些能力有两种类型：语法和文本。语法能力包括词汇、形态和语法的规则，这些规则控制词语的选择以表达特定的意义，控制词语的形式和词语的安排以表达命题。文本能力包括知识的凝聚力和修辞等的组织力。语用能力包括除了组织能力之外，在语境中表现社会恰当的言语行为的能力。因此，语用能力包括言语能力或如何表达言语行为的能力，语言功能以及特定文化或这一文化的不同情境下控制语言恰当使用的社会语言习惯（详见图 3－1）。

策略能力：沟通涉及语境和话语之间的动态交换，交际语言使用不是在文本中产生或解读的，而是在文本与情境的上下文之间发生的。换句话说，话语的解释需要能够评估相关信息的上下文，然后将这些信息与话语中的信息相匹配。将要处理的新信息与可用的相关信息（包括预设和现实世界知识）进行匹配，并将其映射到现有语言能力上。策略能力可能以几种方式影响测试成绩。例如，正确回答推理问题需要策略能力，因为测试者必须知道话语本身之外的什么信息与回答问题相关，然后必须在记忆中搜索该信息。另一个例子是某些性能测试，其中测试者

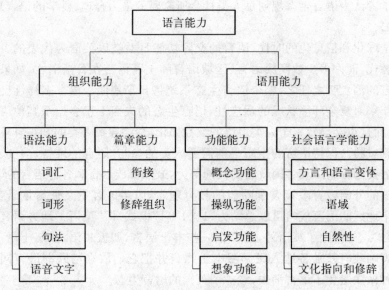

图 3 - 1 语言能力的构成

可以通过利用他们的策略能力来成功地完成任务，以补偿其他能力缺陷。

　　心理生理机制：以上描述的能力可以在听、说、读和写中表现出来。为了区分这些技能，有必要考虑语言使用中涉及的模式和渠道。接受模式—听力技能，阅读模式—听觉和视觉技能，生产模式—说话技能，写作模式—神经肌肉技巧发音或书写技能。同样，听觉通道的听说，可以区别于视觉通道的读写。

　　英国《国家课程》在对学生的外语能力进行评价时是从听、说、读、写四个方面来表述的。这样全面、多方位的测试模式更能准确地评估学习者的语言能力。中国的外语分级标准也正是基于语言交际理论才把分级标准分为语言技能、语言知识、情感态度、学习策略和文化意识五个方面的。

第4章
宏观视角下英国语言教育政策的研究

本章将从宏观角度出发对英国语言教育政策进行研究,主要分为两个部分:英国语言教育政策的历时研究(时间)以及英国各地区的主要外语教育政策(空间)。

4.1　英国语言教育政策的历时研究

几百年来,英国有着各种文化、语言和宗教团体,团体中的人们选择永久或至少长期定居在那里,这些团体的出现甚至早于大英帝国前殖民地和新英联邦国家的建立。《1944年教育法》在英国确定了教育的核心。该法规定儿童从5岁到15岁接受免费(和义务)教育,并设定英语是学校课程中唯一的语言。事实上直到20世纪60年代中期,英联邦大规模地邀请经济移民到达英国时,英国政府才对语言教育进行重大的改革。本章将介绍英国语言政策从20世纪60年代至21世纪的发展历程(Thompson,2004)。

4.1.1　20世纪60年代的语言教育政策

本节将从政策的主要内容与执行,以及影响方面对20世纪60年代的语言教育政策展开论述。

4.1.1.1　政策的主要内容与执行

20世纪60年代的语言教育政策重点是通过同化的方法(assimilationist approach)让移民社区的儿童学习英语。20世纪60年代主流教育的目的是通过英语将移民社区的儿童吸收到主流英语文化中。教学方法是从英语为第二语言的传统外语教学中借用的,但是这种方法不适用于低龄学生,因为其中的一些学生只有5岁。当时的英国并不了解国际上为幼儿教授语言的语言教学法。到1966年,强化英语为第二语言教学的需求得到正式承认和财政支持。1966年地方政府法令第十一条保障了每个二语为英语的教师75%的薪金。虽然这种对教育需求的正式认可是积极的，但教育实践却并非如此。这种单独的资金流导致了单独的教育规定。小学里二语为英语的学生与课堂和同学分离，并与说英语的同伴群体分离，进行相对孤立地学习。学生到达英格兰时被安置在专门为 11—16 岁的学生设立的语言中心。这种教育分离和隔离的形式一直持续到 20 世纪 80 年代中期。

4.1.1.2 政策的影响

同化分离政策是具有歧视性的。这一方式可能导致儿童母语的消亡并被英语所替代。这对来自移民家庭的许多儿童的语言和教育发展是有害的。只有那些社区语言被赋予语言地位的儿童才可以选择英语为第二语言的教学。尽管没有规定社区语言，但是加勒比血统的儿童仍然是正规教育中表现最差的族群之一。单语化的英格兰也没有意识到移民国家语言的丰富性。这些儿童的语言和更广泛的教育需求越来越多地从外部主流教育中获得。星期六学校是由加勒比社区的一些部门和其他社区在礼拜场所（包括清真寺、古德瓦拉等）建立的教育中心。这些教育中心成为宗教和语言教育的关键提供者，这里不仅教授英语而且教授定居社区的家庭和人群其他外语，包括：乌尔都语、印地语、古吉拉特语、孟加拉语、阿拉伯语。这项规定与其他宗教团体的教育安排相反。《1944 年教育法》规定为满足某些宗教教派设立学校，例如为英国教会、罗马天主教、犹太教及其他信仰设立的中小学。这些学校部分由政府资助，部分由宗教教派资助。

有争议的是，《1944 年教育法》不允许为单独的教派建立学校。因此，一些社区在礼拜场所开始非正式教学。这些教学在学生学习方面非常成功。然而，他们采用的课程和教学方法并不总是反映主流学校教育方法。这种做法导致一些孩子感到错位，甚至产生矛盾的学习经验。资助教派学校的问题在英国仍然是存在高度争议的。

4.1.2　20 世纪 70 年代的语言教育政策

本节将从政策的内容和影响方面对 20 世纪 70 年代的语言教育政策展开论述。

4.1.2.1 政策的内容

20 世纪 70 年代见证了政府对双语儿童语言教育的重大进展。1974 年，在美国留学生诉尼克尔斯案中，当局确立了非英语儿童教育的权利，即承认孩子的母语。美国法院裁定，传统的英语为第二语言的课程没有完全遵守法律，必要时必须以学生自己的语言进行教学。原告提出补救措施的基本要求：学校系统有效地确保学生的语言特征；学校系统有效地确保学生的成绩；学校应该根据学生的需要配置教学计划。虽然这项立法部分有争议的地方现已被摒弃，但至少在加利福尼亚州，它是美国少数民族语言教育的一个重要里程碑。

1975 年，英国当局公布了一个调查委员会（时任教育国务大臣的玛格丽特·撒切尔建立的委员会）对小学阅读教学的调查结果。《布洛克报告：生活语言》在其建议中提到,儿童的语言需求是有"移民来源"的,并且批评语言教学需要孩子在进入学校时抛弃自己的母语。该报告进一步建议,学校应制定包括英语为第二语言规定在内的语言政策。这种国内发展也推动了国际语言政策的发展。1976 年,欧洲颁布了关于移民工人语言教育的《欧洲委员会草案》(EC,1976)。它建议成员国应该免费为移民工人学习本国语言提供机会,并作为全日制教育课程的一部分。然而在 1977 年,草案公布仅一年就作出了重大修改,只要求成员国促进母语教学而无须提供母语教学。

4.1.2.2　政策的影响

该时期建议学校扩大对少数民族教育需求的认识,并提供更多样的课程,包括更广泛的文化因素。在提出这些建议时,《布洛克报告:生活语言》创造了历史,其建议恰好使这些儿童的父母的地位发生了变化,移民劳动力的公民地位和政治活动参与度也提高了。他们的地位的转变迫使很多方面发生了变化。社会需求、平等权利和教育需求相吻合,赞美语言和文化多样性的多元文化教育推动了教育政策的变革。该报告预示了英国双语学生一体化思维的趋势,也是英国语言教育政策的标志之一。

4.1.3　20 世纪 80 年代的语言教育政策

20 世纪 80 年代,语言政策和语言教育政策方面发生了重要的改革。这一时期多元文化教育让位于反种族主义教育。两份重要的语言教育公开报告分别是《斯旺报告》(Swann Report,副标题为"全民教育")和《1988 年教育改革法》。

4.1.3.1　《斯旺报告》

20 世纪 80 年代,多元文化教育让位于更加坚定的反种族主义教育形式的课程。马拉德(Mullard,1984)提出把反种族主义教育作为 20 世纪 60 年代中期黑人意识运动的继承发展。他认为从移民教育向多元文化教育的发展符合移民群体的社会经济发展,反种族主义教育是黑人在白人的经济和结构文化经验中发展而来的。在语言教学方面,如果要在反种族主义教育中发展黑人种族地位,族裔社区的语言就必须是主流教育规则的一部分,包括为价值或为学习公共考试来学习。马拉德的观点反映了对黑人话语权越来越强的信心。这与两个非常重要的关于语言教育的公开报告相吻合:《斯旺报告》和《1988 年教育改革法》。

1.《斯旺报告》的主要内容

1985 年英国出版了一份对双语儿童教育有重大意义的报告,即《斯旺报告》,又《全民教育报告》。它包含了 1979 年成立的斯旺委员会的建议。虽然委员会的重点主要是非裔和加勒比裔儿童与同龄人相比教育质量不达标,但报告包括了更广泛的对移民儿童的教育需求的讨论。《斯旺报告》对于双语学生的教育规定是:必须机会平等;作为社会正式成员均等享受学术成就;精通英语;语言学习必须以英语学习为先(DES，1985：426)。虽然承诺以英语作为教育语言，但该报告建议改变条款。该报告赞成取消单独的二语为英语的教学，并建议在主流学校中满足双语学习者的需求，将其作为所有儿童语言教育综合计划的一部分(DES，1985：Par 5.2)。

这一报告主要包含三个基本点：第一，必须克服少数族裔遭受的语言和文化不利因素，例如把英语作为第二语言进行教授；第二，不论是少数族裔还是非少数族裔都应尊重少数族裔的文化多样性；第三，公共教育系统不应存在种族隔离情况：把二语为英语的教育作为主流，少数族裔语言指导应面向所有学生，双语教育工作者应帮助每位学生。公立学校应消除隔离和不利因素，让每位学生都享受到少数族裔政策带来的有利条件而不是培养特定族裔的文化和语言。

2.《斯旺报告》的主要影响

《斯旺报告》不只是对语言教育的建议，它也承认促进积极的民族认同的重要性。报告第一次尝试了更广泛的双语主义定义，但并没有解决家长和社区领导对社区语言在学校课程中教学的需求。在双语教育层面，该报告并没有提高教育家的思想。它表示：我们不支持在公立学校(maintained schools)推行双语教育计划的论据(DES，1985：Par 3.15)。该报告同样明确地回应了对除英语以外的语言规定。虽然建议在主流课程中重视社区语言和家庭语言，丰富单语学生的语言意识，但委员会坚决反对任何单独的语言维持班或双语教育形式的规定。他们指出，主流学校不应承担社区的作用来维护少数族裔社区语言(DES，1985：Par 3.18)。

然而，委员会给出了两个重要的特例。首先，他们建议采用双语支持帮助学生在家庭语言和英语之间过渡。第二，他们建议将社区语言列入可能有足够需求的中学语言课程；在对社区语言有需要的学校里，应鼓励所有学生学习社区语言(DES 1985：Pars 3.19 和 3.20)。虽然这种支持受到欢迎，但是人们普遍认为，在主流第二外语(mainstream secondary foreign language)规定中支持社区语言方面没有取得足够的进展。它将社区语言(包括乌尔都语、阿拉伯语、印地语和孟加拉语)限制在那些有兴趣学习它们的学生的学校中。这与其他语言和资源的提供形成鲜明对比并自动地影响这些社区语言。与确定的外语课程相比，它还把一些社区语言排除在官方学校课程之外。

斯旺委员会关于家庭语言教学和双语支持建议的遗漏无视了语言在学习过程中的中心作用。由教育和科学部(现已不存在)的学校国家检查员对学校和社区的母语教学(DES，1-84)进行的单独专业报告对与本话题相关的教育问题提出了略有不同的看法。《斯旺报告》指出，社区语言教学的进步将取决于为学生现有母语语言技巧奠定更坚实的基础(DES，1984：24)。

4.1.3.2 《1988 年教育改革法》

1.《1988 年教育改革法》的主要内容

该时期另一项重要的政策是《1988 年教育改革法》(Education Reform Act，简称 ERA)。该法案赋予每个儿童受教育的权利。其中一个明确的目标是为学生今后的成年生活做准备,这经常被称为"为工作做准备"。该法案认为双语儿童的语言使用与现实知识存在差距,它建议在提出更具体的建议之前,需要对双语儿童语言能力进行语言描述。它希望小学中的双语儿童有机会阅读和书写他们的母语,并提高他们的口语技能(DES, 1984:7)。

2.《1988 年教育改革法》的影响

《1988 年教育改革法》的实施取得了巨大的成就:全国统一课程的设立是英国课程发展史上具有划时代意义的一项重大的改革。全国统一课程加强了中央政府对课程的控制,削弱了地方教育当局的权限,剥夺了学校和教师的课程自主权。在英国教育史上,英国的中小学第一次推行全国统一考试。全国统一考试的设立,为国家管控教育和为家长择校提供了便利。直接拨款公立学校政策增强了中央政府对学校教育的影响,强调了教育消费者的权益,扩大了学校的自主权。高等教育改革废除了高等教育的"双重制",加强了中央政府对高等教育的控制,削弱了地方政府对地方高等教育的控制。开放招生政策扩大了家长在教育事务方面的选择权,促进了学校间的竞争,实现了教育服务的多样化。设立市立学院政策也进一步拓宽了家长选择学校的空间。但是《1988 年教育改革法》也存在一些弊端:全国统一课程部分学科内容过多过难,要求过高,很多学科严密性与规范性不够,因而造成学生课业负担过重。全国统一课程剥夺了教师的自主权,压抑了学生的创造性。全国统一课程的实施,给教师的教学与评定工作带来了压力,增加了负担,遭到了他们的普遍反对和指责。

从多元文化教育和反种族主义教育到同化在教育方面的进步,反映了某些少数族裔群体从移民到英国公民的地位的变化。英国虽然拥有大量的多语言人口,但与加拿大、澳大利亚不同,英国没有官方语言教育政策。自 20 世纪 60 年代以来,英国学校的双语儿童的教育规定以及包括引入 1988 年《国家课程》的描述和分析中,教育决策者的固有价值体系是明确的,英语现已被确立为英格兰主流教育的唯一官方语言。外语方面,英国广泛教授法语和德语,不教授乌尔都语和旁遮普语。把英语在多语种全球环境中隔离是错误的。

4.1.4　20 世纪 90 年代的语言教育政策

20 世纪 90 年代,政策发生了一些重大变化。这些改变在教育和财政投入方面有重大意义。对双语儿童教育的财政支持已经改变。"十一节基金"是由内政部管理的预算,在这个基金的支持下,联合国教科文组织为主流学校教育提供了大量的双语教师。然而,1993 年政府对该项财务的安排做出了调整。在 1993—1996 年期间,"十一节基金"向联合国教科文组织赞助的资金的捐款逐渐减少。政府的捐款从 75％减少到 50％,个别学校资金短缺。由于大部分学校地处经济贫困地区,这部分学校资金短缺更为严重。

20 世纪 90 年代被视为英国小学《国家课程》实施失败的十年。家长不满于对 5 岁和 7 岁儿童的定期测试,并不断抱怨政府。教师的时间越来越多地用于管理《国家课程》,这十分不明智。课程上,运动和体育让位于每天强制的文学阅读和计算机技术。2003 年这些规定被废止,人们也失去了一开始的狂热。研究表明,当时迫切需要恢复一个以口语和听力为核心的平衡的语言课程。

4.1.5　21 世纪的语言教育政策

令人满意的是在《国家课程》颁布 25 年后,英格兰又处于教育学和课程改革的前沿。现实更加平衡,虽有优秀和极端的例子,但都是由于个人原因而非由国家政策和课程引起的。但是语言教育的发展令人失望。2003 年英格兰决定取消《国家课程》中的语言教学,并将其作为 14 岁以上的学生的选修课。这违反了在关键阶段 1 和 2(5—11 岁)在小学引入法语教学的决定。

纳菲尔德语言调查(The Nuffield Languages Inquiry)是由纳菲尔德基金会资助的一项独立调查,它于 2000 年 5 月 10 日发表了最终报告《语言:下一代》(Languages:The Next Generation)。一个关键的发现指出只有英语学习是不够的。尽管英国幸运地说全球语言,但在一个智能化和充满竞争的世界只依靠英语是不够的。此外,报告认为政府对语言教育的开展没有连贯一致。在教育语言和政府其他领域虽有许多积极的发展,但仍然是一些无关举措的拼凑。从小学到大学以及毕业后没有合理的学习途径。

国家政策仍存在争议。然而应该意识到语言和教育政策不是抽象的,它们是人们日常生活的一部分。它对人们的生活和人际沟通有直接影响。英国的调查结果表明,学生经一个学期的学习之后,可以从社区语言转向英语。当时的情况是,一些学生的语言能力没有完整地反映在课堂教学中。这也是个人、社会和国家资源的浪费。应以多种方式集中资源和教学,应承认双语学生的智力、社会、教育和经济优势。学校在有限时间和资源不断减少的竞争课程领域之间面临困难的选择。困难的选择导致务实的决定。如语言教学难以获得资源,教师很少,考试成绩不能反映学生能力。帕塔纳亚克(Pattanayak,1991)提出英国的多元文化辩论已经陷入了多元文化之间的错误争论。汤普森(Thompson,1999)建议,在为英国所有儿童提供更好的教育条件之前,必须重新开始思考,重新集中在双语学生的真正教育需求上。有必要更准确地确定学生在日常生活中使用的确切语言。学校需要系统和有效地确定学生的语言学习能力,并在此基础上让每个学生的潜力最大化。只有这样才能实现所有人的机会和教育平等。《1988 年教育改革法》没有解决双语学生的需求和社区的愿望。造成的结果之一是从定居的少数族裔家庭进入高等教育的学生人数少。

英国从 20 世纪 60 年代到 21 世纪的语言教育政策发生了很大的变化，20 世纪 60 年代主要是运用同化方法让移民和说非英语的民族学习英语，忽视其他语言的发展和学习，这一政策对语言教育的发展是有害的。20 世纪 70 年代的政策使语言教育取得了重大进步，政府确认了非英语学生学习母语的权利，要求学校保证其学习成绩并为其提供相应的教学配置。20 世纪 80 年代多元文化教育让位于反种族主义教育，特别强调尊重少数族裔的文化多样性，废除了语言学习的隔离制度。建议取消单独的英语教学，满足双语学习者的需求，还支持各种社区语言的发展。这一时期政策的改变反映了政府对语言的重视。20 世纪 90 年代是《国家课程》实施的十年，语言教育并没有取得很大的发展。21 世纪英国政府越来越意识到单一语言的弊端，要求重视双语学生及多语学生的需求。从 20 世纪 60 年代到 21 世纪这半个世纪，英国的语言教育政策从同化过渡到多语教育，语言教育取得了很大的进步。

4.2　英国各地区的主要语言教育政策

众所周知，英国包括英格兰、苏格兰、威尔士和北爱尔兰四个地区。目前，英国没有一个统一的全国性的外语教育政策和外语能力标准。为了更全面地了解英国的语言教育政策，本节将对每一地区的重要外语政策进行分析，分别从政策的颁布背景、目标、实施等方面进行详细解释。

4.2.1　英格兰的语言教育政策

为了积极推进英国的外语教育改革，2002 年英国教育技能部（Department for Education and Skills）颁布了一个题为"语言学习"（Language Learning）的文件，其目的是为在此后十年内提高英国国民外语素质提供一个战略性的规划。该文件分析了英国面临的挑战，提出了外语教育改革的目标和总体设想。之后，教育技能部成立了一个由各方面人士（包括教育专家、语言学家、教育管理人员、教师代表等）组成的全国语言教育指导小组（Languages National Steering Group）。这个小组的任务是，根据语言学习文件提出的战略性规划，研究具体的实施方案。2002 年，该小组向教育技能部提交了一份旨在提高全体国民外语素质的提案，即《外语教育发展战略》。

4.2.1.1　政策的背景

一项政策的出台，背后总是有着各种驱动因素。《外语教育发展战略》的出台主要基于以下因素：第一，社会因素。在 21 世纪的知识社会中，语言能力和跨文化理解不是可有可无的，它们是作为公民所必需的能力。长期以来，英国在多语言和文化意识方面落后。在全球经济中，很少员工拥有必需的语言技能并充分参与国际业务，而且很少雇主注重员工的语言技能。如果要实现一种语言真正适合所有人的情况，就需要解决当前系统中的障碍。第二，教师因素。中学外语教师短缺，政府几乎没有培训小学教师教授外语。第三，语言学习机会。缺少专门针对个人学习者、激励其外语学习的相关文件；在学校、高等教育或工作场所各个阶段学习的机会很少。第四，合作因素。很多学校和教师孤立地工作，没有获得网络支持。没有最大限度地发挥信息通信技术的潜力，虽然越来越多的学校在语言教学中使用信息和通信技术（information and communication technology，简称 ICT），但在四分之三的小学和三分之一的中学中其使用仍未普及。学习其他语言和文化可以深入了解其他国家的人民、文化和传统，也能帮助学习者更好地理解自己的语言和文化。由于这些原因，政府决定制定和实施这一战略以实现国家对外语教学和学习的改变①。

在过去相当长的一段时间里，多数英国人都有这样一种认识，既然世界上很多国家和地区都讲英语，那么英国人自己就不必学习其他国家的语言。因此，尽管英国政府和国民一直极力向其他国家和地区"兜售"英语，他们自己从来都不重视本国的外语教育，也没有意识到外语教育在社会发展和经济发展中的作用。具体表现是，多数公立小学不开设外语课程；中学生在选择高中课程 A-level 时，很少有人选择外语课程，而且考试通过率持续下滑；大学里选择外语专业的学生也寥寥无几。2000—2001 学年入学的大学生只有 3% 的学生选择了外语专业；学校里的专职外语教师也非常短缺，受过专门培训的外语教师则更少。

目前，英国政府和国民已经认识到，英国国民的整体外语素质落后于欧洲其他国家，而且开始影响经济发展。来自英国经济贸易领域的报告显示，能够在国际商业活动中熟练使用外语进行交流的商务人员占比非常小，而且很少有企业主鼓励他们的员工学习外语。英国官方资料显示，20% 的英国公司有过因为员工缺乏外语技能而错失商业机会的情况，25% 的公司在国际商务活动中出现过语言和文化交流问题（程晓堂，2006）。

4.2.1.2 政策的目标

在这一战略中，有三个总体目标：改善语言的教学和学习，包括在关键阶段 2（key stage 2）②为学生提供语言学习的权利，充分利用电子资源学习，确保学习语言的机会；建立一个认可机制以补充现有的能力框架（qualification framework），并对语言能力进行标准界定；增加接受高等教育及在工作基础上学习语言的人数。

---

① 原文出处：Department for Education and Skills. Languages for All：Languages for Life — A Strategy for England[M]. Department for Education and Skills，2002.
② 注：英国义务教育分为四个阶段：关键阶段 1：5—7 岁（1—2 年级），关键阶段 2：7—11 岁（3—5 年级），关键阶段 3：11—14 岁（6—9 年级），关键阶段 4：14—16 岁（10—11 年级）。

英格兰《外语教育发展战略》的具体目标是：① 到 2012 年,使所有小学生都有学习至少一门外语的权利(机会);② 到 2005 年,专业语言学院(specialist language colleges,简称 SLC)的数量至少达到 200 所;③ 所有青少年和成年人都有机会学习外语,而且具有较高的学习动机;④ 在继续教育、高等教育领域以及各种岗位培训活动中,学习外语的人数有较大幅度的增加;⑤ 社会各界认识到外语的重要性,公民掌握的外语能力得到广泛的认可;建立外语能力认证机制;⑥ 建立地方或区域性的网络,帮助小学开设外语课程,创建优势资源,提高小学外语教学水平;⑦ 提高全国总体外语素质;⑧ 增加外语教师人数,开拓多种渠道,挖掘一切可利用的外语教育人力资源,包括校内资源和校外资源。

英格兰实施这一目标的方法有三个总体原则：① 向有经验的国家学习;② 通过整合系统获得语言能力;③ 与专业人士合作提高语言学习效率。首先,英格兰从确保打好基础开始,然后加快实施和支持的步伐。校长与学校语言协调员一起,决定如何在学校中更好地引入和强化语言教学。小学教师可以通过课外时间或各种途径为学生提供语言学习机会。主要有以下途径：① 学校招聘专业语言教师,在学校工作或在学校集群或联合会之间共享;② 任用具有外语语言兴趣或背景的小学教师,经过专业发展和再培训,以便在部分教学时间或全日制地教授语言教学;③ 在专业语言学院、其他具有语言能力的中学学习,咨询教师和其他专业人士;④ 培养语言助理和其他具有很强语言能力的人,包括语言专业本科生;⑤ 接受商业、高等教育机构、家长和社区提供语言学习机会;⑥ 开展信息和通信技术及电子学习;⑦ 与其他国家的学校的创新合作。

4.2.1.3　政策的内容

英格兰的该战略有两个推动因素：激励个人学习和确保高质量和适当的学习机会。创造学习的欲望,同时扩大和丰富选择,是其语言战略的两个关键因素。语言学习必须针对所有不同社会背景的人、所有年龄的人、男孩和女孩、普通学校和特殊学校的学生,并没有可以在全国实施语言学习的单一的模式。没有一种放之四海皆可的方法,但却存在许多机制和工具来执行该战略：

（1）小学和中学：在小学开始外语学习,在中学持续外语学习。

（2）专业语言学院：加强专业语言学院和其他语言中心的作用。计划在 2005 年之前将语言学院的数量从当时的 157 个增加到至少 200 个。

（3）信息和通信技术：继续与公共和私营部门供应商合作,提高质量,扩大在线教学的质量和学习材料的范围。与其他国家合作,学习其经验。作为区域语言网络的一部分,将在全国各地引入虚拟语言社区(virtual language communities)。

（4）继续教育(further education,简称 FE)和高等教育(higher education,简称 HE)：继续教育和高等教育机构与学生合作,以提高高等教育、联合学位及学位中语言因素的社会、文化和经济价值。鼓励继续教育和高等教育机构与当地学校合作,支持该战略。这包括分享员工的专业知识、资源和专家设施,并鼓励学生支持学校的语言教学,从而为他们提供获得新技能和经验的机会。

(5) 社区内和其他教育机构的语言学习:社区内具有外语技能的人可以利用社区学校或教育机构对社区内的人开展语言培训。

(6) 当地教育局(local education authorities,简称 LEAs)在实施战略中扮演关键角色:作为主要语言学习计划的协调者,他们需要支持校长和管理机构,以确保每个处于关键阶段 2 的学生都获得在这十年结束时至少学习一门外语的机会。

学校、社区成员、高等教育机构、当地教育局、培训机构和企业应该联合起来并给予该战略动力,这样才能对语言学习产生最大的影响。

4.2.1.4　政策的启示

总之,《外语教育发展战略》是一份全面的、系统的教育发展战略,它调动了所有的社会资源,不仅考虑了教育机构中的外语教育,还将社区和商业领域纳入考虑,旨在多渠道、多维度地推动外语学习(王雪雯,2014)。英格兰的《外语教育发展战略》比较务实,全国语言指导小组提出的一些意见也比较具体,一般具有较强的可操作性。英格兰的外语教育改革还有很多值得我们借鉴的方面。比如,全面认识外语教育的意义、强调多种外语的学习、注意不同阶段外语教育的衔接以及注意外语课程的灵活性等。

4.2.2　苏格兰的语言教育政策

2011 年 9 月,苏格兰政府成立了一个语言工作小组,负责为新的语言学习政策提供建议和指导。2012 年 5 月,苏格兰政府语言工作小组发表了《苏格兰的语言学习:1 + 2 模式》(Language Learning in Scotland:A 1 + 2 Approach)报告。在该报告中,语言工作小组针对欧盟"1 + 2"模式(即学生在母语之外需要学习两门外语)在苏格兰的实施提出了 35 条建议。

4.2.2.1　政策的背景

根据苏格兰政府的统计,有 80％的中学(16 岁)4 年级学生学习现代外语,有 90％以上的小学(10—11 岁)高年级学生正在学习一种外语。2000 年,部长级行动小组发表了一份关于多种语言带来的挑战和机会的综合报告。尽管其中的建议并不是所有都得到实施,但它却为多语言议程奠定了基础。苏格兰政府根据欧盟"1 + 2"模式提出了学校语言学习规范,即他们将创造条件,让每个孩子学习除母语外的两门外语。这将为苏格兰语言习得创造一个新的模式。根据这一承诺,苏格兰政府在 2011 年 9 月成立了一个语言工作组,目的是未来几年在苏格兰学校里建立一个学习和教授语言的新模式。

语言工作小组由苏格兰政府于 2011 年 9 月成立。苏格兰的学习、科学和语言部长阿拉斯代尔·阿伦博士出席了工作小组第一次会议,概述了政府的目标。主要考量的问题是：在卓越课程框架内对各级语言学习和教学对工作人员的启示；雇主、家长和学习者对语言学习的选择；地方当局、学校、学院和大学在教师供应、教师支持和教育以及工作人员专业发展方面面临的关键问题；为支持政府执行学校语言发展政策的战略提供咨询和指导。

4.2.2.2　政策的内容

该报告从五个方面为苏格兰的外语教育提出了 35 条建议。

（1）战略方向（第 1、2、3、34、35 条建议）：工作小组建议学校从小学一年级开始为儿童提供学习其他语言的机会。工作小组建议地方当局和学校制定"1＋2"模式，学校可以决定提供哪些外语。苏格兰政府在 2012—2013 年开始为小学 1 年级开办语言学习的一些试点项目提供资金，分阶段实施。

（2）规划方面（第 7、13、24、32 条建议）：地方当局与学校合作，解决早期学习者获得语言学习机会所产生的组织和课程问题。地方当局确保他们的语言政策考虑到社会贫困挑战和城市/农村面临的不同问题。对接受培训的教授现代外语和盖尔士语的小学教师的数量进行统计，同时统计正在从事语言教学的教师人数。

（3）教师支持（第 15、30、31 条建议）：利用信息技术、社交网络、媒体等手段支持语言学习和发展；外语助教是实施"1＋2"模式的一个关键因素，这方面的工作涉及地方当局、英国文化协会和苏格兰国家语言中心。学校和地方当局可以利用在苏格兰地区生活的外语母语使用者，培训他们帮助从事外语课堂教学的教师。

（4）教师培训和职业发展：① 教师职前培训（第 20、21、26、27 条建议）。从事外语教学的小学教师应当具有高级语言资格。有志成为小学教师的学生应完成教育学研究课程和外语教育课程。国家应鼓励具有外语教学资格和对语言有兴趣的年轻人到小学和中学从事语言教育。苏格兰政府和大学应当与地方当局合作，对未来语言教师的需求数量进行评估。② 教师的职业发展（第 22、25、28、29 条建议）。地方当局应为小学和中学外语教育者提供定期的继续教育培训机会。培训那些有语言教学能力并对此感兴趣的人员。苏格兰教学委员会（General Teaching Council for Scotland，简称 GTCS）应促进和提高外语教学的标准化，鼓励教师获得语言教学的资格和认证。

（5）利益相关方和社会参与（第 5、14、18、19、23、33 条建议）：苏格兰教育部和苏格兰语言中心为采用"1＋2"模式提供支持。苏格兰教育部在"1＋2"模式政策下支持学校的课程开发。苏格兰资格委员会（Scotland Qualifications Authority，简称 SQA）负责评审外语水平证书，并与继续教育和高等教育合作，优化学生外语学习的体验。高等教育机构也应支持"1＋2"模式政策的实施。大学语言部门在与学校合作方面发挥更大的作用，同时也需要适当的资金，并进一步加强与文化机构、地方当局、语言社区和学校的联系。

4.2.2.3 政策的实施

"1+2模式"在实施过程中遇到了一些困难，如执行时间紧迫、年度财政限制、难以招聘到有适当技术和语言合格的工作人员等，此外政策实施中很少考虑如何满足母语不是英语的学生的需要。然而，实践报告表明母语不是英语的儿童往往比其他儿童在学校教授的第二语言上取得更大的进步，并且这些儿童的语言表现比其他科目更强。还有一些证据表明，有额外支持需要的儿童和那些成绩不是很好的儿童学习新语言还不错。小组课堂访问验证了这一事实。

"1+2模式"语言计划取得成功的关键因素是高质量的教师。教师普遍对所提供的培训持积极态度，并强调培训师的热情和专业知识以及培训的实际和方法性质的重要性，重点是如何利用高质量的资源让学习者参与到课堂中来。他们教授的其他语言包括西班牙语、德语、意大利语、盖尔语、汉语和苏格兰语。英国有几所学校也提供手语课程。

尽管在这一发展的早期阶段，学生对语言的教学和学习有很大的热情，但是对于从1年级就开始学习现代语言的小学生来说，在小学校高年级进行更高难度的语言学习仍然有些困难。政府机构充分感受到制定一项在小学高年级学习第二、第三语言可持续战略的挑战。中学参与倡议是多变的。语言工作人员也在预测学习者的第二、第三语言能力，并规划开发这些语言的课程。

4.2.2.4 政策的启示

总之，《苏格兰的语言学习：1+2模式》是苏格兰政府2011—2016年教育计划的一个受欢迎的项目。受访者普遍认为这是广泛的普通教育的积极表现，也体现了教师、家长和学生的热情。政策的执行速度和可用资金之间有直接的联系。语言教学自2014年以来取得了显著进展。若继续投入资金，地方当局和学校到2020年可以成功实施该政策。苏格兰外语教育政策最突出的特点就是充分考虑各方需求，加强学校与各个部委的合作。它各个利益相关方，考虑雇主、家长和学习者各方的选择，重视对教师的支持和培训，教师的语言能力和教学水平提高了，学生也可以更好地学习。苏格兰政府还要求学校加强与文化机构、地方当局、语言社区的联系，获得多方面的支持和帮助。这种各个利益相关方相互合作的方式也是苏格兰的"1+2模式"特别值得中国学习的地方。目前我国在义务教育阶段只有英语这一门外语是必修的，大部分学校只提供英语学习，很少提供其他语种的学习。我国政府也可以考虑鼓励义务教育阶段的多语言学习，提倡语言的多样性。

4.2.3 北爱尔兰的语言教育政策

与其他三个地区类似，北爱尔兰也非常重视外语教育，特别是在基础教育阶段：现代外语在关键阶段3（11—14岁）被列为必修课，学生必须学习至少一种欧洲国家的语言。与其他科目一样，现代外语在关键阶段3后并不是的必修课程。

但学校必须为学生提供学习外语的机会和途径，至少要开设一门欧洲国家的官方语言课程。2012 年，北爱尔兰教育部颁布了《未来语言：北爱尔兰语言战略》。

4.2.3.1　政策的背景

一段时间以来，英国的学校、学院和大学的语言学习水平都有所下降，北爱尔兰也存在这种情况。有些自相矛盾的是，这种情况是在公众越来越意识到语言在经济增长、社会凝聚力和个人发展方面重要性的时候发生的。在一个日益以全球化和人类大规模迁徙为特征的时代，单语主义的缺点越来越明显。尽管英语是一种非官方的全球通用语言，但并不是每个人都会说英语。

若北爱尔兰希望真正地享受全球化的利益并且保持这种灵活性，能够有意义并且有益地与语言和语言集群间权力平衡不断变化的世界相互作用，它就需要考虑教授哪种语言，教给哪些人以及如何教的问题。英国工业联合会（Confederation of British Industry，简称 CBI）和其他商业组织也意识到了这个问题，并在英国实施了很多重要的政策措施。最有影响力的是英国学院提出的"英国语言赤字的严重性"。英国学院的任务是发展英国的人文和社会科学研究。鉴于北爱尔兰在欧洲边，以及在严重衰退时期发展经济、加强国际贸易的需要，北爱尔兰更应担心英语语言赤字的问题。现代语言国家委员会（National Committee for Modern Languages）、爱尔兰皇家文学和文化研究国家委员会（Literary and Cultural Studies of the Royal Irish Academy）发布了《国家语言战略》。该文件表明国际公认语言学习在商业、文化、政治和智力发展方面越来越重要。世界各地越来越重视语言学习的事实是显而易见的。中国和澳大利亚等不同国家正在制定一致和影响深远的语言战略，联合国教科文组织强调非物质遗产和互联网的全球影响力。所有教育系统必须能够并愿意提出支持语言技能发展的愿景，才可以帮助北爱尔兰在未来越来越多地进行以多语言交流为特征的国际合作。

4.2.3.2　政策的内容

《未来语言：北爱尔兰语言战略》分为三个部分，反映了语言的不同方面。分别是：为生活学习语言（Languages for Life）——将外语作为一种生活技能在教育中体现；为经济繁荣学习语言（Languages for Prosperity）——概述了商业领域语言的建议；为彼此理解学习语言（Languages for Understanding）——探索如何鼓励不同文化背景的成员之间沟通和相互理解。

（1）为生活学习语言：外语学习被纳入科学、技术、工程和数学（Science, Technology, Engineering and Mathematics，以下简称 STEM）科目组，关键阶段 3 语言被视为促进跨课程技能的沟通和扫盲发展的工具。战略鼓励学生尽早有机会学习母语以外的至少两种语言，在中学可以至少持续学习一门语言；鼓励在学前班和幼儿园开展外语教育。此外，它还在小学的第一阶段和第二阶段鼓励外语教育；在中小学鼓励使用外语教授非语言类课程。

（2）为经济繁荣学习语言：私营部门和志愿部门应配合审计其对语言和跨文化技能的需要，并提供相应培训；鼓励雇主为雇员提供外语培训机会，并认识到语言技能的重要性，鼓励外语学习；政府和地方政府应对所有部门和单位的语言和跨文化技能需求进行统计，并提供相应服务。

（3）为彼此理解学习语言：鼓励公民通过学习外语与不同文化背景的人进行交流，更好地理解不同的文化。现有的北爱尔兰语言政策和立法应根据时代的发展，不断进行调整，使之适应多元文化的发展。爱尔兰语，应当同英国的其他本土语言，如苏格兰的盖尔士语和威尔士语一样，享有法定地位和权利。阿尔斯特-苏格兰传统及文化要得到尊重。

该战略的总体目标是：促进作为生活关键技能的语言的学习，促进语言教育，扩大适当的语言资格范围，鼓励提高全球意识，提高公众语言技能特别是儿童和青少年的语言技能，鼓励不同文化背景的成员之间的沟通和相互理解。该战略侧重于强调语言学习的重要性，还有改善学校和学院以及社区中语言的使用并意识到语言对于经济、社会和社区以及单纯的教育的重要性。

4.2.3.3 政策的制定

该政策联合主任约翰·吉莱斯皮（John Gillespie）教授（阿尔斯特大学）、大卫·约翰斯顿（David Johnston）教授（贝尔法斯特女王大学）、艾尔比·欧·克拉因（Ailbhe ó Corráin）教授（阿尔斯特大学）和帕姆·麦金泰尔（Pam McIntyre）教授（皇后大学）在语言、语言学和地区研究专业中心（北爱尔兰）的赞助下组成了核心团队，任命了两名研究助理罗莎琳·戴维森（Rosalyn Davidson）（贝尔法斯特女王大学）和萨拉·麦克蒙纳格尔（Sarah McMonagle）（阿尔斯特大学），并留用了语言顾问、业务语言专家阿瑟·贝尔（Arthur Bell）（北爱尔兰语言网）。从贝尔法斯特教育和图书馆委员会借调的安娜·克尔（Ana Kerr）博士也协助制定了 2007—2008 学年的战略。

一个涵盖面广泛的咨询小组在北爱尔兰各地举办了一系列与战略有关的活动，邀请社会各阶层的利益攸关方参加。小组任命了另一名顾问彼得·拉威利（Peter Lavery），以满足各方的咨询。此外，还与许多利益相关方进行了许多单独磋商，并收到了各方提交的材料。语言政策和规划领域的一些重要专家也参与了本活动，在整个过程中与语言组织保持了联系。

该战略网站是所有与战略有关的人的一个重要联络点，点击量超 19 000 次。为了便于磋商，网站制定了战略问卷：一个针对普通公众，一个针对中学生，一个针对小学生。此后完成了 374 份一般性、455 份中级和 573 份初级问卷，并提供了大量有价值的定性和定量材料，已广泛用于制定《北爱尔兰语言战略》。此外，该战略已得到阿尔斯特大学和贝尔法斯特女王大学长期进行的有关语言政策和规划领域的研究的帮助。

　　该战略是全面的。它针对了该地区所有相关的语言(现代外语、土著语言、移民语言、英语作为一种额外语言和手语)。它规定了如何最好地发展语言技能。显然,战略提出的改革主要驱动力是教育部,但重要的是战略中所载的这些建议将对其他部委负有主要责任的部门产生重大影响,特别是就业和学习部(Department for Employment and Learning,简称 DEL)、文化、艺术和休闲部(Department of Culture, Arts and Leisure,简称 DCAL)和企业、贸易和投资部(Department of Enterprise, Trade and Investment,简称 DETI)。

4.2.3.4　政策的启示

　　《北爱尔兰语言战略》主要有四大方面值得中国借鉴。首先,它涉及学习语言的三大目的,涵盖了生活、工作和文化几个方面,几乎包含了学习语言的所有方面。其次,战略制定注重合作,过程比较科学,注重各部门的合作,咨询小组包括社会各个阶层人士。制定政策时应与多个大学及社会各领域合作。各个阶层和部门的通力合作可以制定出更全面、更科学的政策。该战略对我国在很多方面都有借鉴意义,中国的教育负责方主要集中在教育部,这可能会导致政策存在一定的片面性,无法全面考虑各方需求,我们可以借鉴北爱尔兰的经验,进行多部委合作。第三,进行大量问卷调查,考虑受众需求。北爱尔兰在制定政策前,做了大量的准备工作,针对普通公众、中学生、小学生做了大量问卷调查。其政策的制定充分考虑了受众的需求。最后,我国目前的语言学习只是单纯的语言学习和教学,没有与其他学科的知识相结合,也没有把语言作为学习知识的一门工具。我国现有的语言教学没有实现跨学科教学,没有和 STEM 结合是一大缺憾。此外北爱尔兰鼓励在学前班就开始实施外语教学,利用学生语言发展的最佳时期进行语言学习可以事半功倍,而我国不提倡超前教育,在很多地区小学 3 年级才开始学习外语,这是值得我们深思的。

4.2.4　威尔士的语言教育政策

　　由于过去十年来,在关键阶段 2 和 3 的现代外语学习和威尔士的高等教育中的外语学习势头衰退,威尔士政府于 2015 年出台了一份文件《全球未来:改善和促进威尔士现代外语的计划 2015—2020 年》(Global Futures: A Plan to Improve and Promote Modern Foreign Languages in Wales 2015—2020)(以下简称《计划》)。

4.2.4.1　政策的背景

　　该文件颁布的主要原因在于过去十年威尔士外语等级考试成绩下降及高等教育现代外语学习势头衰退。颁布此文件,旨在确保所有背景的学生都可以获得学习外语科目并取得正式资格证书的机会。学习外语是儿童和青年教育的一个重要组成部分,它可以拓宽学生的视野,向学习者介绍其他文化,并为他们提供在新的全球经济中取得成功所需的经验和技能。这规定了课程的四个目标，即把孩子培育成：雄心勃勃、有能力的学习者，乐于从生活中学习；锐意进取、有创造性的贡献者，乐于参与生活和工作；乐于成为了解威尔士和世界的文明、通情达理的公民；乐于成为健康、自信的人，乐于过充实有价值的生活。

2015 年 6 月，威尔士教育和技能部部长休·刘易斯（Huw Lewis）宣布支持《计划》。这表明政府致力于保证威尔士学习者在新的全球经济中的竞争力。《计划》是根据威尔士政府的主要合作伙伴（key partners）的知识、经验和专业知识制定的。它阐明了威尔士如何集体地提高威尔士现代外语的形象，并支持教师和学习者充分利用机会改变生活。《计划》是威尔士对 3—19 岁的孩子和年轻人教育的改进计划，旨在培养他们成为 21 世纪的人才。《计划》包括：分享有效做法并使用新的数字技术。所有这些都由包括主要利益攸关方的全球指导小组（Global Future Steering Group）监督和推动。此外，教育部部长阐述了对威尔士成为"双语＋1"地区的愿望，培养学习者学习英语、威尔士语，从 5 年级起学习一种或多种现代外语。为了探索如何以及何时可以实现这一点，指导小组将与先锋网络（Pioneer Network）合作，开始为威尔士设计和开发新课程。

4.2.4.2　政策的方向

《计划》提出了威尔士外语教育的愿景、策略和目标。《计划》的愿景是让威尔士的所有学习者成为全球公民，能够有效地用其他语言沟通并欣赏其他文化；策略是鼓励学生通过"双语＋1"来扩展他们的其他国家文化知识面，即从初级到考试级别学习英语、威尔士语和至少一种现代外语；目标是增加选择学习第 2 级（GCSE[①]级别或同等水平）、第 3 级（A 级或同等水平）和高等教育水平的现代外语学科的年轻人，为提高 7—19 岁学习者学习现代外语积极性，建立一个"双语＋1"系统。外语的正式教学将从第 5 学年开始，学生将进行语言、文学、沟通几个方面的学习，保持并提高现代外语科目目前取得的成绩。

该文件适用于教学人员群体、政府和国家合作伙伴，包括区域教育联盟、地方当局、理事机构、工会和教区当局。该文件阐述了威尔士政府 2015—2020 年"威尔士现代外语教育"的战略目标：需要确保所有背景的年轻人都认识到拥有现代外语正式资格的好处，并有机会接受语言教育。

4.2.4.3　政策的内容

目前在第 2 级和第 3 级以及更高级别上威尔士人的现代外语能力下降，该计划的主要目的就是解决这一问题。战略行动将以三个主题为指导。

行动一：促进和提高现代外语的形象不仅应作为 2 级的一个重要课题，而且应作为一个长期的选择，旨在带来令人满意且重要的工作机会。为了应对这一挑

---

① 注：全称为 General Certificate of Secondary Education，中文译为"普通中等教育证书"。

战,威尔士政府打算向学习者、家长/监护者、校长和郡长强调学习现代外语的价值。他们首先将与区域教育联盟合作,促使语言和职业楷模和演讲者进入学校,向学习者展示学习现代外语对生活和未来职业的改变。其次,他们将与职业威尔士(Careers Wales)和区域教育联盟合作,提高对相关劳动力市场信息和有关职业机会的信息的了解和获取,其中的现代外语资格能够引起年轻人注意。他们还开展营销和宣传运动,以促进学生在 GCSE 和英国高中阶段学习现代外语,或对学习者、父母/监护者、校长和郡长进行同等考试。最后,他们与大学合作,为大学本科语言类专业的学生制定一个导师计划。

行动二:支持教育工作人员的能力和专业发展,从第 5 学年起有效地提供现代外语教育,使所有学习者都能通过针对教育人员的新政"双语＋1"战略受益,并通过在每个区域教育财团建立学校的"卓越中心"来实现这一目标。学校的卓越中心将提供有效的学习经验,并支持直接与中级和初级班合作伙伴分享经验;与现代外语教师合作开发和提供培训、资源和材料;为现代外语教师创新和分享想法以及有效的教学实践提供交流机会,使语言学习有趣和愉快;开发并提供英语和威尔士数字资源和材料,以便在全威尔士学习平台 Hwb 上发布,使其可以在全国共享;通过 Hwb 创建数字网络共享资源,并为威尔士各地的现代外语教师提供论坛,讨论有效的实践,分享创新并改进他们的想法;为具有丰富知识、资源、材料和专业知识的语言机构提供培训和材料,并把这些分享给学校以改善语言学习和教学;改善小学和中学之间现代外语课程的过渡安排,支持语言教学进步,防止工作重复,并为威尔士语言发展制定"双语＋1"战略。

行动三:增加学习机会,吸引和激发学习者。主要内容有:与英国文化协会合作,向区域教育联盟推广计划和资助机会,与学校的英才中心合作,支持其申请资助;与区域教育联盟和英国文化协会合作,制定指导和案例研究;与语言研究所和区域教育联盟合作,确定他们可以为学习者提供直接支持和参与学习经验的机会,以加强现有的规定;与区域教育联盟和全球未来指导小组合作,探索现有数字技术和资源的有效利用,以加强现有教学实践;与区域教育联盟合作、开发非正式机会(如品酒会),鼓励学习者尝试使用语言。

4.2.4.4　政策的启示

威尔士的"双语＋1"模式对我国边疆地区的外语教育有重大借鉴意义,我国边疆地区有很多少数民族,也都有各自的语言。边疆地区在制定语言政策时也可以参考威尔士的政策,语言教育政策可制定为"民族语＋汉语＋外语"模式。威尔士的政策制定小组与先锋网络合作开发和设计新课程,充分利用网络的发展设计出适合当代学生的课程。

纵观英国四个地区的语言发展战略,可以将英国的语言培养模式概括为"1＋1＋1"模式,即"英语＋地方语言＋欧洲语言"模式。在英国除了英语外,还存在一些本土语言，如盖尔语、威尔士语、爱尔兰语等，这些语言在苏格兰、威尔士、北爱尔兰的语言战略中都有提及，并表示它们与其他欧洲语言具有一样重要的地位。我国在制定语言政策时也应该鼓励多语言发展，考虑语言的多样性，不应该只着重发展英语一种外语。英国这四个地区在制定语言政策时，都注重多部门合作，充分考虑学习者、教师、雇主各方利益，这也是我国在制定语言政策时可以考虑的方面。

第5章
微观视角下英国语言教育政策的研究

英国并没有一个全国统一的规范学校语言教育的文件(Hunt et al., 2005)。苏格兰地区多年来自主管理其教育事务,二十多年前已在其学校引入了外语教育。威尔士制定了自己的小学和中学课程,并尊重威尔士语,与其他语言相比倾向于优先考虑国家语言。同样,北爱尔兰也考虑其土著语言,为年轻学习者制定了外语课程(Hunt et al., 2005)。英格兰的政府文件(DfES 2002)①规定了英格兰所有小学生都有在 2012 年之前学习一门语言的权利。由于英格兰学校的外语教育发展经历了很长时间和多次改革,本章将以英格兰为例,从微观视角切入,研究《国家课程》中的外语课程,并从中探究隐性的外语能力标准。

5.1 《国家课程》概述

1976 年,卡拉汉首相在牛津大学拉斯金学院发表了具有历史意义的讲话。他在讲话中指出了教育中存在的问题,提出了关于建立"统一标准的基础课程"的想法,并强调要深入研究核心课程(core curriculum)。《教育改革法》酝酿了十多年,教育和科学部先组织人编辑了红皮书——《国家课程征求意见稿》,发布后公开征求意见几度修改,然后以议案的形式提交议会讨论,终于在 1988 年 7 月 29 日通过,成为具有法律效力的文件,即《1988 年教育改革法》。国家课程是教育改革法的核心问题,从 1976 年卡拉汉首相发表演讲引起全国教育大辩论到《1988 年教育改革法》颁布标志国家课程政策的正式形成,历时 12 年。1999 年课程与资格当局向教育大臣递交了改革国家课程的建议。同年 7 月,新的课程改革方案出台,到 9 月,布莱尔政府对全国统一课程进行了修订,发布了新的全国统一课程,并于同年发布了新的《国家课程》文件,规定从 2000 年 9 月起英国中小学开始实施新的国家

---

① 注: DfES: Department for Education and Skills,现已改为 Department for Education。

课程标准。2013 年 9 月，教育部颁布了指导基础教育开展课程改革的一个纲领性指导文件《英格兰国家课程——框架文件》并计划于 2014 年实施。

《国家课程》是英格兰中小学使用的一系列科目和标准。它涵盖学校教授的每个科目和学生应达到的标准。《国家课程》把义务教育分为四个"关键阶段"（key stage，简称 KS）。《国家课程》规定了教学目的及教学内容，保证每个学生获得相同水平的教育。它向学生介绍了受教育的公民所需的基本知识。它为学生介绍最好的思想，有助于促进其对人类创造力和成就的欣赏。《国家课程》只是每个孩子教育的一个要素。在学校运作过程中，任何时候都有可能超出《国家课程》规范范围。《国家课程》提供了核心知识的概要，教师可以在其中发展激励学生的课程，以促进学生对知识的理解和技能的发展，作为更广泛的学校课程的一部分。

《国家课程》每个关键阶段的必修课程，如表 5－1 所示：

表 5－1　《国家课程》每个关键阶段的必修课程①

	关键阶段 1	关键阶段 2	关键阶段 3	关键阶段 4
年龄	5—7	7—11	11—14	14—16
年级分组	1—2	3—6	7—9	10—11
核心课程				
英语	✓	✓	✓	✓
数学	✓	✓	✓	✓
科学	✓	✓	✓	
基础课程				
艺术与设计	✓	✓	✓	
公民教育			✓	✓
计算机技术	✓	✓	✓	✓
设计与技术	✓	✓	✓	
语言		✓	✓	
地理	✓	✓	✓	
历史	✓	✓	✓	
音乐	✓	✓	✓	

———————

① 注：关键阶段 2 语言被称为"外语"；关键阶段 3 语言被称为"现代外语" https://www.gov.uk/government/publications/national-curriculum-in-england-framework-for-key-stages-1-to-4/the-national-curriculum-in-england-framework-for-key-stages-1-to-4.

艺术(包括艺术与设计、音乐、舞蹈、戏剧和媒体艺术)、设计和技术、人文学科(包括地理和历史)和现代外语不是 14 岁以后的必修《国家课程》科目,但所有公立学校的学生都必须在这四个领域里选择一门科目。与此项有关的法定要求是:学校必须在四个领域中提供至少一门课程;如果学生愿意的话,学校必须提供机会让学生在四个领域都选修一门课程;符合要求的课程必须使学生有机会获得批准的资格。

5.2 《国家课程》中的现代外语

学习外语是从孤立中解放并提升对其他文化理解的途径。高质量的语言教育应该促进学生的好奇心,并加深他们对世界的理解。外语教学应使学生能够用另一种语言表达他们的思想和想法,并且能够以言语和写作的方式来理解和回应说话者。它还应该为学生提供交流的机会,使其学习新的思维方式,以源语阅读文学著作。语言教学应为学习更多语言提供基础,使学生能够在其他国家学习和工作。

《国家课程》旨在确保所有学生:① 理解和回答来自各种真实来源的口头和书面语言,增加说话自信度、流利度和自发性。② 寻找方式传达他们想说的话(包括通过讨论和提问)以及不断提高他们的发音和语调的准确性。③ 使用他们学到的各种语法结构来发现和发展对所研究语言的一系列写作的欣赏。④ 教授任何现代或古老的外语,应侧重于使学生在一种语言中取得实质性进步。教学应该提供口语和书面语言的适当平衡,并应在关键阶段 3 为进一步的外语教学打下基础。它应该使学生能够用学到的语音学、语法结构和词汇的知识理解和传达语言和写作中的想法、事实和感觉。现代外语的学习重点应该是实际交流,如选择一种古代语言,重点将是为阅读理解和对欣赏古典文明提供一个语言基础。学习古代语言的学生可以参加简单的口头交流,而他们所读的东西的讨论将用英语进行。古代语言的语言基础可能会对"关键阶段 3"现代语言的学习有所帮助。

2011 年 12 月,教育部公布了《国家课程框架》,专家小组报告了《国家课程》的审查结果。作为教育部对专家小组关于小学课程建议的答复的一部分,国务大臣宣布打算在关键阶段 2,即 3~6 年级,强制实行外语教学,因为尽早教学生学习外语很重要。语言对国家的社会和经济利益至关重要。学习语言有助于孩子们了解他们生活的世界和全球不同的文化,而能够以对方的母语与对方沟通是在社会、教育或职业生活中建立关系的起点。因此,政府打算从关键阶段 2 起向所有学生教授外语。在关键阶段 2 强制实施外语教学将增加在公立学校必须进行的外语教学的总量,政府鼓励提供更大的一致性,帮助提高他们的语言技能。2011 年 1 月,政府启动了对《国家课程》的审查,目的是为英国学生提供一切可能的机会,通过确保他们在关键科目中学习基本知识，最大限度地发挥潜力。初级外语教学有其存在的必要性：① 它将保证所有公立学校的学生受益于目前所需的外语教学总量，将四年的关键阶段 2 增加到关键阶段 3 的现行法定要求；② 它将促进更多的公平和机会平等。如果学生所在的学校有大量学生有资格获得免费学校午餐，同时有很多学生的英语是一门外语，在这种情况下就不可能只教这些学生一门外语①；③ 通过设定目标，把外语作为强制性语言将为小学在语言方面的进步建立高标准。这个国家目标将作为所有学校的基准，包括那些不需要遵守《国家课程》的学校。家长也可以了解这些标准的内容。这将有助于从小学到中学更有效地过渡，从而保证中学外语教学的质量和有效性②。④ 它也会对关键阶段 3 的效率产生影响并节省时间。随着时间的推移，中学只需要花费更少的时间和精力来确定 7 年级学生以前学习的内容，以使他们达到相同的标准。这个额外的时间可以用于协助成绩差的学生以及提高整体达标水平。

政府的审查专家小组在综合了其他国家的经验、主要利益相关方的意见和对审查呼吁书的答复后提出建议：语言教学应在《国家课程》早期提出。这一提议受到广泛支持，82% 的受访者表示在关键阶段 2 语言教学应该是强制性的。

5.3 《国家课程》中的语言能力标准

本节将从语言能力标准的表述、语言能力标准设定方面的问题、能力水平描述的问题三方面开展对《国家课程》中的语言能力标准的研究。

5.3.1 语言能力标准的表述

级别描述符（level descriptors）表示学习的结果。然而它们还被用作单元开发的指南以确保学习者在完成特定层次时的知识和技能标准。因此，水平描述符代表学习者在特定水平上的成就。然而，它们不表示学习者在水平内的表现。级别描述符的主要目的是允许学习者、组织、雇主和公众了解完成特定级别所需的知识和技能范围③。

《国家课程》中现代外语的等级标准是一个分 8 个级别描述性的语言能力标准，在听、说、读和写方面具有连续性。它分为四种语言技能，顺序依次为听、说、读、写，每个技能分为 8 个级别。语言能力水平的发展从低到高具有连续性，而分级又是出于语言学习、教学、测评的实际需要。语言学习是个性化的，它的进程是

---

① 来源：Launch Date 6 July 2012，Respond by 28 September 2012，Ref：Department for Education.
② 详见网址 http://www.accreditedqualifications.org.uk/level-descriptors.html.
③ 详见网址 http://www.accreditedqualifications.org.uk/level-descriptors.html.

持续的；具有可操作性的外语能力量表应该是多用途的、灵活的、开放的、动态的（刘壮等，2012）。

5.3.2　语言能力标准设定方面存在的问题

《国家课程》的评价标准也受到了很多批评（Mitchell，2003）。其在能力标准设定方面存在以下三个问题：

第一，它将对语言学习成果的思考锁定在一种过时的"四种技能"模式中，这种模式早于交际时代，并在某种程度上与交际相反。在现实世界中，技能通常会一起使用以实现一些非语言目标。例如，我们通常为了写作阅读，我们倾听以便说话等。因此，"分散技能"框架作为定义交际目标的手段是有问题的。从学习理论的角度来看，很难把语言技能的处理作为单独的学习分支。语言学习研究者对二语输入（听和读）的处理、二语输出（说和写）的产生和内部目标语言系统的发展之间的精确关系提出了争议。然而，这种关系的存在是毫无疑问的。分离"语言技能"的课程框架可能是为了有利于更加集成的学习活动的分层培训，这些学习活动充分利用了已知的互联。

第二，它没有在语言发展方面以任何细节或特殊性来概念化进步。原来的国家现代外语课程工作组建议设置了一个关于"发音、单词和结构"的章节，这可能形成了一个更全面且规范的基础，即学习者的底层语言系统预期开发。但是，这种缺失只是把对具体的语法连续性进步的评价推给了老师。

第三，《国家现代外语课程》系统的达标水平表明了学习者的发展进步。但语言发展的研究明确显示二语学习是一个更复杂和递归的过程，具有多个互连和回退，以及在准确性、流畅性和复杂性的进步之间的复杂权衡。

第四，《国家现代外语课程》的达标目标作为严格的评估工具也存在问题。各种级别描述符以这样的一般术语来编写，难以将它们系统地与学习者的实际表现所基于的语言知识相关联。

5.3.3　语言能力水平描述方面存在的问题

《国家课程》的语言能力标准在能力水平描述方面也存在一些问题。

（1）阅读级别描述符似乎有点令人困惑。比如为什么在最低层次的学习者不能进行过长的会话交流，而必须从一开始就指的是"过去，现在和未来的行动和事件"。有大量的研究证据表明，即使是未经学习的初学者也可以用极其有限的语言资源成功地完成所有这些事情。当然，早期的初学者虽然可以做所有这些事情，但只是通过使用一个未开发的语言系统，与目标语言的常规规范相比显得很奇怪。早期初学者只有在严格控制的条件下，才能够满足目标语言的标准规范（即在语法和变形方面表现准确）。

（2）《国家现代外语课程》级别描述符中存在缺陷，即将学习者输出限制为"两个或三个交换""主要记忆语言"等，因此清楚地反映了其对学习者输出准确性的特别关注。例如，对学习者掌握非现在式的期望推迟到等级 5 和 6，可能是因为非现在式要求学习者出于该交际目的使用适当的变形动词和时态。然而，为训练学习者准确地表达，老师可能忽视口头互动或其他更多方面的发展，这些一直是研究人员所认为的中介语系统提高所需要的。特别是，他们可能未意识到虽然对话的风险承担和交流的支架作用似乎在短期内会威胁到语言的准确性，但从长远来看这对促进语言流利性及增加交流复杂性至关重要。

《国家课程》是英格兰中小学教学的指导性文件，课程共设置了 12 个学科，包括核心学科和基础学科，课程计划指出了各个关键阶段需要学习的知识、技能和过程。《国家课程》将中小学共划分为四个关键阶段。《国家课程》规定外语为关键阶段 2 和 3 的必修课程。国家语言课程旨在确保所有学生理解和回答来自各种真实来源的口头和书面的语言，增加说话的自信度、流利度和自发性。《国家课程》对每一阶段的外语标准描述从听、说、读、写四个方面分为 8 个等级。这一等级描述在能力设定和描述方面受到了一些学者的批评。

第6章
中英语言能力标准比较分析

中英课程标准都对外语所要达到的标准有详细的表述,其中存在着相同点和不同点。本章就英国《国家课程》和《义务教育英语课程标准》(2011 年版)进行比较研究。本章拟选取英国的关键阶段 3 和与其对应的中国的 7—9 年级的分级标准进行对比研究。中国的外语课程标准分别对英语、日语、俄语进行了详细的规定,而英国没有对某一语言进行规定,只是对所有的外语学习进行统一的规定。因此本章选取了中国的英语课程标准与英国的外语课程标准进行对比。

我国英语课程分级标准包含语言技能(听、说、读、写)、语言知识(语音、词汇、语法)、学习策略、文化意识和情感态度五个维度,在学生学习的不同发展阶段阐述了其对应的级别和要实现的具体目标。英国在外语课程目标中也对语言技能、语言知识、学习策略和文化意识这四个方面提出了要求,但在具体的分级描述中只对语言技能的听、说、读、写四个方面进行了描述。中国对于语言技能的分级也分为了听、说、读、写四个方面,各方面分为 1—5 五个等级。2 级为小学毕业要达到的水平,5 级则为初中毕业所要达到的水平。

由于两国对英语课程目标标准划分的不同,所以在比较内容时只能对相似或相近部分比较。为了对两国课程分级标准的内容进行更直观的比较,笔者将对中英两国课程分级标准有关语言技能的听、说、读、写四个部分进行比较。英国的 7—11 年级(关键阶段 3—4)属于初中教育,因此本章就选取中国的初中阶段与英国初中阶段的外语分级标准进行对比分析。英国的语言技能标准大体上与中国的语言技能标准相对应。课程标准语言技能方面,中国将其分为 3—5 级分别进行描述,而英国则采用 8 级描述,听、说、读、写分别用 8 个级别进行描述。

6.1　语言技能分级标准中"听"的比较

表 6‑1　中国和英国语言技能——"听"的标准对照表

级别/学段	中国《义务教育英语课程标准》中关于"听"的标准描述	级别/学段	英国《国家课程》外语课程中关于"听"的标准描述
3级（7年级）	能识别不同句式的语调，如陈述句、疑问句和指令等；能根据语调变化，体会句子意义的变化；能感知歌谣中的韵律；能识别语段中句子之间的联系；能听懂学习活动中连续的指令和问题，并做出适当的反应；能听懂有关熟悉话题的语段；能借助提示听懂教师讲述的故事。	1—4级（7—9年级）	学生理解简单的课堂指令、短的陈述句和疑问句；他们在没有噪声或干扰的情况下，理解讲话、面对面交谈或高品质的录音。他们可能需要一些帮助，如重复和手势；学生理解一系列熟悉的陈述句和问题（例如日常课堂语言和设置任务说明）。他们能回应一个明确的标准语言模型，但某些地方可能需要重复。
5级（9年级）	能根据语调和重音理解说话者的意图；能听懂有关熟悉话题的谈话，并从中提取信息和观点；能借助语境克服生词障碍、理解大意；能听懂接近自然语速的故事和叙述，理解故事的因果关系。	5—8级（10—11年级）	学生在没有干扰的情况下理解以正常速度由熟悉的语言组成的简短的段落。这些段落包括说明、信息和对话。学生识别并注意要点和个人回应（例如，喜欢、不喜欢和感觉），但可能需要部分重复。学生在几乎没有干扰的情况下理解以几乎正常的速度讲话的较长的段落，这些段落由简单句子中熟悉的语言构成。他们能识别并注意要点和一些细节，但某些地方可能需要重复。

　　"听"指的是识别和理解语篇的能力，表现为听得懂语言。[1] 从中英语言技能标准"听"的标准对照表中可以看出，中英两国都很重视听力技能的培养。中国中学听力标准的内容要求是较高的，里面的许多内容是英国高中生才能达到的标准。中国对听力标准的描述，不仅要求能正确地听发音，而且能根据听到的内容做出相应的动作和反应，还要能准确地理解所听到的内容，包括内容主旨大意和各种细节。中国9年级学生还要根据听到的交流信息，进行概括并合理地表达意见。可见，中国在中学阶段对学生的听力水平要求是比较高的，也可看出我国在中学阶段就突出了听力教育的重要性。

---

[1]　中国教育部.义务教育英语课程标准(2011年版)[R].北京：北京师范大学出版社,2012.

6.2 语言技能分级标准中"说"的比较

表 6-2 中国和英国语言技能——"说"的标准对照表

级别/学段	中国《义务教育英语课程标准》中关于"说"的标准描述	级别/学段	英国《国家课程》外语课程中关于"说"的标准描述
3级（7年级）	能在课堂活动中用简短的英语进行交际；能就熟悉的话题进行简单交流；能在教师的指导下进行简单的角色表演；能利用所给的提示简单描述一件事情；能提供有关个人情况和个人经历的信息；能讲述简单的小故事；能背诵一定数量的英语小诗，能唱一些英语歌曲；能在上述口语活动中做到语音、语调基本正确。	1—4级（7—9年级）	学生们用单词或短语简单回答所看到和听到的内容。发音或是近似的，可能需要口语模型和视觉线索的帮助；学生能够对所看到和听到的内容做出简单回应；能够用外语描述人物、地点和物体；能够使用固定短语（如要求帮助和许可），发音可能仍然是近似的，表达时可能犹豫不决，但意思很清楚。
5级（9年级）	能就简单的话题提供信息，表达简单的观点和意见，参与讨论；能与他人沟通信息，合作完成任务；能在口头表达中进行适当的自我修正；能有效地询问信息和请求帮助；能根据图片进行情景对话；能用英语表演短剧；能在以上口语活动中做到语音、语调自然，语气恰当。	5—8级（10—11年级）	学生在视觉或其他线索帮助下可以参加至少两三个简短的交流任务；可以用短语表达个人回应（如喜欢、不喜欢和感觉）。虽然他们主要使用记忆语言，但有时会用词汇来替代问题或语句。

"说"是用外语表达思想、传输信息的能力。从中英语言技能标准"说"的标准对照表中可以看出，中英两国也都很重视"说"这一技能的培养。相比之下，中国对学生在说方面的要求比较高，内容也很丰富具体。首先，中国要求学生能就简单的话题提供信息，表达简单的观点和意见，参与讨论并合作完成任务；而英国要求学生在视觉或其他线索帮助下参加至少两三个简短的交流任务，中国在说的内容的深度和广度上远远超过英国。第二，中国要求学生具有能用语言进行沟通和交换信息的技能，能用口语展示信息、总体概括及表达有关自己和身边事项信息的感受和意见，这不仅要求学生会说，而且注重学生的理解，要求学生在理解的基础上说，而英国要求学生倾向于模仿或表达一些简单的日常用语或交流个人信息，忽略了理解的层次。第三，中国一定程度上注重学生说的独立性，比如让学生单独用口语表达对各种身边事项的意见，而英国强调学生需要教师和道具的帮助。中国在说

的标准方面对学生的语音和语调做出了规定，如在英语表达上能清晰地发音，语调和意义相符，而英国没有这方面的要求。

6.3 语言技能分级标准中"读"的比较

表 6-3 中国和英国语言技能——"读"的标准对照表

级别/学段	中国《义务教育英语课程标准》中关于"读"的标准描述	级别/学段	英国《国家课程》外语课程中关于"读"的标准描述
3级（7年级）	能正确地阅读课文；能理解并执行有关学习活动的简短书面指令；能读懂简单的故事和短文并抓住大意；能初步使用简单的工具书；课外阅读量应累积达到4万词以上。	1—4级（7—9年级）	学生可以理解在熟悉的语境中以清晰的脚本呈现的单词，可能需要视觉帮助；学生理解熟悉的短语。通过阅读熟悉的单词和短语来把发音和单词相匹配。可以用工具书或词汇表来找出新词的含义。
5级（9年级）	能根据上下文和构词法推断、理解生词的含义；能理解段落中各句子之间的逻辑关系；能找出文章的主题，理解故事的情节，预测故事情节和可能的结局；能读懂相应水平常见体裁的读物；能根据不同的阅读目的运用简单的阅读策略获取信息；能利用词典等工具书进行阅读；课外阅读量应累积达到15万词以上。	5—8级（10—11年级）	学生可以理解书籍或文字处理中熟悉的语言组成的短文和对话；可以识别并理解要点并作出个人回应（如喜欢、不喜欢和感觉）；开始独立阅读，选择简单的文本，并使用双语词典或词汇表来查找新词。

"读"是认识和理解书面语言，是识别字符和把文字符号转换成有意义的信息的输入能力。从中英语言技能标准"读"的标准对照表中可以看出，中英两国对语言的读写方面有不同程度的要求。在读的方面，中国对中学阶段学生的要求较英国而言更高，内容也相当的详细，从第三级到第五级的标准中可以看出，学生阅读技能有着"从正确阅读课文到理解文章段落中各个句子之间的逻辑关系"的发展过程，体现了语言技能目标的一致性和整体性。学生不仅要读懂不同形式的作品，还要能理解其主旨，这些要求是英国许多高中学生才能达到的，英国仅仅要求学生能理解书籍或文字处理中的熟悉的语言组成的短文和对话。在第5级，中国"读"的分项标准中要求学生能根据不同的阅读目的运用简单的阅读策略，掌握阅读策略让高年级的学生养成这种阅读习惯是很有必要的，而且对以后的阅读也是有帮助的，而英国在此标准中没有提及阅读策略。

6.4　语言技能分级标准中"写"的比较

表 6-4　中国和英国语言技能——"写"的标准对照表

级别/学段	中国《义务教育英语课程标准》中关于"写"的标准描述	级别/学段	英国《国家课程》外语课程中关于"写"的标准描述
3 级 (7 年级)	能正确使用常用的标点符号;能使用简单的图表和海报形式表达信息;能参照范例写出或回复简单的问候和邀请;能用短语或句子描述系列照片,编写简单的故事。	1—4 级 (7—9 年级)	学生可以正确地抄写单个熟悉的单词;可以选择适当的单词来完成短语或句子;可以正确地抄写熟悉的短语;可以写出课堂中经常使用的文字处理项目(例如简单的标志和指令)和短语。当他们根据记忆写出熟悉的单词时,能大致拼写正确。
5 级 (9 年级)	能根据写作要求收集、准备素材;能独立起草短文、短信等,并在老师的指导下进行修改;能使用常见的连接词表示顺序和逻辑关系;能简单描述人物或事件;能根据图示或表格写出简单的段落或操作说明。	5—8 级 (10—11 年级)	学生在辅助工具(如教科书、挂图和自己的书面作业)的帮助下,可以就熟悉的主题写两到三个短句;可以表达个人回应(例如喜欢、不喜欢和感觉);可以根据记忆写出短语,拼写基本正确;可以写出大约三四个简单句子的独立段落,大部分以记忆语言为基础;开始使用语法知识来改写和替代个别的单词和固定短语;开始使用词典或词汇表来检查他们学到的词。

"写"是用书面语表达思想、传递信息的能力。在写的方面,相比之下,中国和英国的要求非常接近,不存在很大的差别。中国在小学阶段对"写"的最高要求是能根据图示或表格写出简单的段落或操作说明,而英国的最高要求是可以写出由几个简单句组成的段落。

通过框架对比可以看出,中英两国都很关注语言技能、语言知识和文化意识在英语教学中的重要性,然而不同的是英国较中国更注重外语作为语言的交际功能和语言与其他学习领域的关联,而中国较英国更注重学生通过英语的学习获得的全面的发展,例如在情感态度方面。通过中国和英国语言技能分级的听、说、读、写四个方面的对比,可以发现在听、说、读这三个方面中国较英国要求相对高了一点,深度也更深。而两国在写这一方面,标准要求差别不大。

第7章
宏观和微观视角下英国语言教育政策对我国的启示

尽管英国的语言教育存在不少问题,但英国的《外语教育发展战略》对我国的外语教育改革仍然有很多可借鉴之处。英国的整体教育水平比较高,而且其仍然是欧洲的中心国家之一(程晓堂,2006)。英国的语言教育改革吸收了欧洲很多国家的成功经验和先进理念。因此,英国语言教育政策和课程标准对我国的外语教育有一定的启示作用。本章将从宏观和微观视角,分析英国语言教育政策对我国外语教育政策的启示和其可借鉴之处。

7.1　宏观英国语言教育政策对我国的启示

宏观英国语言教育政策对我国外语教育政策的发展有几点启示,我国的外语政策制定应全面认识外语教育的意义,强调多种外语的学习,注意不同阶段外语教育的衔接,加大财政投入和师资培训,并注重合作。

7.1.1　全面认识外语教育的意义

英国的《外语教育发展战略》指出,外语教育有利于促进人的发展、人与人之间相互理解、文化和语言的多样性、社会凝聚力以及国民参与国际经济活动的能力。另外,学校的外语教育还有利于充分挖掘学生的学习潜力,促进学生心智、情感及审美能力的全面发展。也就是说,学习外语不仅仅是掌握一种交际工具,它还有很多其他方面的重要意义。近几十年来,我们一直比较重视外语教育,但我们对外语教育意义的认识还不够全面:强调外语的工具性,忽视了外语的人文性。如果不能全面认识外语教育的意义,外语教育就不可能得到持续、健康的发展。在近几年的新课程培训过程中,有些中小学英语教师提出了这样一个问题:现在我们要求中小学生都学外语,但是很多地区的升学率仍然很低,初中升高中的学生是少数,而从高中到大学的学生又是少数。这样,最后真正能用到外语的人是少之又少。那么对于多数中小学生来说,学习外语不就是极大的浪费吗? 如果完全从功利主义的角度来看,学了外语而不使用的确是人力、物力和财力的浪费。但如果全面认识外语教育的意义,那么即使很多学生最终不使用外语,外语学习也并非浪费。就像体育、音乐、美术等课程一样,外语是促进学生全面发展的重要学科,中小学生虽然都学习音乐、美术,同样很少有人最终成为音乐家、美术家或者在工作中用到音乐和美术。

7.1.2　强调多种外语的学习

英国是个文化多元的国家,非英语为母语的人口占相当大的比例,也正因如此,仅伦敦就有三百多种语言。所以,英国的外语发展战略不仅要求提供学习主要欧洲语言(如法语、德语、西班牙语、意大利语)的机会,而且要求开设教授其他地区主要语种的课程,如汉语、俄语、日语。这一战略的目的是,不仅使英国国民在经济、贸易、文化交往中能够以更丰富的外语能力与世界各国交流,而且有利于促进英国国内的社会凝聚力(community cohesion)以及与其他国家的人民之间的相互理解。英国各个地区在制定外语政策时都考虑多语言发展,强调语言的多样性。特别是苏格兰的"1 + 2"模式。外语教育绝对不应该是一两种外语的教育,而应该是多种语言的教育。我们可以不要求学生学习和掌握多种语言,但我们应该给学生提供学习多种语言的机会。在中国,我们提到外语教育,往往自然地想到英语教育。目前,我国中小学开设的外语课程几乎全部是英语,学习俄语、日语的学生人数偏少,学习其他语种的学生更少。

外语教育中的语种单一化现象有客观原因,但也有主观因素。功利主义就是其中一个主要原因。很多人(包括学生、家长、教师)认为,学习小语种不利于升学考试,也不利于就业。我们认为,在推进外语教育改革过程中,要克服外语语种过于单一化的现象。现在有些中学开始开设第二外语课程,对此我们认为教育部门和社会要给予积极的鼓励和支持。有条件的学校(包括大学、中学和小学)不仅可以多开设一些不同语种的外语课程,供学生选择学习,而且要把这些外语课程的学习成绩记入总学分或学业成绩记录。

7.1.3　注意不同阶段外语教育的衔接

英国的语言教育特别注意小学外语课程与中学外语课程的衔接问题。同一区域的小学在相互合作和协作、交流课程方案与实际教学操作方式的同时,还和该地区的中学建立联系,交流课程计划和学生在外语方面的成就。这样小学与中学的外语教育就能衔接起来。另外,英国的教育技能部还特别强调高等院校与中小学在外语教育方面的配合和合作。在我国,大、中、小学的外语课程的衔接问题一直是一个大难题。尽管教育主管部门和各方面人士都意识到这个问题，但都没有以合作、协作的态度来对待和解决这个问题。现在正在进行的新一轮基础教育改革有望初步解决小学与中学的衔接问题。但如何解决中学与大学的衔接问题还没有提到议程上来。在一次课程改革研讨会上，一部分大学外语教师了解到现在中学新课程体系中开设的外语课程以后提出一个问题：现在中学开设的很多外语课程与大学开设的课程相同，那么，大学的外语课程还教什么？尽管这个问题提得并不十分科学，但它反映了一个问题，即中小学没有就外语课程改革与大学进行必要的沟通和协调。

7.1.4 加大财政投入和师资培训

英国各个地区在其语言教育政策中非常重视对教师的培训。政府不断加大国家财政对语言教育的投入，加强师资培训。苏格兰和英格兰的教育政策都有专门针对教师培训的部分。语言教育的规模、投入应建立在科学调研，准确测算的基础之上，并且应该以语言经济学理论为指导。目前我国的外语教育区域差异较大，南北差异、东西差异和城乡差异普遍存在。我国是一个农业大国，农业人口居多，要想提高全民的外语水平，在制定外语教育政策和规划的时候就更应该把农村学生的外语教育问题放在重要位置（金志茹、李宝红，2008）。而提高我国外语教学质量的关键在于教师。在基础教育阶段，合格外语教师缺口很大。仅以小学为例，合格英语教师缺口为 26%（徐启龙，2010）。如果在中小学开设除英语外的其他外语课程，必须首先解决师资问题。因此，我国政府应采取措施，增加师范院校中外语专业的招生数额。应通过调查统计，按照在各级各类学校中学习外语的学生以及为今后发展所需要培养的外语人才的数额来计算出所需各级各类外语教师的数量，以此为依据安排师范院校外语专业每年的招生计划。同时，国家应拨出专款，设立外语培训项目，加强对现有教师的国家级培训。从目前情况看，校外的外语培训活动还没有得到国家层面的安排，主要是由民办或外资机构开办的各类培训学校开展。

7.1.5 注重合作

一个良好的外语教育政策不仅需要明智的政策制定者，同时更需要良好的政策执行者。英格兰、苏格兰、威尔士和北爱尔兰在制定语言教育政策时，都特别重视各个部门的相互合作。只有各个部门充分发挥各自的作用，共同建言献策才能制定出全面合理的政策。例如，《北爱尔兰语言战略》是由现代语言国家委员会、皇家文学和文化研究国家委员会联合发布的。外语政策能够顺利进行，不仅依靠政府和学校，还牵扯到众多的利益相关方。合作还应考虑包括私立语言学校、商业语言教育和培训机构、企业、志愿团体和社区以及各个教育机构和协会在内的利益攸关方,要动用一切社会力量,充分利用一切社会资源。外语教育政策的颁布和实施并不是一时一地的,而是牵一发而动全身的。政策制定者不仅要考虑外语学习者,而且要考虑外语教授者。制定课程标准是为实际教学服务的。

7.2　微观英国语言教育课程标准对我国的启示

微观英语语言教育课程标准对我国课程标准的制定同样有着重要启示,我国课程的制定应考虑实效性,提高各学段的针对性;应加强英语与其他学科的联系;还应注重语言在课堂外的应用。

7.2.1　考虑实效性,提高各学段的针对性

英国的课程没有把四个地区按照统一标准划分,而是各个地区灵活规划。课程要有利于权力下放,鼓励社会参与教育活动,也要符合实际的情况和当地的需求。英国基础教育课程实施方式的灵活性是值得我们借鉴的。其标准真正起到了提纲挈领的作用,从宏观上引导各教育区、各教育机构、各学校的外语学习,同时充分考虑了各地的实际情况,要求各教育区标准与国家课程标准总体上协调,各校也可根据学生情况灵活处理。相比来说,中国《义务教育英语课程标准》(2011)的实际操作难度较大,它所规定的每一级别的教学目标相对固定,但对来自不同背景的区域、学校、学生之间的差别考虑不足,因而预定的目标不容易实现。例如,我国的中西部地区由于教学条件和教学设施的缺陷,要达到中学英语课程标准中每一学段的目标是很难的,另外,中国《义务教育英语课程标准》(2011)对每一学段的针对性差别不大,忽略了每一学段教学方法特点的差别(赵玉玲,2015)。例如,我国的英语课程标准对每个阶段的小学生的各方面标准规定得过于细致,对教师的教学建议规定得也过于周密。这样的细化给学生和教师留下的发展和创造的空间太小,不利于学校形成特色课程和特色文化。因此,国家可以适当将课程权力下放,以省份或地区为单位,以《义务教育英语课程标准》(2011)为参照基础,自行创设适合该省份和地区的小学英语课程标准,不同的课程标准既可以体现不同地区的教育特色,也可以使得各个地区相互竞争相互学习,从而推动中国的小学英语教育进一步发展。例如,我国的上海市就有其自己的小学英语课程标准——《上海市中小学英语课程标准(征求意见稿)》。由于上海市的经济情况和教育情况在国内是比较领先的,所以《标准》(2011)对上海市来说只能是具有一定的参考价值,同时由于该市有自己的英语教育特色,所以让上海市按部就班地按照《标准》(2011)中的每一阶段标准来实施教学是不妥当的。

7.2.2 加强英语与其他学科的联系

与我国外语教育不同,英国特别是北爱尔兰的语言教育政策充分体现了外语学习与其他学习领域的关联。北爱尔兰在其基础教育中强调外语对其他科目的作用,那就是学生可用外语阅读、讨论或分析从其他学科中学到的技能,从而扩展获取知识的渠道。在北爱尔兰,外语学习被纳入 STEM 科目组,到关键阶段 3 语言尤其被视为促进跨课程技能的沟通和扫盲的发展的工具。而在我国,英语仅仅是作为一门独立的学科存在的。中国《标准》(2011)中几乎没有英语课程与其他科目之间联系或相互作用的内容。

事实上,不同知识领域之间的融合、交流已经是当代教育的一大趋势,而外语教学担当着获取国外科学、社会学、数学、音乐等领域先进信息的重任。从长远看,中国在制定英语的课程标准时,注重加强英语与其他学科联系的课程实施方式有利于我国的英语教学及与其他国家在技术等领域的合作。更重要的是,用外语关联其他学科的知识,为进一步学习、提高和扩展视野提供了基础,学生的学习热情和综合素质也可得到提高。

7.2.3 注重语言在课堂外的应用

英国语言教育鼓励学生在学校、社区及社会的各种场合中使用外语,用外语作为进一步学习、工作及与世界交流学习的基本工具。在课堂外,英国学生为个人喜好或充实自我不断提高目标语言技能,加深文化理解。通过语言技能的广泛应用,学生们获得继续进行语言学习的动力,也发展了参与全球共同体的终身兴趣。相比较而言,中国《标准》(2011)对课堂英语教学提出了明确、清晰的规定,而对英语语言在课堂外的应用重视不够,学生们一般通过模拟的活动练习英语,很少有机会实际使用英语进行交流。我国在早期的英语教学中也是较重视语言知识的教授,而忽视学生对语言的实际运用能力。随着经济全球化的发展,学生仅仅能读懂英语已经不能满足时代的需求了,更重要的是让学生学会正确、恰当地使用英语。此外,中国《标准》(2011)中的学习策略更适用于初中或高中阶段的学生,就小学生的发展水平而言,学习策略看起来实用性有待提高。因此,中国学生也应该得到在课堂外使用英语知识和技能的更多机会,中国英语课标的制定应考虑充分利用现代教学条件为学生英语学习提供更多的机会。学校或者老师们可以通过现代教学资源,组织一些有趣的课外活动,或者鼓励学生在当地社区与外国人交流或者参观外企等,以此激发学生的学习兴趣,并帮助他们在实际生活中学习英语。

结 语

　　深化外语能力测评体系改革,完善我国外语能力标准是落实我国外语教育改革和发展规划的重要举措。以输出驱动的外语能力标准是指学生在完成各学段时应该具备的基本外语素养及其应该达到的具体水平的明确界定和描述。根据国际上目前最新的外语教育政策和实践研究,外语能力标准大体上可以分为三种模式:以英国为代表的成就目标及其表现水平模式、以美国为代表的案例例证模式和以澳大利亚为代表的成就图模式。外语能力标准应是以外语学科能力模型为核心的规范性表现标准和实际表现标准相结合的产物。深化外语能力测评体系改革并完善我国外语能力标准将极大地提高我国外语界对外语学科能力和素养的重视。我国外语能力标准的后期完善工作可以考虑遵循计划、调研、开发、意见征询和采纳的整体思路。

　　通过比较美国、澳大利亚、英国、加拿大四国的外语能力标准的研制、完善、修订和发展的经验以及具体做法,如研制背景(需求分析)、整体架构设计、素养模型建构、编排与表述模式、实践策略、反馈修订等,尝试为完善我国外语测评体系,尤其是完善《中国英语能力等级量表》的修订提供参考,进而实现本领域的知识创新。

　　在本系列专著中,笔者主要进行了五个相关专题的研究,包括本书中的加拿大篇和英国篇研究,以及美国篇、澳大利亚篇和中国篇研究(收录于本书的姊妹篇专著《外语能力标准的国别研究——美国与澳大利亚》中)。

　　在加拿大篇的研究中,笔者选取了《加拿大语言能力标准》《加拿大语言能力标准2000:实施指南》《英语为第二语言的学习者的读写量表》《基本技能》《加拿大护士英语语言能力标准评估》五个文件进行了深入研究。

　　笔者重点研究了加拿大第二语言测评二十年的实践经验及其对我国的启示,从语言能力标准的发展历程、理论基础、目标人群、整体架构、描述方式、信度效度、实践应用、优势与不足等几个方面进行了深入研究。笔者从中发现了加拿大外语能力测评体系的优势:第一,语言能力标准以语言使用任务为基础,便于教师和学生进行操作；第二，以标准为基础的《实施指南》为教师提供了切实可行的指导；第三，《加拿大语言能力标准》作为一项国家标准，统一了加拿大语言教学的课程规划、语言能力评估和测试；第四，以标准为基准的相关衍生品为行业英语标准奠定了良好的基础；第五，该标准在学生学习和工作应用方面发挥的作用巨大；第六，经过 20 余年的反复修订，该标准逐步趋于完善。

在英国篇的研究中，笔者选取了四个语言教育政策文件和一个能体现语言能力量表的国家外语课程标准文件。分别是是苏格兰语言教育政策——《苏格兰的语言学习：1＋2 模式》(2012)、北爱尔兰语言教育政策——《未来语言：北爱尔兰语言战略》(2012)、威尔士外语教育政策——《全球未来：改善和促进威尔士现代外语的计划 2015—2020 年》(2015)、国家课程政策——《英格兰国家课程—框架文件》(2013—2014)。

笔者从宏观和微观视角对英国的语言教育政策进行了深入研究。宏观视角分别从时间维度和空间维度进行了深入研究。笔者首先对英格兰的语言教育政策进行历史发展梳理，然后分别研究英国各地区（英格兰、苏格兰、威尔士及北爱尔兰）的语言教育政策。微观视角下，笔者对语言教育政策在学校中的实施情况，以及《国家课程》中的语言课程实施状况进行了详尽的研究，此外还对中英语言课程标准进行了比较分析。通过宏观和微观视角的综合研究，笔者发现英国语言教育政策的优缺点并探讨其对中国外语教育政策完善的启示。通过研究发现，英国的语言教育政策在宏观方面注重多语言教育、语言的经济意义以及对语言教育的资金投入和教师的培训。微观角度，在学校教育中英国注重语言的跨学科教育、语言教育的实效性以及语言在课堂外的使用。

在美国篇的研究中，笔者选择了五个和美国的外语能力标准相关的文件，分别是：《ACTFL 外语能力指导方针》(2012)、《语言绩效描述语量表》(2015)、《语言学习的世界标准》(2012)、《NCSSFL－ACTFL 全球外语能力"能做"绩效指标体系》(2017)，和《世界各种语言教学实用指南》。

笔者从发展历程、基本信息、整体架构、描述方式、信度效度、社会影响、不足之处、优势与启示等几个角度对以上标准进行了深入研究。从中发现了美国的外语能力标准具有的优势：第一，量表经过了大范围的效度测试与反复修订；第二，除基本的量表外，还有与之配套的教师教学指导手册，教师可以更清楚地知道自己如何在实际教学中应用标准；第三，量表有与标准配套的学生自主外语学习量表，该量表包含详细的任务量表，学生可以更清楚如何自我评估外语水平，更清楚地了解自己今后的努力方向；第四，语言绩效与语言熟练度的关系有精准区分，对量表的描述语有更科学的定义和描述。

在澳大利亚篇的研究中，笔者对澳大利亚的《国际第二语言能力标准》的三个不同版本都进行了深入细致的研究。从研制目的及用途、能力框架、编排表达模式、研制方法及过程、信度和效度的验证、不足与警示、优势与对我国的启示等方面进行了全面的研究。

在经过了全国范围的实践、数次的版本修订之后,最新的 2010 版标准对内容的描述更加详细,并且从语言能力的各个方面进行了全面的描述。语言能力框架和交际能力框架是澳大利亚语言能力标准的核心。《国际第二语言能力标准》是交际能力理论运用的典范。语言能力、策略能力、社会语言能力及语用能力在不同语言技能中都有反映,这表明量表在描述语方面能够充分地体现语言交际能力。

在中国篇的研究中,笔者主要研究了中国外语能力标准和课程大纲的发展脉络,重点梳理了《中国英语能力等级量表》的研制背景、目标人群、指导原则、功能与作用、研制方法、信度效度、组织架构、理论基础、表达模式等方面信息。该篇研究了中国英语能力标准近十年的研究热点和趋势。关于中国外语测评体系的完善策略主要分布在前面四篇的内容之中。

本系列专著中的研究可以为我国外语测评体系的完善提供提供一定的参考。外语能力标准作为一个系统至少包括四个部分:各种能力或构成的界定;不同能力之间的相关关系或结构,或者不同维度能力的理解和整合;对各种能力的表现水平的界定和描述;对能力在不同表现水平的发展机制的阐述。标准所规定的能力应该和就业期望相一致(杨惠中,2012:25)。标准应当包括高水平的认知要求(推理、判断、分析、综合和问题解决),应当具备精准性、可测量性、有效性,并反映学习进程,还应当符合国际基准。

笔者建议中国外语测评体系的完善工作可以考虑遵循计划、调研、研发、意见征询和采纳的整体思路;推进策略上可以采用整体规划、分步推进、先期尝试、全面铺开的基本模式。我国外语能力标准的完善工作,可以按照以下七个步骤进行:新时代的需求分析、标准的应用数据研究、分析现状与不足、完善核心素养模型、改进能力框架和维度、更新能力描述语、阐释能力在不同表现水平的发展机制。此外,笔者还提出了以下建议。

建议一:在大规模测试的基础上,不断积累实践经验和数据,完善我国外语能力标准。在理论分析形成不同学段能力发展预期的基础上,进行大面积应用和测试。通过实际测试校正理论预期的可行性,并补充评价任务样例、学生实际表现样例及其相应的分析情况。探索外语能力评价的实践,形成至少三个可借鉴的外语能力评价案例,创造在理论关照下的实践经验,为外语能力测评体系的完善提供支撑。

建议二:注重搜集一手数据,进行需求再分析。采用文本分析法和多元回归分析法对学生群体、教师群体、专家群体和用人单位等主体,就外语能力标准应用和测试数据信息等话题进行问卷和访谈调查,并采用文本分析法、编码分析法,整合用户使用的反馈信息。意见征询阶段通过各种渠道,在不同范围内对外语能力标准的实际应用效果进行意见征询和修改。结合文献研究和比较研究的成果，提出修订的具体建议。

2018年《中国英语能力等级量表》公布后，我国外语测评体系的发展还有很长一段路要走。国际上诸多外语能力标准的研究已经有几十年的历史，他们的外语能力标准也经过数次的改进和更新，对国际上其他国家的外语能力标准的发展历程进行深入细致的研究，对我国今后外语能力标准的完善，信度和效度的提升，与国际测评体系的接轨等是大有裨益的。

限于时间和精力，笔者仅对以上国家的重点量表进行了深入研究。在研究探索中我们发现：各个发达国家不仅有经过几十年修订完善的外语能力量表，每年还有针对这些量表的年度报告，大范围的测试和信度效度的反馈，以及可以和该量表对接的各种课程标准、教师教学标准、学生学习标准、行业外语标准等相关衍生标准、测试、指导手册等。这对我国外语能力测评体系的完善有非常大的启示，今后应重点深入研究这些方面的内容。

参考文献

[1] Bachman L F. Fundamental Considerations in Language Testing[M]. New York: Oxford University Press, 1999.

[2] Bachman L F, Palmer A S. Language Assessment Practice: Developing Language Assessments and Justifying Their Use in the Real World[M]. New York: Oxford University Press, 2010.

[3] Bachman L F, Palmer A S. Language Testing in Practice: Designing and Developing Useful Language Tests[M]. New York: Oxford University Press, 1996.

[4] Barbour R, Ostler C, Templeman E. An alignment of the Canadian Language Benchmarks to the BC ESL articulation levels (Final Report)[J]. British Columbia Council on Admissions & Transfer, 2007, 31(11): 1528 - 1537.

[5] Bournot-Trites M, Barbour R, Jezak M. Theoretical Framework for the Canadian Language Benchmarks and Niveaux De CompéTence Linguistique Canadiens[M]. Ottawa: Centre des niveaux de compétence linguistique canadiens, 2015.

[6] Calleja F. Board to Devise English Skills Test[N]. Toronto Star, 1995, A7.

[7] Canale M, Swain M. Communicative approaches to second language teaching and testing[J]. Communicative Competence, 1979, 5(1): 87.

[8] Canale M, Swain M. Theoretical bases of communicative approaches to second language teaching and testing[J]. Applied Linguistics, 1980, 1(1): 1 - 47.

[9] CCLB. Annual Report 2001 - 2001[EB/OL]. 2002. (2017 - 10 - 17)[2020 - 09 - 18]. http://www.language.ca/.

[10] CCLB. Annual Report 2004 - 2005[EB/OL]. 2005. (2017 - 10 - 17)[2020 - 09 - 18]. http://www.language.ca/.

［11］CCLB. Annual Report 2005 – 2006［EB/OL］. 2006a.（2017 – 10 – 17）［2020 – 09 – 14］. http：//www.language.ca/.

［12］CCLB. Annual Report 2009 – 2010［EB/OL］. 2010.（2017 – 10 – 17）［2021 – 08 – 06］. http：//www.language.ca/.

［13］CCLB. Annual Report 2011 – 2012［EB/OL］. 2012a.（2017 – 10 – 17）［2021 – 08 – 06］. http：//www.language.ca/.

［14］CCLB. Annual Report 2015 – 2016［EB/OL］. 2016.（2017 – 10 – 17）［2020 – 08 – 07］. http：//www.language.ca/.

［15］CCLB. Canadian English Language Benchmark Assessment for Nurses Test-Taking Strategies，［R/OL］. 2016.（2018 – 03 – 01）［2021 – 04 – 07］. http：//www.celbancentre.ca/.

［16］CCLB. Canadian Language Benchmarks 2000：A Guide to Implementation［EB/OL］. 2001.（2018 – 03 – 17）［2020 – 09 – 18］. http：//www. language.ca/.

［17］CCLB. Canadian Language Benchmarks 2000：ESL for Literacy Learners［EB/OL］. 2015c.（2017 – 07 – 10）［2020 – 08 – 07］. http：//www.language.ca/.

［18］CCLB. Canadian Language Benchmarks：English as a second language for adults［R］. 2012.

［19］CCLB. Centre for Canadian Language Benchmarks. Canadian Language Benchmarks 2000：Can Do Statements［EB/OL］. 2013.（2017 – 10 – 01）［2020 – 07 – 16］. http：//www.language.ca/.

［20］CCLB. For Learners：CLB for Study and Work［EB/OL］. 2014.（2017 – 07 – 10）［2020 – 08 – 07］. http：//www.language.ca/.

［21］CCLB. For Practitioners CLB for Living and Working［EB/OL］. 2006b.（2017 – 09 – 01）［2021 – 08 – 06］. http：//www.language.ca/.

［22］CCLB. For Practitioners：CLB for Study and Work［EB/OL］. 2015d.（2017 – 07 – 10）［2021 – 04 – 28］. http：//www.language.ca/.

［23］CCLB. Language for Work：CLB and Essential Skills for Job Analysts［EB/OL］. 2015b.（2017 – 07 – 10）［2021 – 04 – 28］. http：//www.language.ca/.

［24］CCLB. Language for Work：CLB and Essential Skills for Trainers［EB/OL］. 2015a.（2017 – 07 – 10）［2020 – 08 – 07］. http：//www.language.ca/.

［25］CCLB. Understanding Your Canadian Language Benchmarks Placement Test（CLBPT）Assessment Report［EB/OL］. 2012b.（2017 – 09 – 01）［2021 – 04 – 08］. http：//www.language.ca/.

［26］Celce-Murcia M，Dörnyei Z，Thurrell S. Communicative competence：A pedagogically motivated model with content specifications［J］. Applied Linguistics，1995，6（2）：

5 – 35.

[27] Crawford K. Language benchmarks report on field testing: Issues and recommendations[J]. Unpublished manuscript, 1995.

[28] CSAC. ESL Benchmarks, Pilot Project (by Dianne Coons and Pat Parnell). [M] Toronto: Author, 1993.

[29] Employment and Immigration Canada Union. Annual Report to Parliament, Immigration Plan for 1991 – 1995[R]. 1991.

[30] Epp L, Lewis C. Innovation in language proficiency assessment: The Canadian English Language Benchmark Assessment for Nurses (CELBAN)[J]. Transforming Nursing Education: The Culturally Inclusive Environment, 2009(03): 285 – 310.

[31] Epp L, Lewis C. The First Year of Official CELBAN Administration in Canada [EB/OL]. 2006. (2006 – 04 – 03)[2019 – 08 – 26]. http://blogs.rrc.ca/ar/ the-canadian-english-language-benchmark-assessment-for-nurses-celban/.

[32] Fox J, Courchêne R. The Canadian language benchmarks (CLB): A critical appraisal[J]. Contact, 2005, 31(2): 7 – 28.

[33] Fox R. Constructivism examined[J]. Oxford Review of Education, 2001, 27 (1): 23 – 35.

[34] Hagan P, Hood S, Jackson E, Jones M, Joyce H, Manilis M. Certificate in spoken and written English[M]. Second Edition. Sydney, Australia: NSW Adult Migrant English Service and National Centre for English Language Testing and Research (NCELTR), 1993.

[35] Halliday M A K, Matthiessen M C M. An Introduction to Functional Grammar [M]. London: Routledge, 2014.

[36] Halliday M A K. The Linguistic Sciences and Language Teaching[M]. London: Longman, 1964.

[37] Hutchinson T, Waters A. English for Specific Purposes[M]. Cambridge: Cambridge University Press, 1987.

[38] Hymes D H. On Communicative Competence[A]. In Pride J B, Holmes J (Eds). Sociolinguistics[C]. London: Penguin, 1972.

[39] ITC. Comparison of CLB Benchmarks and TOFEL Scores[EB/OL]. 2017. (2017 – 08 – 23)[2020 – 07 – 16]. http://www.itc-canada.com/language_ equivalency_charts.htm.

[40] Johansson L, Angst K, Beer B. Canadian Language Benchmarks 2000: ESL for Literacy Learners[M]. Ottawa: Centre for Canadian Language Benchmarks. 2001.

［41］Kane M T，Validity L，Inn R L. Educational Measurement，National Council on Measurement in Education，American Council on Education［M］. New York：Educational Measurement，2006.

［42］Kane M. Validating score interpretations and uses［J］. Language Testing，2012，29(1)：3 - 17.

［43］Lewis C. CELBAN：A 10-Year Retrospective Catherine Lewis and Blanche Kingdom［J］. TESL Canada Journal，2016，33(2)：69 - 82.

［44］Lima A M. The Canadian language benchmarks and English for academic purposes：a socio-semiotic approach［D］. Vancouver：University of British Columbia，2010.

［45］Lynch B K，Davidson F. Criterion — referenced language test development：Linking curricula，teachers，and tests［J］. Tesol Quarterly，1994，28(4)：727 - 743.

［46］Messick S，Linn R L. Educational Measurement［M］. Third Edition. London：Macmillan Pub. Co，1989：13 - 103.

［47］Ministry of Advanced Education，Labour Market Development. Articulation Guide for English as a Second Language Programs in the British Columbia Post-Secondary Transfer System［M］. Eighth Edition，Columbia：Ministry of Advanced Education，2008.

［48］Mitchell R. Rethinking the concept of progression in the National Curriculum for Modern Foreign Languages：A research perspective［J］. Language Learning Journal，2003，27(1)：15 - 23.

［49］Pawlikowska-Smith G. Canadian Language Benchmarks：English as a second language for adults［J］. Mathematics Teacher，2012(1)：25.

［50］Pawlikowska-Smith G. Theoretical Framework for the Canadian Language Benchmarks and Niveaux de Compétence Linguistique Canadiens［R］. Centre for Canadian Language Benchmarks，2015.

［51］Pearson Standards and Quality Office. Writing Descriptors：Guidelines and Best Practice［M］. London：Pearson Publishing Ltd，2014.

［52］Peirce B N，Stewart G. The development of Canadian Language Benchmarks Assessment［J］. TESL Canada Journal，1997：17 - 31.

［53］Rogers E. Canadian federal language policy and the benchmarks project［J］. TESOL Matters，1994，3(6)：1.

［54］Strevens P. ESP After Twenty Years：A Re-appraisal［A］. In Tickoo M (Ed). ESP：State of the Art［C］. Singapore：SEAMED Regional Language Center，

1988.

[55] Taborek E. The national working group on language benchmarks[J]. TESL Toronto Newsletter，1993(2)：93 - 94.

[56] 白玲,冯莉,严明. 中国英语笔译能力等级量表的构念与原则[J]. 现代外语，2018(01)：101 - 110.

[57] 蔡基刚. CET 的重新定位研究[J]. 外语电化教学,2011(03)：3 - 10.

[58] 成波. 汉语能力标准与欧洲及加拿大语言能力标准比较研究[D/OL]. 2011. (2011 - 07 - 02)[2021 - 08 - 07]. https://kns.cnki.net/KCMS/detail/detail. aspx?dbname = CMFD2012 & filename = 1012328026.nh.

[59] 邓杰,邓华. 中国英语能力等级量表的写作策略框架研究[J]. 外语界,2017 (02)：29 - 36.

[60] 方绪军,杨惠中,朱正才. 制定全国统一的语言能力等级量表的原则与方法 [J]. 现代外语,2008(04)：380 - 387.

[61] 韩宝成,常海潮. 中外外语能力标准对比研究[J]. 中国外语,2011,8(04)：39.

[62] 韩宝成,戴曼纯,杨莉芳. 从一项调查看大学英语考试存在的问题[J]. 外语与外语教学,2004(2)：17 - 23.

[63] 韩宝成. 国外语言能力量表述评[J]. 外语教学与研究,2006,38(6)：443 - 450.

[64] 何莲珍,陈大建. 中国英语能力等级量表结构探微——听力描述语的横向参数框架与纵向典型特征[J].外语界,2017(04)：12 - 19.

[65] 黄净. 建构主义视角下大学英语演讲课程教学模式探讨[J]. 中国教育学刊,2015(1)：38 - 41.

[66] 教育部考试中心. 中国英语能力等级量表[M]. 北京：高等教育出版社,2018.

[67] 揭薇,金艳. 口语能力描述语的语体分析：基于中国英语能力等级量表的研究 [J]. 外语界,2017(02)：20 - 28.

[68] 金艳,揭薇. 中国英语能力等级量表的"口语量表"制定原则和方法[J]. 外语界,2017(02)：10 - 19.

[69] 金志茹,李宝红.关于我国目前外语教育政策和规划的思考[J]. 长春大学学报,2008(02)：85 - 87.

[70] 柯飞,傅荣. 国外外语教育政策：考察与比较[J]. 外语教学与研究,2006,38 (4)：309 - 311.

[71] 李荫华. 复旦大学近几年来文理科外语的教改[J]. 外语教学与研究,1987 (1)：48 - 51.

[72] 刘建达,韩宝成. 面向运用的中国英语能力等级量表建设的理论基础[J]. 现代外语,2018,41(01)：78 - 90,146.

[73] 刘建达. 基于标准的外语评价探索[J]. 外语教学与研究,2015a,47(03)：417-425.

[74] 刘建达,彭川. 构建科学的中国英语能力等级量表[J]. 外语界,2017(02)：2-9.

[75] 刘建达. 我国英语能力等级量表研制的基本思路[J]. 中国考试,2015b(01)：7-11.

[76] 蒙岚. CLB 对我国大学英语语言能力评估的启示[J]. 广西师范大学学报(哲学社会科学版),2014,50(6)：138-142.

[77] 上海高校大学英语教学指导委员会. 上海市大学英语教学参考框架(试行)[M]. 北京：高等教育出版社,2013.

[78] 史成周.《加拿大语言标准》听力能力标准及评论[J]. 科教文汇(上旬刊),2014a(01)：151-152.

[79] 史成周.《加拿大语言标准》写作能力标准及评论[J]. 科教文汇(上旬刊),2013c(10)：128-129.

[80] 史成周.《加拿大语言标准》阅读能力标准及评论[J]. 海外英语,2014b(03)：22-23.

[81] 史成周.《加拿大语言能力标准》口语能力标准及评论[J]. 科技创新导报,2013a(23)：179-180.

[82] 史成周.《加拿大语言能力标准》理论框架述评[J]. 科教导刊(中旬刊),2013b(09)：207-208.

[83] 四六级分数与托福分数对照.[EB/OL].(2014-07-04)[2020-08-07]. https://www.sohu.com/a/193745109_115801.

[84] 王建勤. 汉语国际传播标准的学术竞争力与战略规划[J]. 云南师范大学学报(对外汉语教学与研究版),2010,8(01)：28-34.

[85] 肖云南,张驰. 加拿大英语水平等级测试标准探讨[J]. 湖南大学学报(社会科学版),2003(03)：71-74.

[86] 徐启龙. 基于语言经济学视角的我国外语教育决策研究[J]. 全球教育展望,2010,39(03)：93-96.

[87] 鄢家利. 加拿大语言量表与英语口语能力培养[J]. 西南科技大学学报(哲学社会科学版),2007(06)：50-54.

[88] 杨惠中,桂诗春. 制定亚洲统一的英语语言能力等级量表[J]. 中国外语,2007(02)：34-37.

[89] 杨惠中,朱正才,方绪军. 英语口语能力描述语因子分析及能力等级划分——制定语言能力等级量表实证研究[J]. 现代外语,2011,34(02)：151-161.

[90] 曾用强. 中国英语能力等级量表的"阅读量表"制定原则和方法[J]. 外语界,

2017(05)：2-11.

[91] 张洁,赵亮.基于学习者视角的中国英语能力等级量表听力描述语质量验证[J].外语界,2017(04)：20-26,43.

[92] 张蔚磊.大学英语教改转型期的政策研究——以《上海市大学英语教学参考框架》为例[J].外语教学理论与实践,2018(04)：48-55.

[93] 张蔚磊.大学英语教学大纲对比分析——生态化视角[J].现代教育科学,2011(05)：148-151.

[94] 张蔚磊.发达国家外语能力标准比较研究与我国外语能力标准构建[J].外语界,2016(06)：71-76.

[95] 张蔚磊.非英语国家外语教育政策与规划的焦点问题研究[J].外国中小学教育,2018(11)：36-46.

[96] 张蔚磊,雷春林.我国英语能力标准的研究热点及趋势——基于近10年来CNKI论文的知识图谱计量分析[J].外语教学,2020,41(06)：60-65.

[97] 张蔚磊.我国商务英语的研究热点及发展趋势——基于10年来CNKI论文的知识图谱分析[J].上海交通大学学报(哲学社会科学版),2021,29(03)：145-150.

[98] 张蔚磊.新文科背景下国别和区域人才培养探析[J].浙江外国语学院学报,2021(05)：72-76.

[99] 张显达.共同英语能力指标的编写[R].2003.

[100] 章建跃.建构主义及其对数学教育的启示[J].数学通报,1998(4)：2-7.

[101] 钟启泉,崔允漷.新课程的理念与创新：师范生读本[M].北京：高等教育出版社,2003.

[102] 朱正才.关于我国英语能力等级量表描述语库建设的若干问题[J].中国考试,2015(04)：11-17.

[103] 朱正才.中国英语能力等级量表效度研究框架[J].中国考试,2016(08)：3-13.

附　录

附录 1:《加拿大语言能力标准：英语作为成人的第二语言》(部分)

Table of Contents

Introduction

The Canadian Language Benchmarks: General Description

The Canadian Language Benchmarks (CLB) standard is a descriptive scale of language ability in English as a Second Language (ESL) written as 12 benchmarks or reference points along a continuum from basic to advanced. The CLB standard reflects the progression of the knowledge and skills that underlie basic, intermediate and advanced ability among adult ESL learners.

The Canadian Language Benchmarks are:

- a set of descriptive statements about successive levels on the continuum of language ability
- a description of communicative competencies and performance tasks through which learners demonstrate application of language knowledge (i.e., competence) and skill (i.e., ability)
- a national standard for planning curricula for language instruction in a variety of contexts
- a framework of reference for learning, teaching, programming and assessing adult ESL in Canada

The Canadian Language Benchmarks are NOT:

- a description of the discrete elements of knowledge and skills that underlie communicative competence (such as specific grammatical structures, elements of pronunciation, vocabulary items, micro-functions, cultural conventions)
- a curriculum[1]
- tied to any specific instructional method[2]
- an assessment

---

[1] The CLB do not describe or follow any specific curriculum or syllabus.

[2] Although no instructional method is specified in the implementation of the CLB, instructional practices should focus on preparing learners to carry out contextualized "real world" communicative tasks consistent with the CLB.

Intended Audience and Purpose

The intended audience for the CLB is the professional field of adult ESL instructors, assessors, curriculum and resource developers, test designers and academics. The CLB standard can also be used to inform funders of English language training programs, labour market associations, licensing bodies, and employers.

The CLB fulfill several key purposes for learners, educators and assessors, as well as for the broader community.

For Learners

The CLB provide a basis for learners to plan their language learning, set or adjust goals, and monitor progress. As the national standard for describing communicative language ability, the CLB can facilitate a common understanding of learner credentials that allows a smooth transition between classes, programs and institutions, as well as recognition by professional organizations and licensing bodies across Canada.

For Educators, Assessors and Test Developers Working with Adult ESL Learners

The CLB standard provides a professional foundation of shared philosophical and theoretical views on language ability that informs language instruction and assessment. It provides a common national framework for describing and measuring the communicative ability of ESL learners for instructional and other purposes, ensuring a common basis for the development of programs, curricula, resources and assessment tools that can be shared across Canada.

The CLB help the professional field to articulate ESL needs, best practices and accomplishments.

For the Broader Community

The CLB contribute to clear, informed communication between the ESL community and other stakeholders and organizations (such as instructors in related fields, applied college programs, TESL and other educational programs, counselors and language education funding bodies). The CLB also provide information for labour market associations, sector councils, licensing bodies and employers who seek to understand how language requirements for professions and trades should be referenced to the standard.

Theoretical Foundations of the CLB

The CLB are founded on significant theoretical considerations and principles. The most influential one is the principle of communicative language ability, which relates to the ability to understand and communicate messages effectively and appropriately in a particular social situation. It is understood that language ability requires an integration of language knowledge, skills and strategies. Many experts have attempted to understand and articulate descriptions of language ability. The CLB standard is based on an adaptation of the model described by Bachman (1990) and the model described by Bachman and Palmer (1996, 2010). It also draws upon a pedagogical model of communicative competence by Celce-Murcia, Dörnyei and Thurrell (1995). Language ability is language use or performance. It is the ability to communicate: to interact, to express, to interpret and to negotiate meaning, and to create discourse in a variety of social contexts and situations.

The CLB model comprises five distinctive components organized under two areas, which together express "communicative language ability". (Please refer to the graphic on page VIII.)

This model suggests that strategic competence may extend beyond purely linguistic considerations and explains how communication occurs even in the absence of language. The CLB model takes into account that every act of communication encompasses elements of both organizational and pragmatic competence, guided by decision making related to strategic competence.

CLB competency statements reflect the inter-relationship of constituent aspects of language ability that can be demonstrated through language tasks. This is described in greater detail in the *Theoretical Framework for the Canadian Language Benchmarks* and *Niveaux de Competence Linguistique Canadiens*.

The Role of Grammar and Pronunciation

Grammar and pronunciation are components of language ability and, as such, may require explicit instruction. However, the purpose of a standards document such as the CLB is not to prescribe discrete pronunciation items and grammatical forms to be mastered at each benchmark. Rather, the elements of grammatical knowledge that learners need to master are determined by the specific requirements of individual real-life tasks and the social context in which the tasks are performed.

The Model of Communicative Language Ability in the CLB

Grammatical Knowledge

Grammatical knowledge is needed to construct accurate sentences or utterances and includes knowledge of vocabulary, syntax, phonology and graphology.

Textual Knowledge

Textual knowledge is separated into two components: knowledge of cohesion and knowledge of rhetorical or conversational organization. Knowledge of cohesion is used in producing or comprehending the explicitly marked relationships between sentences in written texts or between utterances in conversations. These include connecting words, pro-forms (words that can replace different elements in a sentence), ellipsis, synonyms and paraphrases. In written texts, rhetorical organization refers to conventions for sequencing units of information. In conversation, it refers to the way interlocutors manage the conversation by, for example, taking turns.

Functional Knowledge

Functional knowledge helps language users to map sentences, utterances or text onto underlying intentions and vice versa. Functional knowledge includes knowledge of ideational, manipulative, heuristic and imaginative functions.

Sociolinguistic Knowledge

Sociolinguistic knowledge governs how the setting affects actual language use. Factors influencing these variations in language include participants in the exchange, situation, place, purpose of transaction and social situation. Sociolinguistic knowledge includes knowledge of genre, dialects/varieties, registers, natural or idiomatic expressions, cultural references and figures of speech.

Strategic Competence

Strategic competence provides a management function in language use, as well as in other cognitive activities, and can be viewed as a set of metacognitive strategies comprising goal setting (deciding what one is going to do), appraising (taking stock of what is needed, what one has to work with, and how well one has done) and planning (deciding how to use what one has).

The Model of Communicative Language Ability in the CLB

Language Knowledge　　　　　　　　　　**Strategic Competence**

Organizational Knowledge	Language Knowledge	Strategic Competence
	Grammatical Knowledge　　The knowledge of grammar and vocabulary at the sentence level, which enables the building and recognition of well-formed, grammatically accurate utterances, according to the rules of syntax, semantics, morphology and phonology/graphology.　**Textual Knowledge**　　The knowledge and application of cohesion and coherence rules and devices in building larger texts or discourse. It enables the connection of utterances and sentences into cohesive, logical and functionally coherent texts and/or discourse.	**Strategic Competence**　　The ability to manage the integration and application of all other components of language ability to the specific context and situation of language use. It involves planning and assessing communication, avoiding or repairing difficulties in communication, coping with communication breakdown and using affective devices. Most of all, its function is to ensure effectiveness of communication.

Pragmatic Knowledge	
	Functional Knowledge　　The ability to convey and interpret the communicative intent (or function) behind a sentence, utterance or text. It encompasses macro-functions of language use (e.g., transmission of information, social interaction and getting things done/persuading others, learning and thinking, creation and enjoyment), and micro-functions, or speech acts (e.g., requests, threats, warnings, pleas), and the conventions of use.　**Sociolinguistic Knowledge**　　The ability to produce and understand utterances appropriately. It encompasses rules of politeness; sensitivity to register, dialect or variety; norms of stylistic appropriateness; sensitivity to "naturalness"; knowledge of idioms and figurative language; knowledge of culture, customs and institutions; knowledge of cultural references; and uses of language through interactional skills to establish and maintain social relationships.

The following illustrates how the CLB are organized.

Stage I – Basic Language Ability
Benchmark and Ability Level
CLB 1: Initial
CLB 2: Developing
CLB 3: Adequate
CLB 4: Fluent

Listening
Interpreting simple spoken communication in routine, non-demanding contexts of language use within the four Competency Areas.

Speaking
Creating simple spoken communication in routine, non-demanding contexts of language use within the four Competency Areas.

Reading
Interpreting simple written communication in routine, non-demanding contexts of language use within the four Competency Areas.

Writing
Creating simple written communication in routine, non-demanding contexts of language use within the four Competency Areas.

Stage II – Intermediate Language Ability
Benchmark and Ability Level
CLB 5: Initial
CLB 6: Developing
CLB 7: Adequate
CLB 8: Fluent

Listening
Interpreting moderately complex spoken communication in moderately demanding contexts of language use within the four Competency Areas.

Speaking

Creating moderately complex spoken communication in moderately demanding contexts of language use within the four Competency Areas.

Reading

Interpreting moderately complex written communication in moderately demanding contexts of language use within the four Competency Areas.

Writing

Creating moderately complex written communication in moderately demanding contexts of language use within the four Competency Areas.

Stage III – Advanced Language Ability
Benchmark and Ability Level
CLB 9：Initial
CLB 10：Developing
CLB 11：Adequate
CLB 12：Fluent

Listening

Interpreting complex spoken communication in demanding contexts of language use within the four Competency Areas.

Speaking

Creating complex spoken communication in demanding contexts of language use within the four Competency Areas.

Reading

Interpreting complex written communication in demanding contexts of language use within the four Competency Areas.

Writing

Creating complex written communication in demanding contexts of language use within the four Competency Areas.

Canadian Language Benchmark Pages

The CLB for each level for each skill is usually presented in a two-page spread. Each benchmark includes a Profile of Ability, Competency Statements and Sample Indicators of Ability. Together, they make up a benchmark level for one skill. Sample Tasks illustrate the Competency Statements in real-world contexts.

Profile of Ability: The Profile of Ability gives an overall picture of a person's language ability in one skill at one benchmark level. It includes an overall statement of ability, features of the communication, and characteristics (strengths and limitations) that are typically demonstrated at that benchmark in that language skill.

Competency Area: For each language skill, there are four broad representative (non exhaustive) Competency Areas, each reflecting different purposes or functions of language use.

The Competency Areas for each skill are drawn from the following:

- Interacting with Others (all skills): communication to maintain or change interpersonal relationships and to foster social cohesion
- Comprehending Instructions (Reading and Listening): communication to understand instructions and directions
- Giving Instruction (Speaking): communication to convey instructions and directions
- Getting Things Done (all skills): communication to get things done, to obtain services, to inform decisions, to persuade or to learn what others want done
- Comprehending Information (Reading and Listening): communication to learn and understand information and ideas
- Sharing Information (Speaking and Writing): communication to inform others, to share or present information and ideas
- Reproducing Information (Writing): communication to reduce or reproduce information to summarize, learn, record or remember information

Competency Statement: For each Competency Area, there are one or more Competency Statements. These are general statements of communicative language ability that encompass the types of tasks that may typically be associated with demonstrated ability at each benchmark.

Features of Communication: Some Competency Statements are followed by Features of Communication in square brackets that are specific to the particular

Competency Statements that precede them. Additional features (such as length, audience, and complexity) that could apply to all of the competencies for the Benchmark level can be found in the Features of Communication pages for each skill.

Sample Indicators of Ability: Sample Indicators of Ability appear under Competency Statements to provide a general indication of what a person might need to do when attempting authentic language tasks related to a particular competency. These Sample Indicators provide an overall sense of the types of requirements that may arise from a task, but the actual indicators for each authentic language task are determined by the purpose and context of the communication. Language users are able to fulfil indicators only to the degrees specified in the Profile of Ability for their benchmarks.

Sample Tasks: Sample Tasks illustrate how a Competency Statement might apply in an authentic work, community or study context. When referring to Sample Tasks, users of the CLB should keep in mind that these tasks do not define a benchmark. In reality, communicative tasks are relevant across a range of benchmarks, and what distinguishes one benchmark from another is the way in which a person demonstrates communicative ability in relation to a task.

Some Features of Communication Across a Stage

This page provides details about selected aspects of communication (such as length, audience or complexity) for each level. These aspects can assist users in identifying level-appropriate tasks for instructional or assessment purposes.

STAGE I
Some Features of Communication Across Stage I Listening

CLB 1 Initial Basic Ability

- Communication is face-to-face (usually one-on-one) or via digital media (video, online).
- Speech is clear and at a slow rate.
- Visual clues and setting support the meaning (i.e., audio is accompanied by video, speech is accompanied by pictures or gestures).
- Listening texts can be short, informal monologues, dialogues or short, simple instructions.
- Monologues are very short (a few phrases or a simple sentence).
- Dialogues are very short (2 turns, often a simple question and answer).
- Instructions are short and simple (just a few words).
- Language is limited to familiar, individual, high-frequency words and short phrases.
- Topics are related to familiar, everyday situations of immediate personal needs.
- Context is non-demanding (i.e., routine, predictable) and personally relevant.
- Response to task does not require much speaking or writing.

CLB 2 Developing Basic Ability

- Communication is face-to-face (usually one-on-one) or via digital media (video, online).
- Speech is clear and at a slow rate.
- Visual clues and setting support the meaning (i.e., audio is accompanied by video, speech is accompanied by pictures or gestures).
- Listening texts can be very short, informal monologues, dialogues or simple instructions.
- Monologues are short (up to a few phrases or sentences).
- Dialogues are short (no more than 4 turns).

- Instructions are a few simple sentences.
- Language is limited to simple phrases and simple, short sentences.
- Topics are related to familiar, everyday situations of immediate personal needs.
- Context is non-demanding (i.e., routine, predictable) and personally relevant.
- Response to task does not require much speaking or writing.

CLB 3 Adequate Basic Ability

- Communication is face-to-face (usually one-on-one or in small groups) or via digital media (video, online).
- Speech is clear and at a slow to normal rate.
- Visual clues and setting support the meaning (i.e., audio is accompanied by video, speech is accompanied by pictures or gestures).
- Listening texts can be short, informal monologues, dialogues or simple instructions.
- Monologues are relatively short (a few short sentences).
- Dialogues are relatively short (up to about 6 turns).
- Instructions are simple and may contain simple and compound structures.
- Language is limited to formulaic phrases, questions, commands and requests of immediate personal relevance.
- Topics are related to familiar, everyday situations of personal relevance.
- Context is non-demanding (i.e., routine, predictable) and personally relevant.
- Response to task does not require much speaking or writing.

CLB 4 Fluent Basic Ability

- Communication is face-to-face (usually one-on-one or in small groups), very briefly on the phone or via digital media (video, online).
- Speech is clear and at a slow to normal rate.
- Visual clues and setting support the meaning when the topic or situation is less routine or familiar.
- Listening texts can be short, informal monologues, presentations, dialogues or instructions.
- Monologues and presentations are relatively short (up to about 10 sentences).
- Dialogues are relatively short (up to about 8 turns).
- Instructions contain simple and compound structures, and longer phrases of location, movement and manner.

- Language is simple and related to everyday topics and situations.
- Topics are related to familiar, everyday situations of personal relevance.
- Context is non-demanding (i.e., routine, predictable) and personally relevant.
- Response to task does not require much speaking or writing.

Appendices

Competency Tables

The Competency Tables present the benchmark Competency Statements in a way that allows users to see the progression of CLB competencies within a Competency Area across all 12 levels. The information is drawn from the appropriate CLB pages. The sample tasks are not included.

I. Interacting with Others – LISTENING – Stage I
Listening to communication intended to maintain or change interpersonal relationships and to foster social cohesion.

CLB 1   Intial Basic Ability
- Understand individual greetings, introductions and goodwill expressions.
  [Communication is very brief, 1 or 2 short turns.]
  - Identifies individual, familiar words and short phrases used in common courtesy formulas.
  - Recognizes appeals for repetition.
  - Indicates comprehension with appropriate verbal or non-verbal responses.
  - Demonstrates strengths and limitations typical of Listening Benchmark 1, as listed in the Profile of Ability.

CLB 2   Developing Basic Ability
- Understand greetings, introductions, requests, goodwill expressions and an expanding range of basic courtesy formulas.
  [Communication is very brief, 2 or 3 turns.]
  - Identifies common courtesy phrases and an expanding range of expressions.
  - Responds to requests for basic personal information or to identify people and objects.
  - Recognizes appeals for repetition or clarification.
  - Demonstrates strengths and limitations typical of Listening Benchmark 2, as

listed in the Profile of Ability.

CLB 3   Adequate Basic Ability

- Understand simple social exchanges, including styles of greetings, introductions and leave-taking.

  [Communication is brief, about 5 turns.]

  - Identifies a range of common courtesy expressions in discourse.
  - Begins to identify formal and casual style and register.
  - Identifies participant roles and relationships based on courtery formulas and introductions.
  - Identifies common basic conversational openings and closings.
  - Demonstrates strengths and limitations typical of Listening Benchmark 3, as listed in the Profile of Ability.

CLB 4   Fluent Basic Ability

- Understand short social exchanges containing introductions, casual small talk and leave-taking.

  [Communication is about 6 turns.]

  - Identifies formal and casual style and register.
  - Identifies specific factual details and some implied meanings.
  - Demonstrates strengths and limitations typical of Listening Benchmark 4, as listed in the Profile of Ability.

For the Profiles of Ability and Sample Tasks, see the Benchmark pages.

Glossary

A brief glossary is included to ensure that readers share the same understanding of key terms and concepts used in the *Canadian Language Benchmarks: English as a Second Language for Adults*. The glossary is not an exhaustive list of general ESL terms; rather, it contains terms that have specific meanings within the context of this document.

Supporting Resources

The CCLB develops CLB and NCLC resources. Visit www.language.ca for more information.

Stage I
Listening

Benchmarks 1—4

Stage I spans the range of abilities required to communicate in common and predictable situations about basic needs, routine everyday activities, and familiar topics of immediate personal relevance (non-demanding contexts of language use).

STAGE I

Profiles of Ability Across
Stage I Listening

CLB 1   Initial Basic Ability

The listener can：

Understand a very limited number of common individual words，simple phrases and routine courtesy formulas related to immediate personal needs.

When the communication is：

- Spoken clearly at a slow rate
- Strongly supported by visuals or non-verbal communication (pictures，gestures)
- Face-to-face with a highly supportive speaker or via digital media (usually one-on-one)
- Related to immediate personal needs
- Very short
- In non-demanding contexts

Demonstrating these strengths and limitations：

- Understands simple phrases and a few factual details
- Recognizes meaning based on individual familiar words and short formulaic phrases
- Relies heavily on gestures and other visual clues for comprehension
- Needs extensive assistance （such as repetition or paraphrasing，speech modification，explanation，demonstration or translation）
- Cannot comprehend on the phone

CLB 2   Developing Basic Ability

The listener can：

Understand a limited number of individual words，simple phrases and short，simple sentences related to immediate personal needs.

When the communication is：

- Spoken clearly at a slow rate
- Strongly supported by visuals or non-verbal communication (pictures，gestures)
- Face-to-face with a highly supportive speaker or via digital media (usually one-on-one)
- Related to immediate personal needs

- Short
- In non-demanding contexts

Demonstrating these strengths and limitations:

- Understands simple phrases, short, simple sentences and a few factual details
- Recognizes meaning based on familiar words and phrases and may show some initial understanding of simple sentences and structures
- Relies on contextual and other visual clues for comprehension
- Needs considerable assistance (such as repetition or paraphrasing, speech modification, explanation, demonstration or translation)
- Cannot comprehend on the phone

CLB 3　Adequate Basic Ability

The listener can:

Understand key words, formulaic phrases and most short sentences on topics of immediate personal relevance.

When the communication is:

- Spoken clearly at a slow to normal rate
- Often supported by visual or contextual clues
- Face-to-face with a supportive speaker or via digital media (usually one-on-one or in small groups)
- Related to topics of personal relevance
- Relatively short
- In non-demanding contexts

Demonstrating these strengths and limitations:

- Understands the gist and an expanding range of factual details
- Recognizes meaning based on familiar phrases and shows a developing understanding of simple sentences and structures
- Often relies on contextual clues for comprehension
- Needs some assistance (such as repetition and paraphrasing, speech modification, explanation, demonstration or occasional translation)
- Comprehension on the phone is very difficult

CLB 4　Fluent Basic Ability

The listener can:

Understand, with considerable effort, simple formal and informal communication on topics of personal relevance.

When the communication is：

- Spoken clearly at a slow to normal rate
- Sometimes supported by visual or contextual clues
- Face-to-face or via digital media（usually one-on-one or in small groups）
- Related to topics of personal relevance
- Relatively short
- In non-demanding contexts

Demonstrating these strengths and limitations：

- Understands an expanded range of factual details and some implied meanings
- Recognizes meaning based on simple sentences and structures and shows an initial understanding of some complex sentences and structures
- Sometimes relies on contextual clues for comprehension
- Begins to recognize some common registers and idioms
- May need some assistance（such as repetition，paraphrasing，speech modification or explanation）
- Comprehension on the phone is difficult

Knowledge and Strategies
Stage I Listening

STAGE I

These are some things that may need to be learned as an individual moves through Stage I Listening.

Grammatical Knowledge

Recognition of:

- Basic grammar structures to interpret listening texts（such as simple and continuous verb tenses，simple modals，comparatives and superlatives，and simple yes/no and wh- questions）
- Basic syntax（such as indications of a statement，a negative or a question；word order；prepositional phrases；and coordination and subordination）
- Words and expressions relating to basic，personally relevant facts（such as address，ethnicity，family，school environment，community facilities，common actions，jobs and occupations，housing，food，weather，clothing，time，

calendar, seasons, holidays, activities, needs, shopping, weights and measures, sizes, methods of purchase and payment)

- Words to describe people, objects, situations, daily routines and emergencies
- Basic English phonological sound system, rhythm, intonation and other clues (such as loudness, pitch and speech rate) to interpret meaning

Textual Knowledge

Beginning understanding of:

- Frequently used cohesion links (such as pronoun references)
- Connective words and phrases to show contrast, give examples, and indicate chronology (such as *but*, *and*, *or*, *like*, *for example* and *then*)
- Themes or recognition of main ideas (e.g., genres such as narratives or reports of information)

Functional Knowledge

Understanding of:

- Common conversational structures, such as how to open and close a conversation
- Common language functions for specific purposes (such as greeting and leave-taking, making introductions, attracting attention, inquiring about others, expressing and acknowledging appreciation, opening and closing telephone calls)

Sociolinguistic Knowledge

Beginning recognition of:

- Different registers, e.g., formal/informal
- Socio-cultural information relating to social interactions and service transactions
- Common idiomatic expressions (What's up? /How's it going? /It's a piece of cake.)
- Common social conventions and norms of politeness in speech

Strategic Competence

Beginning recognition of:

- Appeals for help
- Requests for repetition and clarification

Ability to:

- Seek clarification and confirmation if required

STAGE I

Listening - Benchmark 1

Profile of Ability

The listener can：

Understand a very limited number of common individual words，simple phrases and routine courtesy formulas related to immediate personal needs.

When the communication is：

- Spoken clearly at a slow rate
- Strongly supported by visuals or non-verbal communication（pictures，gestures）
- Face-to-face with a highly supportive speaker or via digital media（usually one-on-one）
- Related to immediate personal needs
- Very short
- In non-demanding contexts

Demonstrating these strengths and limitations：

- Understands simple phrases and a few factual details
- Recognizes meaning based on individual familiar words and short formulaic phrases
- Relies heavily on gestures and other visual clues for comprehension

---

I. Interacting with Others

- Understand individual greetings，introductions and goodwill expressions.

  ［Communication is very brief，1 or 2 short turns.］

  - Identifies individual，familiar words and short phrases used in common courtesy formulas.
  - Recognizes appeals for repetition.
  - Indicates comprehension with appropriate verbal or non-verbal responses.
  - Demonstrates strengths and limitations typical of Listening Benchmark 1，as listed in the Profile of Ability.

Sample Tasks

Listen and respond to a greeting from a neighbour，co-worker or classmate.（*Hello. How are you?*）

Listen to someone's introduction and ask for it to be repeated，if necessary.

- Needs extensive assistance (such as repetition or paraphrasing, speech modification, explanation, demonstration or translation)
- Cannot comprehend on the phone

II. Comprehending Instructions

- Understand very short, simple instructions, commands and requests related to immediate personal needs.
  [Instructions/commands are about 2 to 5 words.]
  - Identifies letters and numbers.
  - Identifies words or phrases that indicate positive or negative commands or requests.
  - Responds to requests and directions to provide personal information.
  - Indicates comprehension with appropriate verbal and non-verbal responses.
  - Demonstrates strengths and limitations typical of Listening Benchmark 1, as listed in the Profile of Ability.

Sample Tasks

Listen to letters and follow instructions for spellings a word.

Follow mostly imperative instructions from a teacher, co-worker or classmate. (*Open your book./Please come in./Sit down./Close the door./Open the window./Turn right./Raise your hand.*)

Follow a simple instruction about which bus to take (accompanied by gestures indicating where to go).

STAGE I

Some Features of Communication Across Stage I Listening

CLB 1   Initial Basic Ability

- Communication is face-to-face (usually one-on-one) or via digital media (video, online).
- Speech is clear and at a slow rate.
- Visual clues and setting support the meaning (i.e., audio is accompanied by video, speech is accompanied by pictures or gestures).
- Listening texts can be short, informal monologues, dialogues or short, simple instructions.
- Monologues are very short (a few phrases or a simple sentence).

- Dialogues are very short (2 turns, often a simple question and answer).
- Instructions are short and simple (just a few words).
- Language is limited to familiar, individual, high-frequency words and short phrases.
- Topics are related to familiar, everyday situations of immediate personal needs.
- Context is non-demanding (i.e., routine, predictable) and personally relevant.
- Response to task does not require much speaking or writing.

CLB 2   Developing Basic Ability
- Communication is face-to-face (usually one-on-one) or via digital media (video, online).
- Speech is clear and at a slow rate.
- Visual clues and setting support the meaning (i.e., audio is accompanied by video, speech is accompanied by pictures or gestures).
- Listening texts can be very short, informal monologues, dialogues or simple instructions.
- Monologues are short (up to a few phrases or sentences).
- Dialogues are short (no more than 4 turns).
- Instructions are a few simple sentences.
- Language is limited to simple phrases and simple, short sentences.
- Topics are related to familiar, everyday situations of immediate personal needs.
- Context is non-demanding (i.e., routine, predictable) and personally relevant.
- Response to task does not require much speaking or writing.

CLB 3   Adequate Basic Ability
- Communication is face-to-face (usually one-on-one or in small groups) or via digital media (video, online).
- Speech is clear and at a slow to normal rate.
- Visual clues and setting support the meaning (i.e., audio is accompanied by video, speech is accompanied by pictures or gestures).
- Listening texts can be short, informal monologues, dialogues or simple instructions.
- Monologues are relatively short (a few short sentences).
- Dialogues are relatively short (up to about 6 turns).
- Instructions are simple and may contain simple and compound structures.
- Language is limited to formulaic phrases, questions, commands and requests of

immediate personal relevance.

- Topics are related to familiar, everyday situations of personal relevance.
- Context is non-demanding (i.e.,routine, predictable) and personally relevant.
- Response to task does not require much speaking or writing.

CLB 4　Fluent Basic Ability
- Communication is face-to-face (usually one-on-one or in small groups), very briefly on the phone or via digital media (video, online).
- Speech is clear and at a slow to normal rate.
- Visual clues and setting support the meaning when the topic or situation is less routine or familiar.
- Listening texts can be short, informal monologues, presentations, dialogues or instructions.
- Monologues and presentations are relatively short (up to about 10 sentences).
- Dialogues are relatively short (up to about 8 turns).
- Instructions contain simple and compound structures, and longer phrases of location, movement and manner.
- Language is simple and related to everyday topics and situations.
- Topics are related to familiar, everyday situations of personal relevance.
- Context is non-demanding (i.e., routine, predictable) and personally relevant.
- Response to task does not require much speaking or writing.

Note: Length of text and speed of delivery are often beyond the listener's control and are determiners of degrees of simplicity across Listening Stage I.

III. Getting Things Done

- Understand expressions used to attract attention and to request assistance in situations of immediate personal need.
  - Identifies a few common key words and formulaic expressions (*Help! Watch out!*).
  - Indicates comprehension with appropriate verbal or non-verbal responses.
  - Demonstrates strengths and limitations typical of Listening Benchmark 1, as listed in the Profile of Ability.

Sample Tasks

Listen and respond to common expressions used in a store (such as a sales clerk's offer to provide assistance: *May/help you?*).

Listen and respond to expressions used to attract attention and request assistance. (*Excuse me. Hello. Can you help me? Pardon me.*)

IV. Comprehending Information

- Understand very simple information about highly familiar, concrete topics.
  - Identifies a few obvious factual details, such as numbers, letters, times and dates.
  - Identifies a few key words and short expressions related to immediate needs.
  - Indicates comprehension with appropriate verbal or non-verbal responses.
  - Demonstrates strengths and limitations typical of Listening Benchmark 1, as listed in the Profile of Ability.

Sample Tasks

Listen and get a few obvious details from someone being introduced (such as where they are from).

Listen to a medical receptionist's confirmation of personal information (such as name, address and phone number).

Listen to a request for the time and a response that gives the time.

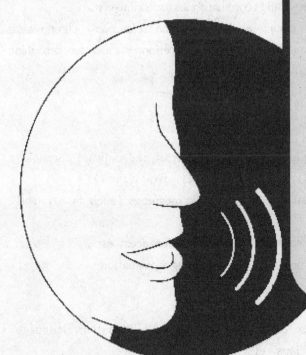

Stage I
Speaking

Benchmarks 1—4

Stage I spans the range of abilities required to communicate in common and predictable situations about basic needs, routine everyday activities, and familiar topics of immediate personal relevance (non-demanding contexts of language use).

Knowledge and Strategies
Stage I Speaking

STAGE I

These are some things that may need to be learned as an individual moves through Stage I Speaking.

Grammatical Knowledge

Ability to produce:

- Grammar structures and vocabulary relating to basic personalty relevant facts（such as ethnicity, home country, address, age）, time, dates, money, school environment, community facilities, common actions, jobs and occupations, family, housing, food, weather, clothing, etc.
- Basic syntax（such as indications of a statement, a negative, or a question; word order; prepositional phrases; and coordination and subordination）
- Vocabulary adequate for talking about basic time references, chronological sequences, needs and wants, and personal experiences, and for describing people, objects, situations, and daily routines
- Adequate pronunciation to convey basic messages

Textual Knowledge

Beginning ability to use:

- Connective words and phrases to signal contrast and indicate chronology （such as *but*, *and*, *or*, *like*, *for example*, *first*, *then*）
- Discourse markers to convey shifts in topic meanings（such as *so*, *and*, *finally*）
- Cohesion links between sentences（pronoun references, etc.）
- Genres, such as telling narratives or reporting information

Functional Knowledge

Beginning ability to:

- Convey intended purpose of an utterance through intonation, language, body language, vocalizations, etc.
- Use common expressions for specific purposes（such as greeting and leave-taking, making introductions, attracting attention, inquiring about others）
- Use typical set formats in sequencing information（such as openings, pre-closings, and closings）

Sociolinguistic Knowledge

Understanding of and beginning ability to use:

- Some cultural references or information
- Culturally appropriate non-verbal communication strategies
- Culturally appropriate strategies to convey politeness and respect
- Socio-cultural conventions related to specific topics (such as responding to introductions; giving instructions and directions; attracting attention; and talking about sensitive topics, such as age, income, marital status)

Strategic Competence

Beginning ability to use:

- Strategies to indicate problems in understanding (such as asking for repetition, repeating back, asking for clarification)
- Strategies to ensure understanding, such as confirming information and paraphrasing
- Techniques and strategies to learn and memorize language chunks efficiently

STAGE I

Profiles of Ability Across Stage I Speaking

CLB 1   Initial Basic Ability

The speaker can:

Communicate very basic personal information using a few common, familiar words and formulaic expressions, usually in response to simple questions related to immediate needs.

When the communication is:

- Short and face-to-face
- Strongly supported by gestures and visual cues
- Informal
- With one familiar person at a time
- Guided and encouraged by questions and prompts from a highly supportive listener
- In non-demanding contexts

Demonstrating these strengths and limitations：

- Speaks in isolated words or strings of 2 to 3 words, with no evidence of connected discourse
- Fluency is not adequate to sustain simple conversations; speech rate is slow with frequent pauses, hesitations and repetitions
- Vocabulary is extremely limited for basic everyday, routine communication
- Very little or no control over basic grammar structures and tenses
- Grammar, vocabulary and pronunciation difficulties may significantly impede communication
- Relies heavily on gestures
- May revert to first language

CLB 2　Developing Basic Ability

The speaker can：

Communicate basic personal information using short phrases and some sentences, usually in response to questions about personal needs and experiences.

When the communication is：

- Short and face-to-face
- Strongly supported by gestures and visual cues
- Informal
- With one familiar person at a time
- Guided and encouraged by questions and prompts from a highly supportive listener
- In non-demanding contexts

Demonstrating these strengths and limitations：

- Speaks in short phrases and some short sentences, with very little evidence of connected discourse
- Fluency is not adequate to sustain simple conversations; speech rate is slow with frequent pauses and hesitations
- Vocabulary is limited for basic everyday, routine communication
- Little control over basic grammar structures and tenses
- Grammar, vocabulary and pronunciation difficulties may significantly impede communication
- Relies on gestures

CLB3 Adequate Basic Ability

The speaker can:

Communicate basic information using simple sentences about immediate needs and personal experiences.

When the communication is:

- Face-to-face or via digital media
- Supported by gestures and visual cues
- Informal
- With one person at a time
- Encouraged to a moderate degree by questions and prompts from a supportive listener
- In non-demanding contexts

Demonstrating these strengths and limitations:

- Speaks in short sentences with some evidence of connected discourse
- Fluency is just barely adequate for simple conversations; speech rate is slow with pauses and hesitations
- Vocabulary is somewhat limited for basic everyday, routine communication
- Some control over basic grammar structures and tenses
- Grammar, vocabulary and pronunciation difficulties may impede communication
- May rely on gestures

CLB 4 Fluent Basic Ability

The speaker can:

Communicate information about common everyday activities, experiences, wants and needs.

When the communication is:

- Face-to-face, very briefly on the phone or via digital media
- May be supported by gestures and visual cues
- Informal
- With one person at a time or in a small supportive group
- Encouraged occasionally by questions and prompts from a supportive listener
- In non-demanding contexts

Demonstrating these strengths and limitations:

- Speaks in short sentences and some longer compound sentences, with clear evidence of connected discourse

- Fluency is adequate for simple conversations; speech rate is slow to normal with some pauses or hesitations
- Vocabulary is adequate for basic everyday, routine communication
- Adequate control over basic grammar structures and tenses
- Grammar, vocabulary and pronunciation difficulties may impede communication

STAGE I

Speaking - Benchmark 1

Profile of Ability

The speaker can:

Communicate very basic personal information using a few common, familiar words and formulaic expressions, usually in response to simple questions related to immediate needs.

When the communication is:

- Short and face-to-face
- Strongly supported by gestures and visual cues
- Informal
- With one familiar person at a time
- Guided and encouraged by questions and prompts from a highly supportive listener
- In non-demanding contexts

Demonstrating these strengths and limitations:

- Speaks in isolated words or strings of 2 to 3 words, with no evidence of connected discourse
- Fluency is not adequate to sustain simple conversations; speech rate is slow with frequent pauses, hesitations and repetitions
- Vocabulary is extremely limited for basic everyday, routine communication
- Very little or no control over basic grammar structures and tenses
- Grammar, vocabulary and pronunciation difficulties may significantly impede communication
- Relies heavily on gestures

• May revert to first language

I. Interacting with Others

• Use and respond to basic courtesy formulas and greetings.
[Interlocutors are familiar and supportive.]
  – Responds appropriately to common greetings, introductions, and leave-takings.
  – Uses appropriate basic courtesy formulas.
  – Indicates communication problems verbally or non-verbally.
  – Demonstrates strengths and limitations typical of Speaking Benchmark 1, as listed in the Profile of Ability.

Sample Tasks
Introduce self to a new neighbour, classmate, or teacher. (*My name is Ahmed.*) Greet the clerk at a local supermarket. (*Hello, how are you?*)
Respond to greetings, introductions and leave-takings with the appropriate expression. (*Hello./Nice to meet you./Goodbye.*)

II. Giving Instructions

• Give brief, simple, common, routine instructions to a familiar person.
[Instructions are a few words or a short phrase.]
  – Uses imperative forms and memorized stock expressions.
  – Uses appropriate courtesy words (such as *please*, *thank you*).
  – Demonstrates strengths and limitations typical of Speaking Benchmark 1, as listed in the Profile of Ability.

Sample Tasks
Give a short instruction to a friend, co-worker, or classmate. (*Pass the salt./Close the door./Please come in./Wait!/Stop!/Please repeat.*)

III. Getting Things Done

- Make and respond to simple requests related to immediate personal needs (such as asking for assistance, or for the time, a price or an amount).
  - Uses appropriate single words, phrases, memorized expressions and courtesy formulas.
  - Uses simple expressions of time.
  - Uses expressions for money, prices, and amounts.
  - Uses acceptable gestures and body language when making requests.
  - Demonstrates strengths and limitations typical of Speaking Benchmark 1, as listed in the Profile of Ability.

Sample Tasks

Attract a server's attention and make a request. (*Excuse me./Coffee, please.*)

Ask for the time.

Describe amounts of money. (*I have 2 quarters./Here is 1 dime./I have 60 cents.*)

Ask for assistance (*Help me, please.*)

IV. Sharing Information

- Give basic personal information in response to direct questions from a supportive listener.
  - Answers simple questions about personal information.
  - Uses alphabet to spell out words, such as own name.
- Ask for basic personal information.
  - Asks simple questions using memorized stock phrases.
  - Demonstrates strengths and limitations typical of Speaking Benchmark 1, as listed in the Profile of Ability.

Sample Tasks

Answer 2 or 3 questions from a co-worker, classmate or neighbour about self and family.

Answer 2 or 3 personal information questions (such as name, address, and phone number) from a librarian or store clerk.

Some Features of Communication Across Stage I Speaking

CLB 1 Initial Basic Ability

- Communication is face-to-face and with one person at a time in a familiar situation.
- Highly familiar personal topics.
- Tasks require only simple responses to direct questions or short phrases and memorized stock expressions.
- Situation is predictable.
- Interaction is informal.
- Listeners are highly supportive and encouraging.
- Listener may guide the speaker by asking questions and by directing the communication.
- Context is non-demanding.

CLB 2 Developing Basic Ability

- Communication is face-to-face and with one person at a time in a familiar situation.
- Highly familiar personal topics.
- Tasks require only simple responses to direct questions or short sentences and memorized stock expressions.
- Situation is predictable.
- Interaction is informal.
- Listeners are highly supportive and encouraging.
- Listener may guide the speaker by asking questions and by directing the communication.
- Context is non-demanding.

CLB 3 Adequate Basic Ability

- Communication is face-to-face with one person at a time in a familiar situation.
- Familiar personal topics.
- Tasks require responses to direct questions, some short, simple connected

discourse, and memorized stock expressions.
- Situation is predictable.
- Interaction is informal.
- Listeners are supportive and encouraging.
- Listener may guide the speaker by asking questions.
- Context is non-demanding.

CLB 4   Fluent Basic Ability
- Communication is face-to-face with one person at a time in a familiar situation, very briefly on the phone, or in a very small supportive group.
- Familiar personal topics.
- Tasks require short, simple, connected discourse.
- Situation is predictable.
- Interaction is informal to somewhat formal.
- Listeners are supportive and encouraging.
- Listener may guide the speaker by asking questions.
- Context is non-demanding.

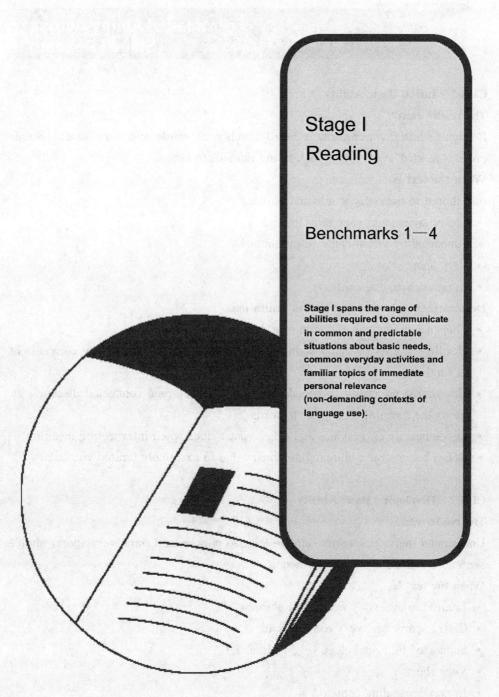

Stage I
Reading

Benchmarks 1—4

Stage I spans the range of abilities required to communicate in common and predictable situations about basic needs, common everyday activities and familiar topics of immediate personal relevance (non-demanding contexts of language use).

CLB 1   Initial Basic Ability

The reader can：

Recognize letters，numbers，a small number of words and very short，simple phrases related to everyday objects and immediate needs.

When the text is：

- Limited to everyday words and phrases
- Clear，sparse and very easy to read
- Supported by visual clues (e.g.，pictures)
- Very short
- In non-demanding contexts

Demonstrating these strengths and limitations：

- Finds a few key words and simple details
- Has little ability to apply sound-symbol relationships and spelling conventions in English
- Has almost no ability to decode unknown words，read connected discourse or guess the meaning of unknown words
- Relies heavily on graphics and other visual clues when interpreting meaning
- Relies heavily on a bilingual dictionary due to extremely limited vocabulary

CLB 2   Developing Basic Ability

The reader can：

Understand individual words，simple learned phrases and some very short，simple sentences related to immediate needs.

When the text is：

- Limited to everyday words and phrases
- Clear，sparse and very easy to read
- Supported by visual clues (e.g.，pictures)
- Very short
- In non-demanding contexts

Demonstrating these strengths and limitations:
- Finds key words and simple details
- May be able to get the gist of short phrases and sentences based on familiar words and phrases
- Has limited knowledge of sound-symbol relationships and spelling conventions in English
- Has very limited ability to decode unknown words, read connected discourse or guess the meaning of unknown words
- Relies on graphics and other visual clues when interpreting meaning
- Comprehension is based on very limited knowledge of basic grammar
- Relies heavily on a bilingual dictionary due to limited vocabulary

CLB 3 Adequate Basic Ability

The reader can:

Understand and get some information from short, simple texts related to familiar, routine everyday topics of personal relevance.

When the text is:
- Limited to common, factual, concrete vocabulary
- Clearly organized and easy to read with simple layout
- Sometimes supported by graphics, charts or diagrams
- Short
- In non-demanding contexts

Demonstrating these strengths and limitations:
- Understands some simple connected discourse
- Gets the gist based on familiar words and phrases
- Decodes some unfamiliar words because of an improving awareness of sound-symbol relationships and spelling conventions in English
- Has limited ability to guess the meaning of unknown words
- May rely on graphics and other visual clues when interpreting meaning
- Comprehension is based on limited knowledge of basic grammar
- Relies on a bilingual dictionary

CLB 4 Fluent Basic Ability

The reader can:

Understand and get most information from short, simple texts related to familiar, routine everyday topics of personal relevance.

When the text is:

- Limited to common and mostly factual, concrete vocabulary
- Clearly organized and easy to read with simple layout
- Sometimes supported by graphics, charts or diagrams
- Short
- In non-demanding contexts

Demonstrating these strengths and limitations:

- Understands most simple connected discourse
- Gets the overall meaning
- Identifies purpose, main ideas, some specific details and links between paragraphs
- Occasionally guesses the meaning of unknown words and identifies some very common idioms
- May rely on graphics and other visual clues when interpreting meaning
- May identify some aspects of register and style
- Comprehension is based on a developing knowledge of basic grammar and some initial understanding of a limited range of complex sentences and structures
- Relies on a bilingual dictionary

Knowledge and Strategies
Stage I Reading

STAGE I

These are some things that may need to be learned as an individual moves through Stage I Reading.

Grammatical Knowledge

Recognition of:

- Basic words and expressions about essential everyday experiences, including so-called survival words and signs (such as danger, washroom and exit) and high-frequency terms related to personal identity, weather, clothing, holidays, family activities, hobbies and interests
- Basic grammar structures (such as simple and continuous verb tenses, simple modals, comparatives and superlatives) to get a general

understanding of texts
- Basic syntax (such as indications of a statement, a negative or a question; word order; prepositional phrases, and coordination and subordination)
- Basic conventions of mechanics and punctuation
- Simple yes/no and wh- questions
- Terms to describe people, objects, situations, daily routines and emergencies

Textual Knowledge

Beginning recognition of:

- Cohesion links between sentences (such as pronoun references)
- Connective words and phrases to show additions, examples, chronological sequences or illustrations by example (such as *and*, *also*, *such as*)
- Main ideas or text types (e.g., genres such as narrative or information)

Functional Knowledge

Beginning recognition of:

- Textual and contextual clues to interpret purposes of text (such as an invitation, a greeting card, a newsletter, an article or a schedule)
- Typical formats in sequencing and wording information for specific purposes (such as in a written request, complaint or invitation)
- Common written formats (such as dictionary entries, news articles, letters, stories or application forms)

Sociolinguistic Knowledge

Beginning recognition of:

- Common figures of speech, idioms and expressions specific to different situations
- Cultural references
- Politeness conventions in written correspondence and in different contexts
- How tone, mood, attitude and opinions are conveyed by specific words or phrases
- Formal and informal language

Strategic Competence

Beginning ability to use:

- Basic reading strategies (such as skimming to determine purposes of texts, scanning to locate specific information and guessing or inferring from contextual clues)

- Background knowledge for comprehension
- Resources (such as a bilingual dictionary, asking for help) to determine meanings of unfamiliar words
- Linguistic, textual, functional and socio-cultural knowledge to interpret intended meanings in written texts
- Search engines to access information online

STAGE I

Reading - Benchmark 1

Profile of Ability

The reader can:

Recognize letters, numbers, a small number of words and very short, simple phrases related to everyday objects and immediate needs.

When the text is:

- Limited to everyday words and phrases
- Clear, sparse and very easy to read
- Supported by visual clues (e.g., pictures)
- Very short
- In non-demanding contexts

Demonstrating these strengths and limitations:

- Finds a few key words and simple details
- Has little ability to apply sound-symbol relationships and spelling conventions in English
- Has almost no ability to decode unknown words, read connected discourse or guess the meaning of unknown words
- Relies heavily on graphics and other visual clues when interpreting meaning
- Relies heavily on a bilingual dictionary due to extremely limited vocabulary

I. Interacting with Others

- Understand short greetings and simple goodwill messages.

  [Texts consist of a few simple phrases and are related to routine social interactions.]

  - Identifies specific goodwill expressions and their meanings.
  - Locates specific words and phrases.
  - Locates dates, times, addresses and phone numbers.
  - Demonstrates strengths and limitations typical of Reading Benchmark 1, as listed in the Profile of Ability.

Sample Tasks

Read a greeting card or message for a special occasion or offering wishes for someone to get well soon.

Read an invitation to find out the date of a party.

Read a 1-line thank-you note for a lunch date or dinner party from a friend, co-worker or classmate.

II. Comprehending Instructions

- Understand very short, simple instructions for common, familiar everyday situations.

  [Instructions have only 1 step and may be accompanied by illustrations.]

  - Recognizes individual words (simple imperative verbs and common nouns).
  - Follows instruction by responding with action.
  - Demonstrates strengths and limitations typical of Reading Benchmark 1, as listed in the Profile of Ability.

Sample Tasks

Read and follow a 1-line instruction in a simple common phrase for an everyday activity. (*Take one pill./Pay server.*)

Read and follow very simple instructions on a worksheet or form. (*Please circle./Please underline./Write here./Please print./Fill the blanks.*)

III. Getting Things Done

- Get information from very short, simple, common formatted texts (such as simple sections of forms, maps, diagrams, sales receipts, or common universal traffic signs and civic symbols).
  - Identifies numbers (amounts, dates) and familiar words (names, addresses, city names).
  - Finds total amount and date on receipts.
  - Identifies an address.
  - Identifies where to write personal data on forms.
  - Demonstrates strengths and limitations typical of Reading Benchmark 1, as listed in the Profile of Ability.

Sample Tasks

Identify where to write personal information in the name and address section of a very simple application form for an English class.

Identify prices, sub-totals, taxes and total on a sales receipt.

Locate familiar words on a simple map to find a street.

Identify dates and amounts on a pay stub.

Check expiration dates on foods and drugs in order to decide whether to keep them or throw them away.

Read a simple common sign to heed a rule or warning. (*Stop./ No parkins./No smoking.*)

IV. Comprehending Information

- Recognize names, numbers and some basic details in very simple, short texts related to everyday situations and immediate needs.
  - Identifies numbers, letters, a few key words and short expressions.
  - Demonstrates strengths and limitations typical of Reading Benchmark 1, as listed in the Profile of Ability.

Sample Tasks

Refer to a picture dictionary to understand a short shopping list of common daily items.

Get the gist of an event by reading captions associated with photographs, such as for a child's birthday party, a wedding or a retirement party.

Some Features of Communication Across Stage I Reading

CLB 1　Initial Basic Ability

- Texts are paper-based or digital/online.
- Texts have a clear font or legible printing and a very simple layout.
- Texts are very sparse with simple, clear organization.
- Continuous texts are very short (from a simple phrase to a few very short sentences).
- Formatted texts are very short and simple and may include maps, diagrams and common forms, signs and symbols.
- Common and familiar visuals are almost always included to support meaning.
- Instructions are 1 step, in simple phrases and for highly common and familiar tasks and routines.
- Language is very simple, concrete and factual.
- Topics are familiar and related to immediate personal needs.
- Responses to tasks do not require much writing, if any, but can require circling, matching, checking off items or filling in blanks.
- Context is non-demanding.

CLB 2　Developing Basic Ability

- Texts are paper-based or digital/online.
- Texts have a clear font or legible printing and a very simple layout.
- Texts are very sparse with simple, clear organization.
- Continuous texts are very short (up to about 5 to 7 very simple sentences).
- Formatted texts are very short and simple and may include basic common forms, simplified maps, diagrams, labels, tables, schedules and very simple common flyers.
- Common and familiar visuals are often included to support meaning.
- Instructions are 1 to 4 steps, in single phrases or short sentences and for common and familiar tasks and routines.
- Language is very simple, concrete and factual.
- Topics are familiar and related to immediate personal needs.
- Responses to tasks do not require much writing, if any, but can require circling, matching, checking off items or filling in blanks.

- Context is non-demanding.

CLB 3 Adequate Basic Ability
- Texts are paper-based or digital/online.
- Texts have a clear font or legible printing and a simple layout.
- Texts are sparse with clear organization.
- Continuous texts are short（up to about 2 paragraphs）and include mostly descriptive and narrative genres.
- Formatted texts are short and simple, with clear labels, and may include forms, tables, graphs, maps, schedules, directories, and short brochures and flyers.
- Visuals are sometimes included to support meaning.
- Instructions or instructional texts are 1 to 5 steps and for familiar tasks and procedures.
- Language is simple, concrete and factual.
- Topics are familiar, personally relevant and predictable.
- Responses to tasks do not require much writing, if any, but can require circling, matching, checking off items or filling in blanks.
- Context is non-demanding.

CLB 4 Fluent Basic Ability
- Texts are paper-based or digital/online.
- Texts have a dear font or legible printing and a simple layout.
- Texts are sparse with clear organization.
- Continuous texts are short（up to about 3 paragraphs）and include mostly descriptive and narrative genres.
- Formatted texts are simple, with clear labels and may include forms, tables, schedules, directories, graphs, and short business brochures and flyers.
- Visuals are sometimes included to support meaning.
- Instructions or instructional texts are for 1 to 6 steps and for familiar procedures.
- Language is simple, concrete and factual with a few common idioms.
- Topics are mostly familiar, personally relevant and predictable.
- Responses to tasks do not require much writing, if any, but can require circling, matching, checking off items or filling in blanks.
- Context is non-demanding.

Note: Length and density of text determine the degrees of simplicity across Reading Stage I.

Stage I
Writing

Benchmarks 1—4

Stage I spans the range of abilities required to communicate in common and predictable situations about basic needs, common everyday activities, and familiar topics of immediate personal relevance (non-demanding contexts of language use).

STAGE I

Profiles of Ability Across Stage I Writing

CLB 1　Initial Basic Ability

The writer can：

Write basic personal identification information and a small number of familiar words and simple phrases related to immediate needs.

When the communication is：

- Limited to letters, numbers, single familiar words, and short familiar phrases
- Intended for a highly supportive and familiar reader
- Very short
- In non-demanding contexts

Demonstrating these strengths and limitations：

- Very limited knowledge of the language and limited exposure to sound-symbol relationships
- Extremely limited vocabulary
- Very little ability to use simple structures
- Very little awareness of basic spelling, punctuation and capitalization conventions
- Extreme difficulty communicating even the most simple facts or ideas

CLB 2　Developing Basic Ability

The writer can：

Write basic personal identification information, words, simple phrases, and a few simple sentences about highly familiar information related to immediate needs.

When the communication is：

- Limited to everyday words and phrases
- Intended for a highly supportive and familiar reader
- Very short
- In non-demanding contexts

Demonstrating these strengths and limitations：

- Limited knowledge of the language and limited exposure to sound-symbol relationships
- Very limited vocabulary

- Some initial ability to use simple structures
- Some initial awareness of basic spelling, punctuation and capitalization conventions
- Difficulty with word order and word forms greatly interferes with comprehensibility
- Difficulty communicating simple facts and ideas

CLB 3　Adequate Basic Ability

The writer can:

Write simple sentences about familiar information related to personal experience and everyday situations.

When the communication is:

- Grammatically and lexically simple
- Intended for a supportive and familiar reader
- Short
- In non-demanding contexts

Demonstrating these strengths and limitations:

- Developing knowledge of the language and exposure to sound-symbol relationships
- Developing range of simple everyday vocabulary
- Developing control of simple structures
- Developing control of spelling, punctuation and capitalization
- Difficulty with word order and word forms interferes with comprehensibility
- Some difficulty communicating a simple message

CLB 4　Fluent Basic Ability

The writer can:

Write short, simple texts about personal experience and familiar topics or situations related to daily life and experience.

When the communication is:

- Grammatically and lexically simple
- Intended for a familiar reader
- Short
- In non-demanding contexts

Demonstrating these strengths and limitations:

- Adequate knowledge of the language for simple tasks
- Adequate range of simple everyday vocabulary
- Adequate control of simple structures

- Conveys personal information in mostly single-clause sentences
- May use some coordinated clauses with basic tenses
- Adequate control of spelling, punctuation and capitalization
- Difficulty with word order and word forms may sometimes interfere with comprehensibility
- Able to communicate a simple message

Knowledge and Strategies
Stage I Writing

STAGE I

These are some things that may need to be learned as an individual moves through Stage I Writing.

Grammatical Knowledge

Ability to use:

- Basic grammar structures (such as simple and continuous verb tenses, simple modals, comparatives, and superlatives) to convey meaning effectively
- Basic syntax (such as indications of a statement, a negative, or a question; word order; prepositional phrases, and coordination and subordination)
- Simple yes/no and wh- questions
- Common everyday English spelling and punctuation rules and conventions for simple sentences
- Vocabulary and expressions needed to write about familiar, everyday topics (such as shopping, housing, daily routines, dates, banking, food, health, education, jobs, businesses, families, customs, weather, clothing, travel, safety, citizenship)
- Vocabulary needed to complete a variety of forms, such as personal identification vocabulary

Textual Knowledge

Beginning ability to use:

- Common cohesion links (such as pronoun references) to connect sentences
- Connective words and phrases within and between sentences to indicate addition (such as *also*, *and*) and sequence (such as *first*, *second*, *next*)
- Logical sequencing to get main and subordinate ideas across

Functional Knowledge

Beginning ability to use:

- Appropriate phrases and expressions for salutations, and to invite, thank, and congratulate
- Common text formats for specific purposes (such as informal notes and goodwill messages)
- Basic format and paragraph structure
- Basic email writing conventions (such as subject lines and opening/closing conventions)
- Basic business writing conventions (such as stating the purpose in the first paragraph, using a subject line, and basic paragraph structure)

Beginning ability to:

- Identify the layout and different parts of standard forms (such as headings, instructions, and areas to complete)

Sociolinguistic Knowledge

Understanding of and beginning ability to use:

- Canadian social conventions related to specific occasions (such as births, marriages and losses) and the significance of written messages or cards for these occasions

Strategic Competence

Beginning ability to use:

- Resources such as dictionaries, thesauruses, Internet search skills, and spell-checking functions on a computer

STAGE I

Writing - Benchmark 1

Profile of Ability

The writer can:

Write basic personal identification information and a small number of familiar words and simple phrases related to immediate needs.

When the communication is:

- Limited to letters, numbers, single familiar words, and short familiar

phrases
- Intended for a highly supportive and familiar reader
- Very short
- In non-demanding contexts

Demonstrating these strengths and limitations：
- Very limited knowledge of the language and limited exposure to sound-symbol relationships
- Extremely limited vocabulary
- Very little ability to use simple structures
- Very little awareness of basic spelling，punctuation and capitalization conventions
- Extreme difficulty communicating even the most simple facts or ideas

---

I. Interacting with Others
- Convey greetings or other goodwill messages by completing cards or other very short, simple standard texts.
  ［Messages are a few words in length, addressed to a familiar person and related to a personally relevant situation.］
  - Completes a standard greeting card or message with simple and minimum information.
  - Completes a message with an appropriate salutation (such as *hi*, *hello*, *dear*, *to*) and closing (such as *from*, *regards*, *love*).
  - Addresses message for sending.
  - Demonstrates strengths and limitations typical of Writing Benchmark 1, as listed in the Profile of Ability.

Sample Task
Complete a standard greeting card or e-card for a friend's, family member's, classmate's, or coworker's special occasion. Address the envelope or email.

II. Reproducing Information

- Copy numbers, letters, words, short phrases or sentences from simple lists or very short passages, for personal use or to complete short tasks.

  [Texts to copy are 2 to 3 sentences in length, have clear layout and basic everyday information; lists have about 5 to 10 items.]

  - Copies letters, numbers, words and short sentences, including capitalization and punctuation.
  - Follows standard Canadian conventions and styles when copying addresses and phone numbers.
  - Copies text legibly; reader may still have difficulties decoding some letters and numbers.
  - Demonstrates strengths and limitations typical of Writing Benchmark 1, as listed in the Profile of Ability.

Sample Tasks

Copy information from an identification document onto a form.

Copy information from an appointment reminder card (such as a dentist or hairdresser) onto a personal calendar.

Make a list of phone numbers for own use.

In a language class, copy words from a picture dictionary into a guided text.

III. Getting Things Done

- Complete very short, simple or simplified forms that require only basic personal identification information.

  [Forms contain up to about 5 personal identification items and have clear labels and areas in which to write.]

  - Includes the required basic information.
  - Writes basic personal information in appropriate sections.
  - Follows some conventions for addresses, telephone numbers, etc.
  - Writes legibly.
  - Demonstrates strengths and limitations typical of Writing Benchmark 1, as listed in the Profile of Ability.

Sample Tasks

Fill out the personal identification area of a simple change-of-address form with a few details (such as date, first and last name, address, postal code, phone number, and date of birth).

Fill out the personal identification area of an application to join a language class or apply for a job (with assistance from an employer, administrative assistant, or instructor).

IV. Sharing Information

- Write a few words to complete a short, guided text or answer simple questions to describe a personal situation.

  [Text to complete is about 3 to 5 sentences.]

  – Writes a few personal and familiar details.
  – Writes legibly.
  – Demonstrates strengths and limitations typical of Writing Benchmark 1, as listed in the Profile of Ability.

Sample Tasks

In a language class, complete a simple guided writing text about self by filling in blanks. (*My name is* _____. *I am* _____. *I am from* _____. *I have* _____.)

Write answers to simple questions about immediate needs with assistance from a family member or settlement worker.

STAGE I

Some Features of Communication Across Stage I Writing

CLB 1   Initial Basic Ability

- Writing style requirements are simple and informal.
- Topics relate to immediate personal needs.
- Audience is highly supportive and familiar.
- Task instructions are very simple and call for responses of a few words or short phrases.
- Forms to complete are very short (up to about 5 items), simplified, with sparse layout, clear labels, and ample areas in which to write, and require only basic personal identification information.
- Content to copy or reproduce is from a short text (2 to 3 sentences) or a short list (5 to 10 items) with clear layout and basic everyday information.
- Guided writing (or cloze) is based on texts of about 3 to 5 sentences with very simple structure and vocabulary.
- Context is non-demanding.

CLB 2   Developing Basic Ability

- Writing style requirements are simple and informal.

- Topics relate to immediate personal needs.
- Audience is highly supportive and familiar.
- Task instructions are very simple and call for responses of a few short phrases.
- Forms to complete are short (up to about 10 items), simple in format, sparse in layout, and require only basic personal information.
- Content to copy or reproduce is from a short text (3 to 5 sentences) or a short list (10 to 15 items) with clear layout and basic everyday information.
- Guided writing (or cloze) is based on texts of about 5 to 7 sentences with simple structure and vocabulary.
- Context is non-demanding.

CLB 3　Adequate Basic Ability

- Writing style requirements are simple and informal.
- Topics are of everyday relevance.
- Audience is supportive and familiar.
- Task prompts or instructions are simple and call for responses of a few short sentences.
- Forms to complete are short (up to about 15 items), simple in format, and require basic personal information and some responses to simple questions about self or experience.
- Content to copy or reproduce is from a short text (up to about 1 paragraph) with clear layout and basic everyday information.*
- Context is non-demanding.

CLB 4　Fluent Basic Ability

- Writing style requirements are simple and informal.
- Topics are of everyday relevance.
- Audience is familiar.
- Task prompts or instructions are simple and call for responses of about 1 paragraph.
- Forms to complete are short (up to about 20 items), simple in format, and require basic personal information and some responses to simple questions about self or experience.
- Content to copy or reproduce is from a short text (up to about 2 paragraphs) with clear layout; may be of a more specialized nature (e.g., a manual) relating

to a familiar context.*

- Context is non-demanding.

* Note: The ability to copy or reproduce information is dependent on the writer's ability to read. Therefore, it is assumed that the content to copy has a degree of simplicity that does not exceed the writer's Reading Benchmark.

附录 2：《加拿大语言能力标准 2000：英语为第二语言的学习者的读写能力量表》(部分)

Canadian Language
Benchmarks 2000:

ESL
for
Literacy
Learners

Linda Johansson, Team Leader
Kathy Angst, Brenda Beer,
Sue Martin, Wendy Rebeck
Nicole Sibilleau

A. What Is ESL Literacy?

ESL Literacy is a program for individuals who are learning English as a Second Language and who are not functionally literate in their own language for a variety of reasons. They may:

1. Be speakers of a language that lacks a written code, so they may not have needed to know how to read or write until coming to Canada;

2. Have had very little education (one or two years) in their home countries;

3. Have gone to school for up to eight years, although sometimes with sporadic attendance for reasons, such as family responsibilities, ill health, war etc. They understand, to some extent, that the written word signifies meaning. However, they don't usually have the skills to read new words. They probably lack what is often termed "study skills", such as organizing papers in a binder, dating new papers, reviewing new material or doing homework. They may tend to avoid reading or writing whenever possible, and may have preconceived notions of reading and writing that might hinder progress in the class;

4. Have come from a country with a non-Roman alphabet. They will have difficulties learning to read English, adjusting to the new phonetically and syntactic nature of the English language, but have acquired reading and study skills, which can transfer to a second language situation. (Bell & Burnaby; 1984: 3 - 6)

Three other groups of learners may also be in ESL Literacy classes, BUT THEY ARE NOT TRUE ESL LITERACY LEARNERS:

1. Learners who may have learning disabilities,

2. Learners who have been through trauma of some kind, and

3. Learners who are literate in their native language, but who may prefer (for various reasons such as age, health, family situation) to participate in a slower-paced class with a more collaborative approach usually found in an ESL Literacy class.

An ESL Literacy class may have any combination of the above learners. It is crucial to recognize how their life and education experiences and feelings can affect learners' confidence in learning. Experienced ESL Literacy teachers often speak of the need to consider the whole person when developing and delivering an ESL

Literacy program. These considerations extend to programming timelines, content and instructional methodologies.

There is a continuum of ESL Literacy learners (see illustration), with commonly used literacy terminology. There is controversy in the field over the use of these terms. They are used here, however, for the sake of clarity.

B. What Are ESL Literacy Benchmarks?

The ESL Literacy Benchmarks lay out the progression of reading, writing and numeracy skills for ESL adults who have little or no literacy skills in their first language. The document is also useful with ESL students who are literate in a non-Roman alphabet language and need to learn reading and writing basics in English.

These benchmarks are descriptions of what ESL Literacy students are able to do at various stages of their development. They are not a curriculum, nor are they a test; however, they can be used to inform the development of both.

The ESL Literacy Benchmarks are divided into a pre-reading and writing phase, called the Foundation Phase, followed by Phases I – III.

C. Why Is Numeracy Included?

Since ESL Literacy learners have little or no formal education they may also require basic numeracy skills. These skills are as important in everyday life as being able to read and write. Like reading and writing, numeracy is a communication skill. Numeracy provides a language for dialoguing about quantities, measurement, comparing, identifying patterns, reasoning, and communicating precisely.

Basic numeracy includes addition, subtraction, division, multiplication, decimals, percentages and fractions. Sometimes learners are more comfortable manipulating numbers than words on a page. Developing competence in numeracy can help build the confidence necessary to learn to read and write. It can help adults who may need to deal with situations involving numbers, mathematical ideas, and quantities. Generally, non-Roman alphabet learners, if they are well educated, will not need to learn numeracy skills.

However, if they are not fully literate in their first language this may be necessary. Even learners who have had some exposure to math instruction may have been taught quite differently. Some languages have non-Arabic numbering systems, although usually this is found only in older learners.

D. Who Should Use The ESL Literacy Benchmarks?

The ESL Literacy Benchmarks are primarily intended for instructors to help them determine the developmental level of their students and design appropriate teaching/learning activities. They may also be useful to curriculum, material, or test developers.

E. How Do The ESL Literacy Benchmarks Relate To The ESL For Adults Benchmarks?

The ESL for Adults Benchmarks are designed for use with literate learners. The ESL Literacy Benchmarks are designed to be used with the listening and speaking ESL for Adults Benchmarks until such time as the learner has developed sufficient fluency as a reader to move into a regular ESL program or into a literacy program for native speakers of English, such as ABE (Adult Basic Education).

For the ESL Literacy student, these benchmarks replace the early levels of the ESL for Adults reading and writing benchmarks. The exception is the Foundation Phase, which describes the development of the pre-reading and writing skills and knowledge necessary before beginning Phase 1 reading and writing.

Adult students of ESL usually develop their listening, speaking, reading and writing skills at different rates. It is not uncommon for an adult ESL student to have Canadian Language Benchmarks assessment scores at different levels in the various skill areas. For ESL Literacy students, while their oral skills can be described on the same scale as ESL for Adults students, their literacy skills require a different description; one which articulates the specific aspects of their literacy development. *Figure 1* illustrates approximate comparative benchmark levels for the ESL for Adults and ESL Literacy descriptors. However, the diagram does not reflect the significant differences in the rate of progress of students in the two streams.

The end of the Phase III ESL Literacy can be viewed as a time of transition. Those students with higher oral/aural levels may be ready to enter an ABE program. Others, whose oral/aural level is closer to their literacy level, would probably benefit from participating in a regular adult ESL class to develop their speaking and listening along with their literacy skills.

Figure 1	ESL Benchmarks	ESL Literacy Benchmarks
Benchmark 5		
Benchmark 4	Phase III	
Benchmark 3		
Benchmark 2	Phase II	
Benchmark 1	Phase I	
	Foundation Phase	

附录 3：《加拿大语言能力标准 2000："能做"描述表》（部分）

Canadian Language Benchmarks
Can Do Statements

Centre for
Canadian Language
Benchmarks

Centre des niveaux de
competence linguistique
canadiens

Introduction for Instructors

The Can Do Statements are based on the Canadian Language Benchmarks (CLB). They describe what learners can do at benchmarks 1 to 12 in the skills of Listening, Speaking, Reading and Writing. The purpose of these statements is to present some of the information in the CLB document in language that is accessible to learners. The statements can help to facilitate discussions between you and your learners about what they have accomplished and what they still need to develop.

The Can Do Statements should be used after benchmarks have been assigned by a reliable methodology, such as a standardized placement test or classroom outcomes instrument. The statements themselves are not a means to assess learners or to assign benchmarks. When benchmarks have been assigned, you should use the Can Do Statements to explain what the benchmarks mean. The best way to do this is to call the learner's attention to the statement for each assigned benchmark and also to the benchmark below and the one above. This three-benchmark range provides a meaningful indication of where the learner fits on the continuum of language ability.

For example, after a Writing assessment process in which a learner successfully demonstrates the characteristics of CLB 3, you might want to explain this assigned benchmark and talk to the learner about accomplishments and goals. You would begin by presenting the Can Do Statement for Writing benchmark 3, showing the learner the very general descriptor of overall ability that appears in the top left box on the statement page. Then, you would point out the information in the top right box, which gives the conditions and features that have to be present in order for the learner to successfully demonstrate ability.

Introduction for Learners

English as a Second Language (ESL) in Canada is often based on the Canadian Language Benchmarks (CLB). There are 12 benchmarks for each language skill – Listening, Speaking, Reading and Writing. If you are an ESL learner in Canada, you probably have four assigned benchmarks. These benchmarks indicate how well you can use English to express your ideas and to comprehend others.

Information about the benchmarks is contained in a large document used by instructors and test developers. The document is quite complex and difficult for many learners to understand. The Can Do Statements were created to help you understand what your assigned benchmarks mean. The statements are based on the CLB, and they tell you some of the things that a person can do at each benchmark.

If you want to use the Can Do Statements by yourself, find your assigned benchmark for each language skill. Look at the top left box for a general description of your ability. Look at the top right box to see when you are able to best show your ability. Look at the other boxes to see the kinds of things that people at your benchmark can usually do. This will give you a general idea of what your benchmark means.

For a better understanding of your benchmarks, it is best to look at the Can Do Statements together with your instructor. He or she can explain in detail why you fit at each of your benchmarks. Your instructor may also point out particular class activities or assignments that show abilities related to your benchmarks. He or she will then explain what you need to work on so that you can make progress to reach the next benchmark.

The Can Do Statements help you understand what you have already accomplished, and they give information that supports you as you set your next language learning goals.

Sample Statement

The following illustration describes each section of the Can Do Statements:

The top-left box gives you a general description of your ability.

The top-right box tells you when you are able to best show your ability.

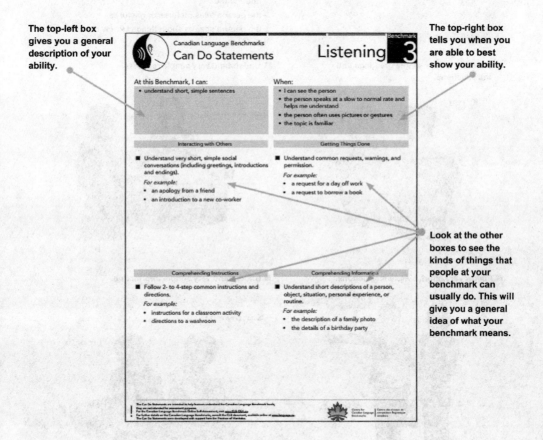

Look at the other boxes to see the kinds of things that people at your benchmark can usually do. This will give you a general idea of what your benchmark means.

Canadian Language Benchmarks
Can Do Statements

Listening

Benchmark 1

At this Benchmark, I can:

- understand a few words and very simple phrases
- understand common polite phrases

When:

- I can see the person
- the person speaks slowly and helps me understand
- the person uses pictures or gestures
- the person speaks about things I know or need

■ **Understand very simple greetings and introductions.**

■ **Understand very simple requests.**

■ **Follow very short, simple instructions.**

■ **Understand very simple information.**

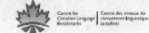

Centre for
Canadian Language
Benchmarks

Centre des niveaux de
compétence linguistique
canadiens

Canadian Language Benchmarks
Can Do Statements

Speaking

At this Benchmark, I can:

- say a few words and very simple phrases
- say the alphabet, names, numbers, times, and dates

When:

- I can see the person
- the person helps me
- I can use pictures and gestures

■ Say very simple greetings.

■ Give a very simple introduction.

■ Make very simple requests.

■ Give very short, simple instructions.

■ Answer very basic questions about myself.

■ Ask simple questions about a person.

Centre for Canadian Language Benchmarks | Centre des niveaux de compétence linguistique canadiens

Canadian Language Benchmarks
Can Do Statements

Reading

Benchmark **1**

At this Benchmark, I can:

- read the alphabet
- read numbers
- read some very common, everyday words

When:

- the topic is very familiar
- there are many pictures
- the words are very easy to read
- I use a dictionary in my language

■ Understand some words and phrases in very short, simple messages.

■ Find some information in very short, simple signs, maps, and forms.

■ Understand very short, simple instructions.

■ Understand very simple information.

Centre for
Canadian Language
Benchmarks

Centre des niveaux de
compétence linguistique
canadiens

Canadian Language Benchmarks
Can Do Statements

Writing

Benchmark
1

At this Benchmark, I can:

- write the alphabet and numbers
- write some very common, everyday words

When:

- the topic is very familiar
- someone helps me
- I write for a familiar person

■ Write very short, simple social messages.

■ Complete very short, simple forms.

■ Copy numbers, simple lists of words, or very short, simple sentences.

■ Complete 3–5 very short, simple sentences about me.

Centre for Canadian Language Benchmarks | Centre des niveaux de compétence linguistique canadiens

附录 4：《加拿大语言能力标准 2000：实施指南》（部分）

TABLE OF CONTENTS

Introduction

Canadian Language Benchmarks 2000, the companion document to this Guide, is a set of descriptors of what people can do with English at various levels of competency. It is not a test, a curriculum, or a syllabus. It does not define ideology, policy, content, or the process of instruction. However, *Canadian Language Benchmarks 2000* reflects clear underlying principles of language teaching and learning and provides a useful and informative basis for curriculum and syllabus development, lesson planning, materials development, resource selection, student assessment and reporting. The goal of this Guide is the effective implementation of the *CLB* in Canadian Adult ESL classrooms.

This Guide to *Canadian Language Benchmarks 2000* discusses practical ways of linking language learning in Canadian classrooms to the *CLB*. Careful interpretation and supports are needed to apply the *CLB* in the many contexts where Adult ESL learners and teachers are working. It is not enough to simply hand the document to teachers and expect them to apply it. Carefully planned implementation processes and professional development activities will ensure successful use of the information in the *CLB 2000* document.

Who is this Guide for?

Canadian Language Benchmarks 2000: A Guide to Implementation is primarily intended for practising teachers of Adult ESL learners and program administrators who want to use the *Canadian Language Benchmarks* as a basis for curriculum and program development and lesson planning. The Guide is not intended as a manual for teaching ESL in general. For readers interested in exploring some of the topics in greater detail, suggested readings and references are included at the end of each chapter These reading lists are not exhaustive, as readers of the Guide are assumed to have professional expertise as teachers of Adult ESL as well as familiarity with the common professional terminology that is used in the Guide. A glossary is provided for terms that may be new for some readers.

How is the Guide Organized?

The Guide focuses on using the *Canadian Language Benchmarks* when planning for teaching and learning and builds on current directions and practices in ESL instruction. It includes numerous classroom and program examples from across the country. Each section in the Guide builds on information introduced in the previous sections and is, therefore, intended to be read in the order in which the sections are presented. However, because readers may want to focus on a topic of particular interest, each section has been written to be as self-contained as possible. Cross-references are provided to other sections on some key issues.

How will Implementing the *CLB* Affect Teaching and Learning?

Implementing the *Canadian Language Benchmarks* does not mean that we need to throw out everything we have been doing. Activities and resources that have been used successfully in the past will continue to be relevant for use with a *CLB* focus. However, these may be used in a different way and with a changed emphasis.

When applying the Bendimarks in our classrooms, the greatest change for many of us may be a shift from a focus on students learning about language to a focus on their ability to use English to do tasks. Others may find the greatest change will be the shift to using a competency-based approach. This may mean shifting the focus in classroom planning from what *the teacher will do* to what *the learner will be able to do*.

Bringing about effective change takes time and requires opportunities for teachers to become familiar with the content, issues, and best practices of the new direction. The *Canadian Language Benchmarks* can be an exciting catalyst for change in the classroom, program, or institution and in the community at large. This Guide provides tools and strategies both for planning effective professional development activities and for successfully implementing the *Canadian Language Benchmarks* in ESL programs throughout Canada.

What Key Features of the *Canadian Language Benchmarks* Shape Implementation?

A dose look at *Canadian Language Benchmarks 2000* reveals a perspective on language learning which has vast implications for ESL programs. Specifically, the *CLB*.

- provides a framework of reference for assessing, programming, teaching and learning English as a Second Language in adult programs in Canada. The Benchmarks state what Adult ESL learners should be able to do in order to be considered proficient in specific aspects of communication.

- describes communicative competencies and performance tasks through which the learner can demonstrate application of language knowledge (competence) and skills (performance).
- enables learners, teachers and others to form a picture of the general language abilities of individuals. By undertaking a language task, learners demonstrate underlying language ability.
- describes the range of a person's language ability at a particular Benchmark level, but does not represent all areas of ability in the language.

... the basic description of proficiency in this book leaves out much of the richness and complexity of human communication. Furthermore, it cannot even embark on discussing the complex and diverse ways in which adults learn to communicate in a second language. The competencies and the examples of tasks are only samples indicative of a range of a person's language ability of a particular Benchmark level. Metaphorically speaking, the four competency areas shown for each Benchmark are only the four visible tips of a much larger "iceberg" of communicative ability.

— Canadian Language Benchmarks 2000, xiv

附录 5：《用于工作的语言：加拿大语言能力标准与基本技能——培训人员》（部分）

Canadian Language Benchmarks Essential Skills

Niveaux de competence linguisdque canadiens Competences essentielles

Language for Work:
CLB and Essential Skills for Trainers

Contents

Introduction

This guidebook was developed by the Centre for Canadian Language Benchmarks (CCLB) to help immigrants meet employment goals in the Canadian workplace by enhancing the understanding of Essential Skills (ES) for facilitators who work with immigrants. In addition, it is an excellent tool for a diverse range of individuals such as workplace trainers, teachers in educational institutions, members of labour unions, training consultants and counsellors in social service agencies, who may have little or no prior training in teaching English as a Second Language (ESL).

Purpose

This guidebook provides:

- Information and strategies to help facilitators provide opportunities for immigrants to improve their language proficiency in a way that suits their individual language and workplace needs
- Explanations and information about the Canadian Language Benchmarks (CLB) and Essential Skills
- An understanding of the importance of developing these workplace skills based on the learner's level of language proficiency
- An understanding of the Canadian workplace and society

The guidebook includes:

- Proven Best Practices from programs incorporating Essential Skills into their newcomer training. These practices include diagnostics, training interventions, referrals and supports
- Learner profiles that include background information (age, sex, education, training, language proficiency, length of time in Canada), Essential Skills and Canadian Language Benchmarks diagnoses, and suggested interventions, referrals and training
- Practical, straightforward diagnostic checklists that will help facilitators identify learners' needs in Essential Skills, language training, and knowledge of the Canadian workplace and society
- A section on the special needs and challenges of improving Essential Skills in those literacy students who have little or no training in reading and writing in their first languages

Using the Guidebook

This guidebook can be used in ESL/ES training for:

- Setting up a program that provides workplace preparation or language training
- Diagnosing learners' employment related training needs
- Referring learners to other programs
- Counselling learners on appropriate workplace training programs and other interventions

Essential Skills

The challenge for facilitators is to develop a program that meets the learner's needs with work that is challenging in all areas, but is not coo difficult. This can be accomplished by including Essential Skills or cultural components in the curriculum.

Focus on Employability

In recent years, the focus of second language training for internationally trained individuals has shifted toward employability. Along with the traditional outcomes of second language learning, including speaking and listening, today's programs should provide learners with training that gives them knowledge of Canadian workplace culture and skills that are essential for success in the Canadian job marker.

Essential Skills (ES) are necessary for all workers, regardless of their level of language proficiency or whether English is their second language. In order to be successful in any occupation, a worker must have a certain set of skills that builds on the basic concepts of reading, writing and numeracy, usually attained through formal education and training. Through work-based research, Human Resources and Skills Development Canada (HRSDC) has defined the following set of nine Essential Skills necessary in varying degrees in all occupations. Most have levels of complexity.

- **Reading Text** – Reading and understanding labels, notes, letters, instructions in manuals and other printed material found on the job.
- **Document Use** – Reading, understanding and being able to complete workplace documents including completing forms, maintaining logs,

checking off items on a checklist, and graphing information; document use may include both reading and writing.

- **Writing** – Writing a variety of materials including notes, letters, reports, and forms, with or without the use of a computer.
- **Numeracy** – The ability to work with numbers and think quantitatively (This skill includes simple arithmetic, complex math, using formulas and completing analyses).
- **Oral Communication** – Using speech to give and exchange thoughts and information with co-workers.
- **Thinking Skills** – The use of cognitive skills including problem solving, decision making, critical thinking, planning and organizing, use of memory, and finding information.
- **Working with Others** – The ability to work successfully with others and as part of a team.
- **Computer Use** – The use of computer hardware and software.
- **Continuous Learning** – The ability of workers to participate in an ongoing process of acquiring skills and knowledge.

Occupational Profiles

While all of these skills are necessary to some degree in each occupation, their relative importance varies. Although workers need some level of proficiency in all nine Essential Skills, the skills that are most important to an accounting clerk, for example, are different from those of a community social service worker.

Over the past few years, HRSDC has developed Essential Skills profiles of approximately 300 different occupations. By early 2008, profiles had been generated for all occupations in Canada requiring a high school diploma or less formal education. Each occupation on this list is assigned a 4-digit National Occupational Classification (NOC) code. Essential Skills Profiles, based on the NOC, have a wealth of information including a description of the occupation, list of the most important Essential Skills, examples of tasks where all Essential Skills are required, a ranking of the importance of each Essential Skill in the occupation (1 to 5), physical and attitudinal requirements of the job, and the future outlook for the occupation.

National Occupational Standards

National Occupational Standards (NOS) have been developed by employers and employees working together with sector councils to identify the skills and knowledge required to operate effectively in the workplace. Many of the NOS have been developed through the Sectoral Partnerships Initiative. The language elements identified in the NOS are frequently taught in English for Specific Purposes programs.

According to the HRSDC profile, the most important Essential Skills for an accounting clerk (NOC 1431) are Numeracy, Oral Communication, Problem Solving, and Job Task Planning and Organizing. The most important Essential Skills for a community social service worker (NOC 4152) are Document Use, Oral Communication, Critical Thinking.

Both occupations require Oral Communication skills. A community social service worker needs co *"respond to telephone requests for information and assistance. They ask questions about clients' needs, outline their organizations' mandates and services, and when callers' needs can be served better elsewhere, suggest appropriate community resources"*; whereas an accounting clerk uses the same skills to *"interact with their supervisor to receive instructions, to obtain help with paperwork, problem customers or particular accounts and to obtain approvals and signatures"*.

For further information on Essential Skills please see：
- www.itsessential.ca
- www.hrsdc.gc.ca
- www.skillplan.ca
- http://www.awal.ca/

For more information on NOS and the Sectoral Partnerships Initiative please see：
- http://www.hrsdc.gc.ca/en/hip/hrp/corporate/nos/occstd.shtml
- http://www.councils.org/tasc/nav.cfm?l=e

The Canadian Language Benchmarks and Essential Skills: Working Together

The Canadian Language Benchmarks provides a framework for second language training while Essential Skills training gives newcomers those skills that are necessary for success in a specific occupation. Training programs should combine relevant Essential Skills and language training in a CLB framework to best prepare newcomers for employment in their chosen occupation. In recent years, an increasing number of newcomer training programs have taken this holistic approach to second language training and often include the use of an Occupational Language Analysis (OLA) which provides an inventory of the language proficiency and Essential Skills requirements of a specific job.

> Human Resources and Social Development Canada has stated that immigrants will be key in off-setting the impact of an aging population but that the income gap between immigrants and native-born Canadians is widening. To maximize their potential, immigrants must be quickly and fully integrated into the Canadian job market.
> (*The Daily*, *Stats Can*, *May 13. 2008*)

Complementary Nature of CLB and ES

Canadian Language Benchmarks and Essential Skills are complementary: The Canadian Language Benchmarks provides a broad framework of the language skills that should be included in newcomer training, while Essential Skills provide information about the ES requirements for specific occupations. Since Canadian Language Benchmarks and Essential Skills have different focuses, training programs should include the important elements of both and provide curricula that will increase language proficiency and Essential Skills performance as efficiently as possible.

Linking ES and CLB

The following table demonstrates the relationship between Essential Skills[2] and the Canadian Language Benchmarks. Using information taken directly from the **HRSDC Profile 1431** – **Accounting and Related Clerks** and *Canadian Language Benchmarks 2000*, the column on the left shows the Essential Skill and the occupation specific ES Tasks and the column on the right shows statements describing the language tasks from the Canadian Language Benchmarks.

Essential Skills Tasks	Corresponding CLB Tasks
Thinking Skills（Problem Solving） ■ May have to resolve shipping and receiving problems, such as shipments being short of the number indicated on the purchase order or being sent to the wrong department. Verifies account information and contacts shippers or departmental personnel to ensure that accounting information accurately reflects orders received. (2) ■ Encounters customers who claim that they have been invoiced for a bill they have already paid or that they have not received a cheque owing to them. Reviews customer files to verify the customers' claims. (2)	**Speaking** ■ CLB 8 - （Suasion）Indicates problems and solutions in a familiar area. ■ CLB 6 - （Social interaction）Expresses/responds to apologies, regrets and excuses. **Listening** ■ CLB 6 - （Social interaction）Identifies mood/attitude of participants.
Document Use ■ Reads forms, such as collection management forms, cheque request and issue forms, bond indemnity forms and non-sufficient fund forms. (2) ■ Completes forms, such as credit approval and application forms, tax adjustment application forms and Goods and Services Tax (GST) exemption forms. (3)	**Writing** ■ CLB 7 - （Reproducing information）Fills out all form sections with required information. ■ CLB 6 - （Reproducing information）Records names, addresses, numbers, dates, times, directions and other details with correct spelling in legible handwriting. **Reading** ■ CLB 7 - （Informational texts）Accesses/locates three or four pieces of information in print reference sources.

Another tool used to establish a correlation between CLB and ES levels, tasks and descriptors is the comparative framework developed by the CCLB in 2005.

For further information on CLB/ES Frameworks please see：
■ The CCLB comparative framework for ES and CLB http：//www.itsessential.ca/itsessential/display_page.asp?page_id = 207

For further information on Occupational Language Analysis please see：
■ http：//itsessential.ca/itsessential/display_page.asp?page_id = 322

Literacy, CLB and Essential Skills

When working with employees with literacy challenges it is very important to recognize how previous learning, work and life experiences may affect their success.

Learners may have limited literacy skills for several reasons. They may:

- Be speakers of a language that lacks a written code, so may not have needed to read or write until they came to Canada
- Have had very little education in their own country
- Have had some sporadic education in their home country and understand that the written word has meaning, but do not have the skills to read new words
- Have come from a country with a non-Roman alphabet and have difficulty adjusting to the demands of English literacy, but have reading and study skills which can be transferred to English

Some literacy learners may have come from war-torn countries and others may have had very little opportunity for learning. Some may not see the need for education, others may avidly desire it. There should be no "one size fits all" approach to working with literacy learners; rather, programming, timelines, content and teaching techniques must be customized to each individual's needs. Despite the need to keep individuals' goals and circumstances in mind, there are some general considerations that should be remembered when working with literacy learners:

- Learning can be very stressful
- Learners may lack study skills
- Learners have often learned compensatory transferable skills such as demonstration of oral fluency that is more advanced than their literacy skills

Diagnostic Literacy Checklist

When meeting a student for the first time, it is often difficult to recognize literacy needs. The literacy diagnostic checklist may be a helpful tool to use in the intake interview. Information gathered from this checklist can be used to identify literacy issues, develop a program and identify challenges that may make measurable progress difficult.

Answers to the questions in the Diagnostic Literacy Checklist will help to establish whether a learner should be in an ESL literacy program. Elicit as much information as possible during the intake procedure. Give the learner adequate time to provide the information in a relaxed and complete manner. If the learner also has poor speaking and listening skills，an interpreter can be invaluable during the intake procedure.

The user version of this form is downloadable at www.itsessential.ca.

Canadian Language Benchmarks Essential Skills | Niveaux de compétence linguistique canadiens Compétences essentielles

Centre for Canadian Language Benchmarks | Centre des niveaux de compétence linguistiques canadiens

Diagnostic Literacy Checklist

Diagnostic Literacy Checklist

Learner's Name: _____ Date: _____

Interpreter Present: _____

Literacy Information

1. Has the learner been assessed using the Canadian Language Benchmarks Literacy Assessment or the CLB Literacy Placement Tool?
   ○ No   ○ Possibly/Unknown   ○ Yes
   If yes, what were his/her scores? Speaking: ____ Reading: ____ Listening: ____ Writing: ____

2. Has the learner been assessed with any other type of tool?
   ○ No   ○ Possibly/Unknown   ○ Yes
   If yes, provide details: _____
   _____

3. Has the learner ever attended school?
   ○ No   ○ Possibly/Unknown   ○ Yes
   If yes, how many years? ____

4. Can the learner hold a pen or pencil properly and orient a page of print?
   ○ No   ○ Possibly/Unknown   ○ Yes

5. Can the learner write his/her name and address in English?
   ○ No   ○ Possibly/Unknown   ○ Yes

6. Can the learner read and write in his/her own language?
   ○ No   ○ Possibly/Unknown   ○ Yes
   If yes, how well can he/she read and write in his/her first language? (Basic, Functional or Fluent)
   _____
   _____

7. Did the learner miss a lot of school in his/her country?
   ○ No   ○ Possibly/Unknown   ○ Yes
   If yes, why? _____
   _____
   _____

© Centre for Canadian Language Benchmarks, 2009

Language for Work: CLB and Essential Skills for Trainers

Canada

Reflective Practitioner Checklist

Just as literacy students have special challenges, there are also special challenges associated with being an ESL literacy instructor. Instructors must use special techniques if ESL literacy students are to progress to higher levels. The following reflective checklist is designed for both new and experienced ESL literacy instructors. New instructors will want to keep the following points in mind when teaching and lesson planning. All ESL literacy instructors should periodically do a self-check to ensure that they have provided the most effective learning environment for their lower level students.

Have I ...

☐ Taken the time to familiarize the learner with using a pen or pencil?

☐ Considered the individual needs of each learner?

☐ Incorporated a variety of symbols in lessons to reinforce the connection between sound and symbol in reading and writing?

☐ Shown the learner the sequence of the printed word on the page – left to right, top to bottom?

☐ Used large fonts and printed text, rather than cursive writing?

☐ Used plain/clear English?

☐ Broken down tasks into to small, manageable units?

☐ Built on previous knowledge and transferable skills?

☐ Allowed adequate time for review and repetition?

☐ Accommodated the mental and physical anxieties of the learner?

☐ Remembered that progress may be irregular?

☐ Remembered that progress may be slow?

☐ Included visual clues, body language and gesture?

☐ Provided concrete examples and included "real life" applications of the skill being taught?

☐ Included ample practice examples?

☐ Given practice examples in a variety of formats to accommodate all learning styles?

☐ Been patient and provided praise and encouragement?

Learner Profile ♯I — Ernesto
Background Information
Country of Origin：El Salvador
Age：52   **Sex**：Male
Length of Time in Canada：3 years
Status in Canada：Landed Immigrant
Previous Education and Training：Completed University，El Salvador
Occupation in Country of Origin：Chartered Accountant
Occupation or Occupational Goal in Canada：Currently unemployed，plans to work in the field of accountancy.

English Language Proficiency（CLB）
Speaking：CLB 4   **Listening**：CLB 4   **Reading**：CLB 5   **Writing**：CLB 5

Challenges and Needs

Ernesto is currently unemployed and receiving social benefits. He is married and has two small children. Ernesto has attended full-time（20 hours a week）ESL classes with the local board of education and has made limited progress over the past two years. His wife also attends classes and they require childminding for their three-year-old son.

Ernesto would like to work as a Chartered Accountant in Canada，but feels that the cost，time involved and amount of training necessary make this an unreasonable goal.

Training and Interventions

While it may be difficult for Ernesto to realize his dream of working as a Chartered Accountant，it is within his grasp to work as an Accounting Clerk. He would be an ideal candidate for a combination ESL/Enhanced Language Training program that combines Second Language instruction with Essential Skills training for the Accounting Sector.

Ernesto should also be eligible for subsidized childminding as long as he is receiving social benefits. For a complete list of Essential Skills required for an Accounting Clerk，view **NOC 1431**.

附录 6：《加拿大护士英语语言能力标准评估》(部分)

CELBÁN

CANADIAN ENGLISH LANGUAGE
BENCHMARK ASSESSMENT FOR NURSES

Test-Taking Strategies

2nd Edition 2016

CELBAN Introduction

The Canadian English Language Benchmarks Assessment for Nurses (CELBAN) was designed and developed by the Centre for Canadian Language Benchmarks (CCLB) in collaboration with nursing regulators and language testing specialists. Test content and design continues to evolve over time with the input of language specialists, nursing professionals and psychometricians.

The CELBAN test assesses four skills: listening, reading, writing and speaking. Test takers are asked to complete language tasks similar to tasks a nurse might face in real life.

The CELBAN Group Test comprises three sections: listening, writing and reading. The CELBAN Speaking Test comprises four different types of spoken interactions, which are conducted with two speaking assessors.

What to Expect on Test Day

Knowing what happens on test day will help you prepare for taking the CELBAN test. This document outlines important information about test day, test formal, strategies and criteria for self-assessment so that you can prepare yourself in advance of the test. This may also help to minimize nervous feelings.

Test Day

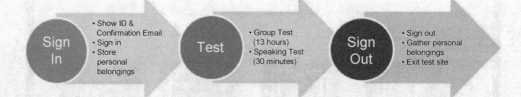

On test day, you will be expected to:

- Arrive 30 minutes prior to your scheduled test
- Present two pieces of identification
- Sign in and out of the test location
- Leave all personal belongings in a dedicated area

CELBAN Test Format

There are two parts to the CELBAN test: a group test (listening, reading and writing) and a speaking test.

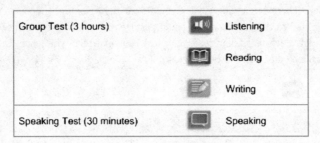

Group Test

There are separate test booklets for each of the CELBAN Group Test components (listening, reading, and writing):

- Listening Comprehension Test Booklet
- Reading Comprehension Test Booklet
- Skimming and Scanning Test Booklet (Part of Reading)
- Writing Test Booklet

NEW IN OCTOBER 2016: *Before 2016, test takers used a test booklet and separate answer sheets. Test takers were advised to write only on the answer sheets. Test materials now have been integrated. Each test taker receives a test booklet which contains the questions and the answer sheets together. This simplified booklet allows test takers to easily mark their answers and make notes, as needed.*

You will be asked to complete tasks that require different types of answer formats. <u>Read and listen to the instructions for each task carefully.</u>

Speaking Test

For the CELBAN speaking test, you will experience two types of tasks: oral questions and role-play scenarios. The oral questions and the role play instructions will be provided orally, but there will also be some written instructions in the form of handouts for the role plays.

What are the Details of the CELBAN Test?

The group test is a paper-and-pencil test that evaluates your ability to read, write and listen. Several different test items are used in the group test: multiple choice questions where you must choose the best answer, fill-in-the-blanks with the correct word, short answer questions, and report writing. The speaking test is a face-to-face assessment which includes role-plays. The chart below shows the details of the test:

	Group Test			Speaking Test
Adminis-tration Conditions	The Group Test is a written exam administered to a group. There are audio-visual segments for the listening, projected to the group, and reading passages in a test booklet. Each test taker receives a test booklet which will be collected at the end of the exam.			The Speaking Test is conducted by two trained CELBAN speaking assessors.
Language skill	🔊	📖	📝	🖥
	Listening	Reading	Writing	Speaking
Task Types	There are five video scenarios (in various settings including hospital, home, clinic, and medical office) and four audio scenarios (phone calls and shift-to-shift reports). Scenarios include interactions between nurses and patients, family members, and other professionals.	The reading test includes a skimming and scanning section (10 minutes) and a reading comprehension (40 minutes) section. Text includes various formats such as charts, patient notes, manuals, and information texts related to health issues.	The writing test includes a form that must be completed and a short written report.	Test takers will be asked to answer questions to demonstrate ability to narrate, describe, summarize, synthesize, state and support opinion, and advise. In the role plays the test taker is asked to interact with one of the assessors who acts as a standardized patient. Test takers must ask questions to obtain information, give instructions, and offer explanations.
Question Format	multiple choice questions (some in chart format)	short answer questions (skimming and scanning) multiple choice questions (reading comprehension), including a cloze exercise	form-filling (10 minutes) report writing (20 minutes)	oral questions and role plays
Length	45 minutes	50 minutes	30 minutes	20 to 30 minutes

See the following page for details on the rating process for each of these test sections.

Language Skill	Listening	Reading	Writing	Speaking
Rating Process	Multiple choice questions are rated using a validated score key and automated conversion calculation.	Multiple choice and short answer questions are rated using a validated score key and automated conversion calculation.	The Writing test is marked by a single rater using a validated rubric. For quality assurance purposes, spot checks are regularly performed.	Speaking test is conducted and scored by two raters and recorded for future reference if needed by assessors to verify score. In the case of a discrepancy a third rater will review the results.

CELBAN Test Preparation

How to Prepare for CELBAN

CELBAN is a made-in-Canada test. It is referenced to the Canadian Language Benchmarks and reflects nursing practice in Canada. Canadian health care is patient-centred and team-oriented and thus requires strong communication competencies.

CELBAN is a task-based assessment. We are interested in your communicative ability, so we evaluate how you perform a task using the English language. The best way to prepare for a test like CELBAN is to develop the language skills that we describe in this Test Taking Strategies guide. These language skills will help you become a clear and more confident communicator, so think about preparing for CELBAN as professional development.

In Canada, the culture of learning relies on self-direction. This means adults, and even children, are expected to be engaged and take responsibility for their own learning. To this end, the Centre for Canadian Language Benchmarks and the CELBAN Centre have prepared a number of resources to which you can refer when preparing to take CELBAN.

The following resources are available to help you prepare for CELBAN：

CELBAN Tip Sheets

The CELBAN Centre website has information that can help you prepare for test day. CELBAN Tip Sheets describe some strategies to improve test performance. Each one-page tip sheet focuses on one skill area or general studying or test-taking strategy. Sample questions feature tasks that you will have to complete as part of the CELBAN test and in your nursing practice. Visit www. celbancentre.ca.

Online Self-Assessment

The CCLB has developed an Online Self-Assessment to help you gauge if you are ready to take CELBAN. Visit www.celbancentre.ca to access this resource.

English as a Second Language （ESL） language Training Programs

The best way to gain accuracy in language use is to get some professional help. An ESL program，a private tutor，or online self-directed learning programs are all good options. Focus on your spelling accuracy （especially of medical terms），your sentence structure （your speaking and writing must be clear，one of the easiest way to be clear is to use correct grammar），and organization （use an organizing principle to guide you when communicating，for example：introduce，support，conclude，or choose three main points and keep your communication focused on those，or use a technique like SBAR - situation，background，assessment and recommendation）.

Working in a Health-Related English-Speaking Environment

Being immersed in English will help your fluency and confidence. Listen and learn from professionals around you. Be active and ask questions.

Nursing Bridging Education

Canadian nursing practice can be quite different from nursing practice in other countries. This might include the scope of practice （what a nurse is allowed to do and expected to do with and for patients） and standards for communication. Canada has a patient-centred approach to care. Language and communication skills are therefore a core competency.

A patient-centered care approach requires nurses to understand patients' needs and desires for their health care and wellbeing，as well as to communicate with patients and their families about shared health care goals and priorities. Good communication underlies effective teamwork and enables efficient delivery of health care services. But most importantly，sound communication skills help health practitioners meet legal and ethical requirements related to documenting patient interviews, assessments, care plans, and treatment outcomes.

Nurses need to be proficient at communicating effectively and flexibly, in a variety of media and contexts. Nurses must practice safely, with integrity and professionalism, communicating across language, cultural, generational, and situational barriers.

There are programs available across Canada that provide orientation and language & communication training to internationally educated nurses. If you have the opportunity to join one of these programs, this is recommended. Participation in such a program is great practice for CELBAN, especially when the program offers the Institutional CELBAN.

Test Preparation Programs

Although there are some test preparation courses available at school boards, colleges, and through private providers we do not endorse any test preparation programs. If you decide to invest in such a program make sure that the program is reputable and that you get good references.

附录 7：英格兰外语教育政策（2002）——《全民的外语：生活的外语——外语
教育发展战略》（部分）

Languages for All: Languages for Life

A Strategy for England

department for
education and skills
creating opportunity, releasing potential, achieving excellence

Contents

Executive Summary

The Vision

Languages are a lifelong skill - to be used in business and for pleasure, to open up avenues of communication and exploration, and to promote, encourage and instil a broader cultural understanding. To achieve this any strategy must look beyond the classroom to maximize and promote opportunities for language learning through community resources and family learning, at further and higher education, adult learning and the world of work. In this strategy, we have three overarching objectives:

a. To improve teaching and learning of languages, including delivering an entitlement to language learning for pupils at Key Stage 2, making the most of e-learning and ensuring that opportunity to learn languages has a key place in the transformed secondary school of the future.

b. To introduce a recognition system to complement existing qualification frameworks and give people credit for their language skills.

c. To increase the number of people studying languages in further and higher education and in work-based training by stimulating demand for language learning, developing Virtual Language Communities and encouraging employers to play their part in supporting language learning.

Why do we need a Languages Strategy?

In the knowledge society of the 21st century, language competence and inter-cultural understanding are not optional extras, they are an essential part of being a citizen. For too long we have lagged behind as a nation in our capability to contribute fully as multi-lingual and culturally aware citizens. Likewise in the global economy too few employees have the necessary language skills to be able to engage fully in international business, and too few employers support their employees in gaining additional language skills as part of their job.

This strategy demonstrates our commitment to making progress towards fulfilling the conclusions of the Barcelona European Council with regard to language teaching and learning in schools.

If we are to achieve a situation where languages really are for all, we need to tackle current blockages in the system.

Language Learning – The Issues

For too long we have failed to value language skills or recognise the contribution they make to society, to the economy and to raising standards in schools. This has led to a cycle of national underperformance in languages, a shortage of teachers, low take up of languages beyond schooling and a workforce unable to meet the demands of a globalised economy. We need to challenge these attitudes and inspire people of all ages to learn languages throughout life.

Raising School Standards

There is increasing recognition that enriching the curriculum and releasing children's and young people's creative energy through sport, drama, music, arts and languages reinforces their understanding of the basics and helps them enjoy a broader, more balanced curriculum. The best primary schools are already providing this breadth alongside the building blocks of literacy and numeracy – we want all primary schools to follow their lead.

Early Language Learning

If a child's talent and natural interest in languages is to flourish, early language learning opportunities need to be provided, and their aptitude needs to be tapped into at the earliest opportunity when they are most receptive. We must also celebrate the language skills of the many bilingual children growing up in our schools today. Too few schools currently teach foreign languages to pupils before the age of 11, and for those that do, too much provision is offered out of school time at breakfast, lunch or after-school clubs.

Transition

Transition arrangements from primary to secondary must improve if achievement is to be recognised and learning and enthusiasm sustained. At a local level, clusters and federations of primary schools need to work together to share strategic planning, best practice and professional development and to work with secondary schools to share information about curriculum planning and pupil achievement.

附录 8：苏格兰语言教育政策（2012）——《苏格兰的语言学习：1+2 模式》
（部分）

Language Learning in Scotland
A 1+2 Approach

Scottish Government Languages Working Group

Report and Recommendations

The Scottish
Government

CONTENTS

PART 1: INTRODUCTION

Why does language learning matter?

1. Language learning is life enhancing. It opens the doors to possibilities and experiences which are not available to those who are restricted to the knowledge of one language. Learning an additional language also facilitates a deeper understanding of the possibilities of language and of communication, including those relating to the learner's mother tongue.

2. Curriculum for Excellence (CfE) aims to equip our young people for life and to prepare them for a future Scotland that is open to the world. Within the framework of CfE there is a recognition of the importance of language learning as a communicative skill which will enable our young people to participate fully in a global society and economy.

3. As with other areas of the curriculum, positive language learning experiences contribute to young people's development as successful learners, confident individuals, effective contributors and responsible citizens. Through learning new languages young people can become successful learners with opportunities relating to working and travelling abroad; confident individuals able to communicate in more than one language; effective contributors to a changing world with an understanding of Scotland's relationship to other countries; and responsible citizens with an awareness of cultures and languages in addition to their own.

4. The growth of business and travel worldwide makes a compelling case for learning languages. The business community recognises the advantages of being able to communicate in the language of potential clients. Indeed, in an increasingly globalised world, knowledge of the local language as well as cultural protocols and practices is essential to negotiations. People who come to Scotland, be it for business, pleasure, or as tourists appreciate it if their hosts are equipped to communicate with them in their own language even at a basic level. The damaging perception, especially within the UK, that languages are not important because everyone speaks English has to be challenged. The manifesto commitment marks an important opportunity to challenge this perception and to provide clear steps for raising the profile of modern language learning in Scotland. Increased enthusiasm for language learning, earlier access in primary school and greater uptake in

secondary school towards certification will inevitably lead to an increase in attainment of pupils in languages, as well as impacting on levels of overall attainment.

5. The Governments languages policy offers the opportunity to reflect on the development of Scotland as a diverse, complex, multicultural and multilingual nation. We, as a nation, should celebrate this diversity and the diverse languages in our midst. This diversity includes Scotland's own languages, Gaelic and Scots. The languages spoken increasingly in communities throughout Scotland offer schools and learners the chance to learn more about their own and other cultures. In taking forward a 1 + 2 policy, the Working Group is mindful that it is a policy which will only succeed if it brings benefits for all young people wherever they live in Scotland and whatever their social background.

PART 2: DEVELOPING A LANGUAGES POLICY

Where are we now?

1. We know that there is considerable innovative practice in relation to the teaching of languages at all levels in Scotland's schools. The *2011 Modern Languages Excellence Report* highlighted imaginative approaches to the teaching of modern languages in primary and secondary schools across Scotland and also set out to counter certain negative cultural attitudes which serve to limit opportunities for language learning. Schools are developing more ways of encouraging pupils to take an interest in language learning. In some areas also there is a growth in Gaelic Medium Education.

2. However, inspection evidence indicates that practice in delivering modern languages varies in quality. In addition, we have seen a long-term overall decline in the numbers of pupils achieving National Qualifications in languages. In modern European languages the uptake across all languages is declining with the exception of Spanish. In French, traditionally the first additional language for the majority of pupils, there has been a steady decline. In German, the decline has been rapid. Italian, from a low base, is in decline. In Gaelic, the number of presentations for qualifications is relatively stable, although at low base.

3. In the primary sector, despite innovative practice in some schools in

beginning language learning early, children are not expected to experience modern language learning until P6. Some primary children do not experience language learning at all, due to staffing or other difficulties. There can be issues at the point of transition from primary to secondary school in terms of continuity of language learning. Some schools still offer learners subject choices in the early part of the secondary school, with the option to give up language learning before the end of their broad general education. Furthermore, a number of schools across the country experience disappointingly low uptake in languages to certificate level with a consequent decline in the number of pupils sitting SQA examinations in modern languages.

4. The decline in language uptake is not peculiar to Scotland but also applies in other parts of the UK. It is often suggested that a contributory factor to the decline in study of languages in school is the predominance of English as the primary language for international communication, in particular through the World Wide Web and in business. This has led to a culture throughout the UK that for those whose mother tongue is English there is no real requirement to learn any additional language. However, this attitude stands in the face of the reality that 75% of the world's population do not speak English, and only 6% of the world's population speak English as the mother tongue. In terms of the World Wide Web in 2000, English represented 51% of language usage on the internet; by 2011 this was down to 26.8%. In addition, there are countries whose economies will have a stronger role in future which do not use English as the first language of communication. This is particularly true of China but also of countries such as Russia and Brazil. In simple terms, young Scots can no longer afford to learn *only* the English language.

附录 9：北爱尔兰语言教育政策(2012)——《未来语言：北爱尔兰语言战略》(部分)

Languages for the Future

NORTHERN IRELAND LANGUAGES STRATEGY

Professor John H Gillespie
Professor David Johnston
Professor Ailbhe Ó Corráin

LLAS: Centre for Languages,
Linguistics and Area Studies

Department of Education

Contents

Abbreviations

BSL/ISL	British Sign Language/Irish Sign Language
CBI	Confederation of British Industry
NCL	The National Centre for Languages
CLIL	Content and Language Integrated Learning
CCEA	Council for the Curriculum, Examinations, and Assessment
CPD	Continuous Professional Development
DCAL	Department for Culture, Arts and Leisure
DE	Department of Education
DETI	Department of Enterprise, Trade and Investment
DfES	Department for Education and Skills
ESL	English as a Second Language
ETI	Education and Training Inspectorate
FE	Further Education
HE	Higher Education
ICT	Information and Communications Technology
INSET	In Service Training
ITT	Initial Teacher Training
KS1	Key Stage 1
LLAS	Language, Linguistics and Area Studies
MFL	Modern Foreign Languages
NILS	Northern Ireland Languages Strategy
NVQ	National Voluntary Qualification
QCA	Qualifications and Curriculum Authority
SME	Small and Medium-sized Enterprises
SSC	Sector Skills Council
STEM	Science, Technology, Engineering and Mathematics
UCML	University Council of Modern Languages

Introduction

The Importance of Languages

There has been concern for some time in the United Kingdom at the decline in the level of language learning in our schools, colleges and universities. This concern has been shared by many in Northern Ireland.

Somewhat paradoxically, this has been set against a growing public awareness of the importance of languages in terms of economic growth, social cohesion, and personal development. In an age increasingly characterised by globalisation and the large-scale movement of peoples, the pitfalls of monolingualism are becoming more apparent, as is the realisation that, despite its position as an unofficial *lingua franca*, not everyone in the world speaks, or chooses to speak, English.

The simple fact remains that if we wish to be truly international in our aspirations, if we wish to retain the sort of flexibility that will enable us to interact meaningfully and profitably with a world where the power balance between languages and language-blocs is constantly changing, we need to think long and hard about the sort of languages we teach, who we teach them to, and how we teach them.

These concerns have been echoed by the Confederation of British Industry (CBI) and other business organisations over the last fifteen years and have led to a number of significant policy initiatives in Great Britain. Many of them are referred to in this document. Two recent and particularly influential expressions of anxiety over what it calls "the severity of the languages deficit in the United Kingdom" have come from the British Academy, which is tasked with developing research in the Humanities and Social Sciences in the UK. In *Language Matters*, launched in June 2009, it concludes that the decline in language learning is having a harmful impact on the ability of UK-born and UK-educated researchers to compete with their counterparts from overseas. It is working against efforts to ensure that the UK is a world-class hub of research, and in turn is damaging to the UK's economy and affecting the UK's ability to address many of the most urgent global challenges[1]. In *Language Matters More and More*, launched in London in February 2011 in the presence of the Minister for Universities and Skills, David

---

[1] http://www.britac.ac.uk/policy/language-matters.cfm.

Willetts MP, the Academy concludes that "the study of languages is fundamental to the well-being, security and competitiveness of the UK"[1]. The recent proposal of an English baccalaureat, with a language as one of the core subjects, shows that government is becoming increasingly aware of the importance of languages in these challenging economic times[2].

---

[1] http://www.britac.ac.uk/news/bulletin/Language_matters 11.pdf.
[2] See Michael Kelly. Is the tide turning for our subject areas[J] *Liaison Magazine*, 2011(6): 4.

附录 10：威尔士外语教育政策（2015）——《全球未来：改善和促进威尔士
现代外语的计划 2015—2020 年》（部分）

Global futures

A plan to improve and promote modern foreign languages
in Wales 2015-2020

Llywodraeth Cymru
Welsh Government

www.gov.wales

Information

Information document no: 179/2015
Date of issue: October 2015

Global futures
A plan to improve and promote modern foreign languages in Wales 2015 – 2020

Audience	The entire teaching workforce and government and national partners, including regional education consortia, local authorities, governing bodies, workforce unions and diocesan authorities.
Overview	This publication sets out the Welsh Government's strategic objectives for modern foreign languages in Wales from 2015 – 2020.
Action required	None – for information only.
Further information	Enquiries about this document should be directed to: Curriculum Division Infrastructure, Curriculum, Qualifications and Learner Support Directorate Welsh Government Cathays Park Cardiff CF10 3NQ Tel: 0300 060 3300 e-mail: CurriculumCorrespond@wales.gsi.gov.uk
Additional copies	This document can be accessed from the Welsh Government's website at www.gov.wales/educationandskills
Related documents	*Successful Futures: Independent Review of Curriculum and Assessment Arrangements in Wales* (Welsh Government, 2015)

Contents

Ministerial foreword

Learning other languages is an important element in the education of children and young people. It broadens horizons, introduces learners to other cultures and provides them with the experiences and skills that they need to succeed in the new global economy. This is an issue that was central to our recent independent review of the curriculum, *Successful Futures*, undertaken by Professor Graham Donaldson, which I accepted in full. This sets out four purposes of the curriculum, to cultivate children who are:

- ambitious, capable learners, ready to learn throughout their lives
- enterprising, creative contributors, ready to play a full part in life and work
- ethical, informed citizens of Wales and the world
- healthy, confident individuals, ready to lead fulfilling lives as valued members of society

In June, I announced a new approach to support modern foreign languages in Wales. *Global Futures – a plan to improve and promote modern foreign languages in Wales* demonstrates my commitment to ensuring that learners in Wales are equipped to compete in the new global economy.

The five-year plan has been developed with, and draws on the knowledge, experience and expertise of, key partners to the Welsh Government. It sets out how, collectively, we intend to raise the profile of modern foreign languages in Wales and support our teachers and learners to make the most of the life-changing opportunities that are available to them. This is an approach which supports our vision set out in *Qualified for life, an education improvement plan for 3 to 19 year-olds in Wales*.

We are ambitious for our children and young people, we want them to be equipped for the 21st century. That is why this plan includes new partnership arrangements for Wales, the sharing of effective practices and the use of new digital technologies, all of which will be overseen and driven forward by a Global Futures Steering Group, comprising key stakeholders.

Furthermore, I have set out my ambition for Wales to become a "Bilingual plus 1" nation, where learners study English, Welsh and, from Year 5 onwards, one or more modern foreign languages. To explore how and when this can be achieved, the steering group will work with the Pioneer Network as they start work on the design and development of the new curriculum for Wales.

Huw Lewis
Minister for Education and Skills

附录 11：国家课程政策（2013—2014）——《英格兰国家课程——框架文件》
（部分）

Department
for Education

The national curriculum in England

Key stages 3 and 4 framework document

December 2014

Contents

1. Introduction

1.1   This document sets out the framework for the national curriculum at key stages 3 and 4 and includes:

- contextual information about both the overall school curriculum and the statutory national curriculum, including the statutory basis of the latter
- aims for the statutory national curriculum
- statements on inclusion, and on the development of pupils' competence in numeracy and mathematics, language and literacy across the school curriculum
- programmes of study key stages 3 and 4 for all the national curriculum subjects, other than for key stage 4 science, which will follow.

2. The school curriculum in England

2.1   Every state-funded school must offer a curriculum which is balanced and broadly based and which:

- promotes the spiritual, moral, cultural, mental and physical development of pupils at the school and of society, and
- prepares pupils at the school for the opportunities, responsibilities and experiences of later life.

2.2   The school curriculum comprises all learning and other experiences that each school plans for its pupils. The national curriculum forms one part of the school curriculum.

2.3   All state schools are also required to make provision for a daily act of collective worship and must teach religious education to pupils at every key stage and sex and relationship education to pupils in secondary education.

2.4   Maintained schools in England are legally required to follow the statutory national curriculum which sets out in programmes of study, on the basis of key stages, subject content for those subjects that should be taught to all pupils. All schools must publish their school curriculum by subject and academic year online.

2.5 All schools should make provision for personal, social, health and economic education (PSHE), drawing on good practice. Schools are also free to include other subjects or topics of their choice in planning and designing their own programme of education.

索　引